아직 결혼하지 않은
당신에게

NOT YET MARRIED

Copyright ⓒ 2017 by Marshall Segal
Published by Crossway
a publishing ministry of Good News Publishers
Wheaton, Illinois 60187, U.S.A.

This edition published by arrangement with Crossway through rMaeng2,
Seoul, Republic of Korea.
All rights reserved.

This Korean Edition Copyright ⓒ 2020 by Word of Life Press, Seoul, Republic of Korea.

이 한국어판의 저작권은 알맹2 에이전시를 통하여
Crossway와 독점 계약한 생명의말씀사에 있습니다. 신 저작권법에 의하여
한국 내에서 보호받는 저작물이므로 무단 전재와 무단 복제를 금합니다.

아직 결혼하지 않은 **당신에게**

ⓒ **생명의말씀사** 2020

2020년 9월 7일 1판 1쇄 발행
2025년 12월 23일   5쇄 발행

펴낸이 | 김창영
펴낸곳 | 생명의말씀사

등록 | 1962. 1. 10. No.300-1962-1
주소 | 서울시 종로구 경희궁1길 6 (03176)
전화 | 02)738-6555(본사) · 02)3159-7979(영업)
팩스 | 02)739-3824(본사) · 080-022-8585(영업)

기획편집 | 구자섭, 유영란
디자인 | 조현진, 윤보람
인쇄 | 영진문원
제본 | 다온바인텍

ISBN 978-89-04-14150-0 (03230)

저작권자의 허락 없이 이 책의 일부 또는 전체를
무단 복제, 전재, 발췌하면 저작권법에 의해 처벌을 받습니다.

아직 결혼하지 않은 **당신에게**

마셜 시걸 지음 | **조성봉** 옮김

차례

추천의 글　6
들어가는 글　우리는 모두 미혼이다　10

Part 1
아직 결혼하지 않은 크리스천의 삶
: 우리가 알아야 할 미혼의 가치

Chapter 1　지금 행복할 수 있을까?　26
Chapter 2　미혼은 마이너리그가 아니다　42
Chapter 3　결혼하고 나서는 힘들다　58
Chapter 4　원치 않는 미혼의 삶이 길어질 때　74
Chapter 5　서로 알려지고 알아야 한다　93
Chapter 6　직업 : 미혼이 섬기기 쉬운 우상　107
Chapter 7　놀 것 다 놀고 성숙은 결혼한 후에?　121
Chapter 8　배우자 기도 말고, 당신을 위한 기도　135

Part 2
아직 결혼하지 않은 크리스천이 만날 때
: 우리가 알아야 할 건강한 연애

Chapter 9 그래서 연애는 어떻게 하는 걸까?　152

Chapter 10 최고의 연애 도서　168

Chapter 11 결혼 말고 연애만 하면 안 될까?　183

Chapter 12 정말 이 사람이 맞을까?　200

Chapter 13 성: 욕망이 아닌 이타심, 관대함, 인내　216

Chapter 14 안전한 연애를 위한 3가지 경계　233

Chapter 15 당신을 아끼는 이들에게 들으라　249

Chapter 16 결혼까지 이어지지 못한 관계들　266

나가는 글　나는 우리의 결혼을 꿈꾼다　282
　　　　감사의 글　292

추천의 글

"다 읽고 심호흡을 크게 했다. 놀랄 만큼 의외다. 얼떨떨할 만큼 신선하다. 그리스도인 미혼을 위한 연애 안내서를 이렇게 써도 되나 싶을 만큼 탄탄한 세계관에 기초하고 있다. 몇 챕터만 읽어도 대충 감이 잡히는 실용서일 줄 알았는데 아뿔사! 밑줄 그어가며 정독할 값어치가 있는 묵직한 글이더라. 경험하지 않았으면 알 수도 없고 할 수도 없는, 피부에 닿는 사례들이 수두룩하다. 쿨 하게 연애하고 무난하게 결혼하려면 잠시 '그리스도인'이라는 신분을 망각해도 좋을 것처럼 처신하고, 그것을 서로 묵인해 주는 우리에게 정신이 번쩍 날 만큼 뼈 때리는 충고를 어찌 이토록 유쾌하게 할 수 있을까? 절대 구태의연한 꼰대의 책이 아니다. 껄끄러운 주제들(성적 자유, 미련 없는 파트너 교체, 미혼에게 우상이 된 직장, 거절된 듯 보이는 배우자를 구하는 기도, 결혼을 경시하고 미혼은 무시하는 풍토를 상대하는 태도 등)을 피해 가지 않았다. 미혼자 본인은 물론이고, 미혼을 이웃으로 둔 모든 기혼자들에게 한시라도 빨리 소개하고 싶어 마음이 급하다."

_ 박대영, 광주소명교회 책임목사, 「묵상과 설교」 편집장

"연애와 결혼에 관한 잘못된 메시지들이 끊임없이 쏟아진다. 미디어와 시대의 흐름은 성경이 말하는 결혼의 의미와 목적을 시대착오적인 것으로 여기게 한다. 크리스천들의 생각도 크게 다르지 않다. 많은 청년들이 연애와 결혼에 대한 세상의 방식을 당연하게 받아들인다. 우리 삶의 진

정한 행복과 만족이 어디에서 오는지 알지 못하는 까닭이다. 행복이 무엇인지 안다면 결혼도 독신도 우상이 될 수 없다. 이 책은 결혼하지 않은 크리스천이 하나님을 가장 기뻐하는 것과 하나님을 추구하는 연애가 무엇인지 말한다. 온 교회가 함께 읽고 미혼의 가치를 이해한다면, 미혼 성도와 기혼 성도의 관계와 사역이 단절되는 것이 아닌, 진정한 가족 공동체로 서로를 세우는 교회가 되는 데 도움을 얻을 것이다."

_ 이재훈, 온누리교회 목사, 두란노바이블칼리지 학장

"우리 사회는 연애는 본능에 따라서, 결혼은 살면서 알아가는 것으로 생각하는 경향이 강하다. 교회도 다르지 않다. 세상처럼 분별없이 여러 사람과 사귀라고 권하거나, 아무 준비 없이 결혼한 후에 핑크빛 환상을 서로에게 투사하다가 헤어지는 부부도 많다. 특히 교회 안에서 결혼을 절대시하는 분위기 때문에 싱글들은 교회 공동체 안에 설 자리가 없다. 이러한 문제 때문에 나를 비롯한 많은 사람들이 연애, 결혼, 독신에 대해 성경적이며 균형 잡힌 책을 찾아 왔다. 하지만 홍수에 마실 물이 없듯, 한쪽에 편향되지 않고 연애와 결혼의 영적인 의미를 비롯한 실제적인 조언을 담은 책은 지금까지 가뭄에 콩 나듯 했고, 그나마도 현실에 적용할 수 없었다. 마셜 시걸의 『아직 결혼하지 않은 당신에게』는 이 모든 우리의 요구를 200% 충족시키고도 남을 만큼 성경적이고 실제적이며, 풍성한 울림을 준다. 특히 사랑은 선택이 아니라 선언이라는 저자의 말은 우리의 이기적인 사랑의 실체를 폭로하고 우리가 어떤 사랑을 해야 하는지 깨닫게 한다. 사랑을 찾는 청년들과 그리고 싱글을 고민하는 청년들, 또한 이들을 지도하는 청년 사역자들, 막 결혼한 부부들, 더 나아가 결혼을 추억 속에 간직한 권태로운 부부들에게도 이 책은 사이다처럼 꽉 막힌 가슴을 뚫어 줄 것이다."

_ 이춘성, 광교산울교회 청년부 담당목사, 「회복하는 교회」 공저자

"결혼한 지 반세기가 지났지만 여전히 아내와 사랑에 빠지고 함께한 날들이 기억에 생생하다. 다른 무엇과도 비교할 수 없는 소중한 기억이다. 나는 그전에도 결혼이 한없이 황홀한 것을 알았지만, 만남에서 결혼까지 이어진 몇 년 동안 내게 감당할 수 없이 쏟아진 감정들은 그 이전에도 이후에도 결코 경험하지 못한 것이었다. 우리는 하나님의 지혜가 필요하다. 그리고 그것을 끝까지 감당할 하나님의 초자연적인 도우심이 필요하다. 마셜 시걸은 믿을 수 있는 안내자다. 그는 현실을 알면서 말씀에 따른다. 하나님은 이 변덕스러운 계절에 우리를 그냥 내버려 두지 않으신다. 감당할 힘과 지혜를 주신다. 마셜이 그 두 가지를 알려 줄 것이다."

_ 존 파이퍼, desiringGod 미니스트리즈 창립자, 베들레헴 신학교 총장

"시기적절하고 실제적이며 알차다. 마셜은 미혼이 찬양받는 동시에 오명을 쓰고, 연애가 오해받는 동시에 잘못된 방향으로 추구되는 문화적 풍토에 성경적이고 신선한 공기를 불어넣는다. 성경을 밑거름으로 한 이 책은 관계적으로 어떤 상태에 있든지 매우 유용하며 하나님을 높인다. 기혼이든 미혼이든, 싱글이든 연애 중이든 나는 당신이 이 책을 읽기를 권한다."

_ 루이 기글리오, 애틀랜타 패션 시티 교회 목사, 패션 콘퍼런스 창립자

"그동안 나는 결혼하지 않은 이들에게 서슴없이 추천할 책을 찾아왔는데 드디어 나의 기다림이 끝났다. 마셜 시걸의 『아직 결혼하지 않은 당신에게』는 내가 기대한 모든 것 그 이상이다. 그는 철저히 성경적인 기반과 복음에 뿌리를 둔 적용들, 그리고 결혼하지 않은 시기에 대해 이제까지 내가 본 가장 명확한 조언을 제공한다. 그는 목회자로서 자신의 실패를 겸허히 인정하고 과거의 죄를 섬세하고 노련하게 다룬다. 아직 결혼하지 않았다면, 당신을 위한 하나님의 선한 계획이 있음을 이 책을 통해 더욱 믿게 될 것이다. 더불어 그리스도를 찬양하는 삶을 열정적으로 추구하도록 고무될 것이다. 어서 이 책을 추천하며 선물하고 싶다."

_ 밥 코플린, 소버린 그레이스 미니스트리즈 워십 디렉터, 루이스빌 소재 소버린 그레이스 교회 장로, 『참된 예배자』(더드림) 저자

들어가는 글

우리는 모두 미혼이다

우리는 이 시대를 살며 연애한다. 이 시대는 언제 어디서든 원하는 것을 시청할 수 있고, 어떤 음식이든 몇 분 안에 문 앞으로 배달된다. 혼자만의 안락한 집에서 푹신한 침대에 누워 '좋아요'를 누르고 키득거리고 문자를 주고받는다. 이처럼 '나' 중심의 '빨리빨리'를 외치는 우리의 생활 방식은 첫 성경험 연령이 점점 낮아지는 이 시대의 흐름과 무관하지 않다. 우리는 아무런 방해와 제한 없이 온라인상에 떠도는 이미지를 자유롭게 탐험한다. 그런데 더 빠르고 더 쉽고 더 싼 것들에 만족하는 동안 우리는 오히려 더 큰 자유와 모험을 놓치고 있는 것 아닐까? 알록달록 달콤한 시리얼을 먹느라 무한리필 스테이크 하우스를 놓쳤다면 과연 어떤 기분일까?

연애도 그렇다. 우리 대부분이 완전히 잘못하고 있다고 인정할 수밖에 없다. 교회 안에서도 마찬가지다. 우리는 고등학교에 가기도 전에 누군가와 사귀고 싶어 안달하지만, 정작 결혼은 직장을 갖고 나서 어느 정도 정착한 후에, 그리고 충분히 자유를 즐긴 다음에 하면 될 것으로 생각한다.

우리는 마치 신발을 새로 사듯 누군가와 쉽게 만나고 쉽게 헤어진다. 만나던 상대가 불편해지기 시작하면 곧 그 관계에서 빠져나와 더 마음에 드는 사람을 쉽게 찾아낸다. 우리는 대개 성적으로 자신을 지켜야 한다고 생각은 하지만 정작 결정적인 순간에는 그렇지 못하다. 이 세계는 자신도 모르게 자신을 누군가에게 너무 빨리 넘겨 주도록 돕는 새롭고 쉬운 기술을 계속해서 보여 준다. 우리는 사랑받는 것을 좋아하지만, 정작 사랑이 무엇인지는 제대로 알지 못한다.

모든 연애 게임이 성공하는 비결은 아드레날린과 모호함이다. 상대방의 흥미와 호기심을 자극할 만큼 보여 주되, 가장 중요한 질문에는 답하지 말 것. 마치 쥐가 없는 '고양이와 쥐' 게임 같다. (고양이만 가득한 방보다 더 나쁜 게 있을까!) 우리는 절반의 진실, 즉 가장 좋은 모습만을 보여 주며 서로를 낚는다. 상대방을 유혹하거나 상대방의 호감을 살 만한 모습만 선택적으로 드러낸다.

이 시대의 연애는 또한 나의 관심, 나의 친구들, 내가 좋아하는 것 등 나를 세상의 중심에 두는 듯하다. 우리는 연인과 함께 떠들고 즐거워하며 조금씩 결혼을 향해 나아가고 있다고 생각하지만, 사실은 단지 자신의 이미지와 자존심, 이기적 욕구, 자아를 추구할 뿐이다. 항상 자신이 갈망하는 관심과 인정을 얻기 위해 자신을 포장하며 과시하거나 유리한 위치를 차지하려 한다. 그러나 그 과정에서 결코 기꺼이 위험을 감수하거나 많은 것을 포기하려 하지는 않는다.

예수님은 이와는 다른 방식, 곧 이 시대 미혼들이 추구하는 것에 반대하고 그것을 넘어서는 방식으로 서로 사랑하고 교제하라고 우리를 부르신다. 어떤 사람이 나를 좋아하고 얼마나 많은 사람이 나를 좋아하는지로 자신의 가치와 정체성이 평가되는 우리 사회에서, 예수님은 우리가 자기 생각보다 훨씬 더 가치 있는 존재이며 이 세상의 어떤 사랑보다 훨씬 더 숭고한 사랑으로 받아들여지고 있다고 말씀하신다.

그러기에 예수님은 우리가 숨바꼭질을 하는 듯한 애매한 관계가 아닌, 사랑의 관계 안에서 투명하고 깊이 있는 대화를 나누는 자유를 누리기 원하신다. 또한 우리가 상대방을 깊이 알고, 자신의 모습 역시 상대방에게 충분히 드러내는 수준에 이르기를 기대하신다.

우리 대부분이 '나'를 추구하는 이 시대의 흐름을 따라가고 있지만, 예수님은 다른 이들의 유익과 필요, 다른 이들의 마음을 자기 자신보다 우선하는 모습을 보여 주신다. 그뿐 아니라 우리가 다른 사람의 희생을 통해 얻는 만족을 거부하도록 가르치시며, 우리를 이기심으로부터 자유롭게 하신다. "나는 지금 당장 내가 원하는 것을 가질 자격이 있다."라고 주장하는 사람들 사이에서 우리를 더 나은, 기꺼이 기다릴 수 있는 사람으로 구별해 내신다.

혹시 '크리스천의 연애', 곧 결혼을 추구하며 계획적이고 이타적이며 기도로 채워지는 이 과정이 속박처럼 느껴지는가? 그렇다면 연애를 바르게 이해하지 못한 것이다. 또 성적 문란함을 자유라고 생각한다면 자유를 제대로 이해하지 못한 것이다. 예수님은 우리에게 더 많이 요구하신다. 하지만 그것은 오직 우리가 훨씬 더 좋은 것을 풍성히 누리도록 하시려는 것이다.

아직 결혼하지 않은 당신에게

어떤 사람은 이 책의 제목을 편안하게 받아들이는가 하면, 어떤 사람은 불편하게 느낄 것이다. 만약 후자라면, 아마도 이 책이 미혼에 관한 얄팍한 관점을 가졌으리라는 불만을 품고 이 글을 읽고 있을지 모른다. 우리는 예수님을 믿음으로써 살아계신 하나님의 자녀가 되었고, 우리를 위해 헤아릴 수 없는 대가가 치러졌으며, 우리는 성령님의 능력으로 충만할 뿐 아니라 영원한 삶과 행복을 약속받았는데 도대체 왜 우리가 결혼 여부로 정의되어야 하는지 생각하며 말이다. 결혼하기 전, 나 역시도 그랬다. 결혼에 대한 충고와 조언을 들으면 "내가 미혼이라는 사실로 나를 평가하지 마!"라고 반응했다. 그럼에도 내가 '아직 결혼하지 않은'(Not Yet Married)이라는 표현을 좋아하게 된 이유는 적어도 네 가지가 있다.

첫째, 크리스천 중에는 결혼에 대한 진지하고 지속적인 바람을 가진 사람이 많다. 자신의 배우자를 간절히 찾고 있는 사람들이다. 그들은 결혼을 하나님이 주신 소명으로 생각하는데, 아직 이루어지지 않은 상태이다.

이들 중 다수는 올바른 방법으로, 즉 너무 조급하게 자신을 전부 던지지 않으면서, 명확한 기준과 경계를 정하고 좋은 친구와 조언자의 도움을 구하며 결혼을 준비해 왔다. 하지만 아직은 그런 노력들이 그리 성공적이지 않은 듯하다. 그때까지 만났던 사람들과 잘 되지 않았거나 혹은 아무도 관심을 보이지 않았을 수 있다.

어떤 사람들은 친밀감을 원하는 자신의 욕구에 끌려다니거나, 이 사람 저 사람과 만나며 성적으로 부적절한 행동을 하고 후회하기를 반복했을 것이다. 그들은 욕구를 갖는 것은 당연하고 좋은 것이라는 말은 들었지만, 그다음 단계로 어떻게 나아가야 할지 혹은 지난 몇 달이나 몇 년간 지속된 망가짐과 외로움의 시간을 어떻게 생각해야 할지 전혀 알지 못한다. 사실 내가 그런 사람이었다. 적어도 당신의 크리스천 친구 중 몇 명은 여기에 해당할지 모른다.

나는 이 책에서 예수님이 우리에게 이미 베풀고 약속하신 모든 것을 반영하는 방식으로, 그리고 우리의 결혼 여부와 상관없이 인생의 모든 시기에서 하나님이 맡기신 일을 영화롭게 하는 방식으로 우리의 기다림과 열망을 구체화하고 싶다.

둘째, 확률적으로 볼 때 우리 대다수는 결혼할 것이다. 물론 몇몇은 독신으로 평생을 살겠지만, 그 삶은 그리스도의 향기를 드러내며 다른 사람들을 섬기는 너무도 아름다운 모습일 것이다. 결혼의 기쁨과 성적인 친밀감을 누리는 대신 일생 하나님을 사랑하며 다른 사람들을 그분께로 인도하고자 자신의 삶을 내려놓는 모습은 참으로 경이로울 것이다. 하지만 우리 중 다수는 언젠가 결혼한다. 심지어 결혼이 현재 관심사나 우선순위가 아니라도 말이다. 그러므로 크리스천 다수가 언젠가는 결혼하리라고 보며 이야기하는 것은 어느 정도 적절하다고 생각된다.

우리는 현실에 압도되거나, 결혼 여부로 삶의 수준과 만족도를 평가하거나, 결혼을 위해 전부를 포기하지 말아야 한다. 그보다는 하나님이 결혼을 통해 자신의 배우자를 사랑하도록 우리를 부르실 때를 위해 신실하게 예비되어야 한다.

셋째, 몇몇 이들은 아직 확신이 없을 것이다. 여전히 회의적이고 공격받는다고 느낄 수 있다. 아이러니하게도 이것이 내가 '아직 결혼하지 않은'이라는 표현을 좋아하는 이유이다. 점점 더 많은 이들이 결혼에 환멸을 느끼고 부정적으로 바뀐다. 여기에는 여러 요인이 있다. 아마도 이혼이 주요한 요인 중 하나일 것이다. 부모의 이혼을 직접 경험했거나 가까운 친구가 그로 인해 고통 받는 모습을 본 사람들이 많다. 내가 결혼한다고 해서 과연 무엇이 얼마나 다를까? 나 스스로를 그러한 고통과 후회 속으로 밀어 넣을 이유가 무엇인가?

나는 적어도 몇몇이라도 결혼에 대한 확신을 회복했으면 좋겠다. 누군가와 결혼을 하고 죽는 날까지 그 사람과의 관계에서 정결함을 지키는 것이야말로 현세대를 사는 우리가 할 수 있는 가장 급진적이고도 반문화적인 일이다. 이는 분명 크리스천으로서 신앙을 분명하게 고백하는 일일 것이다.

넷째, 사실 우리는 모두 아직 결혼하지 않은 자들이다. 이 세상에서의 모든 결혼은 장차 우리가 하게 될 결혼, 즉 우리의 주 되신 그리스도께 우리 자신을 내드릴 그날의 아주 작고 충분하지 않은 모형일 뿐이다. 그날이 오면 우리는 이렇게 노래할 것이다. "즐거워하고 크게 기뻐하며 그에게 영광을 돌리세 어린 양의 혼인 기약이 이르렀고 그의 아내가 자신을 준비하였네"(계 19:7).

이 땅에서의 결혼은 그날에 우리가 하게 될 결혼의 포스터(영화 포스터처럼!)이다. 배우자를 사랑하는 우리의 모습은 우리를 사랑하시는 하나님의 모습과 여러 가지로 비슷하지만, 신랑 되신 그분이 십자가에서 죽으심을 통해 그 값을 지불하신 완전한 평화와 기쁨과 생명에는 결코 비할 수 없다.

그날에 우리는 그분과 얼굴과 얼굴을 마주하며 만날 것이다. 깨어진 우리를 하나님이 열린 두 팔로 안아 주실 그날은, 무엇보다도 가장 큰 재결합의 장, 이전의 모든 결혼에 마침표를 찍는 혼인날이 될 것이다. 그날에 우리 모두가 결혼할 것이고, 그 결혼은 우리가 이생에서 가졌던 모든 바람과 기대를 잊게 할 것이다.

'아직 결혼하지 않은 삶'은 결코 무언가 부족한 삶을 의미하지 않는다. 그리스도 안에 있다면 결코 우리가 아닌 것에 의해 정의되지 않는다. 무언가를 갖지 못해 실망하기에는 이미 그리스도 안에서 너무나 많은 것을 누리고 있다. 그 무엇에는 직장이나 배우자, 자녀처럼 중요한 것들도 포함된다.

그리스도를 아는 일에 비하면 우리의 삶을 채우고 우리를 행복하게 하는 것들은 단지 한 줌 모래에 불과하다. 우리는 독신으로 살았던 한 사람의 다음과 같은 고백을 잘 알고 있다. "모든 것을 해로 여김은 내 주 그리스도 예수를 아는 지식이 가장 고상하기 때문이라 내가 그를 위하여 모든 것을 잃어버리고 배설물로 여김은 그리스도를 얻고 그 안에서 발견되려 함이니"(빌 3:8-9).

나의 '아직 결혼하지 않은' 이야기

나는 운전을 배우기도 훨씬 전부터 결혼이 하고 싶었다. 디즈니 영화를 너무 많이 본 탓일까? "정욕이 불 같이 타는 것"(고전 7:9)이 너무 일찍 시작되었는지 모른다. 아마도 부모님이 서로 사랑하며 지내는 모습을 보며 그런 기대가 생겨난 것 같다. 부모님은 완벽한 분들이 아니셨고 두 분의 결혼도 완벽하지 않았지만, 어릴 적부터 나의 머릿속에 오래도록 남은 장면들이 있다. 퇴근하며 엄마에게 키스하고 들어오시는 아버지, 밤이면 거실에서 함께 책을 읽고 자녀들을 사랑으로 대하고 서로의 어설픈 농담에 웃는 모습들, 그리고 아침마다 단 몇 분이라도 함께 앉아서 성경을 읽고 기도하는 모습들이다. 나는 두 분이 즐기는 우정과 로맨스를 보았고, 나 또한 그것을 찾아 누리기를 꿈꾸었다.

바람직한 기대였지만, 철없던 나로서는 그로부터 좋은 것을 많이 끌어내지 못했다. 사실 나의 삶과 신앙에 있어서 결혼을 갈망한 일만큼 혼란스럽고 영적으로 위험한 것은 없었다. 상당히 어려서부터 나는 아내와의 관계에서 경험하는 애정과 안정감, 친밀감을 갈망했다. 슬프게도 그러한 갈망은 좋은 영향보다 부정적인 영향을 훨씬 더 끼쳤다. 나는 너무 일찍부터 연애를 시작했고, 누군가와의 만남을 너무 오래 지속했다. 나는 감정으로 너무 많은 실험을 했고 너무 깊이 발전하도록 내버려 두었다. 나는 너무 빨리 "사랑한다."고 말했다. 나는 필사적으로 사랑을 찾았다. 그러나 당시 나의 마음과 기대는 그리스도께 뿌리를 내리고 있지 않았다. 그래서 항상 나는 혼자 남겨진 그곳으로 돌아갔고, 그럴수록 점점 더 불안함과 수치심을 느꼈다.

나는 하나님의 자녀로서 조심스럽게 또 스스로를 잘 통제하며 관계를 이끌어 갔어야 했다. 하지만 그 대신 나 자신의 이기심에 이끌리고 눈멀어 그 시기 많은 여자친구들에게 죄를 짓고 상처를 입혔다. 하나님이 결혼을 보류하신 나의 20대, 그 미혼 시절은 10년이 지난 지금까지도 내가 망친 일들과 놓친 기회들과 잘못한 사실들을 상기시켜 준다.

2012년 10월 11일, 나는 지인의 결혼식에서 아내를 만났다. 그때 우리는 신랑 신부의 들러리였다. 그로부터 2년 반 뒤, 우리는 결혼했다. 그때 나는 스물아홉, 아내는 스물여덟이었다.

나는 이 책의 상당한 부분을 아내와 결혼하기 전에 썼다. 우리가 만나는 2년 반 동안 하나님은 아내를 통해 내게 많은 가르침을 주셨다. 특히 그녀가 예수님으로 만족해하고, 항상 기도하며, 순결함을 추구하는 모습에서 많은 것을 배웠다. 아내와의 만남은 결혼에 대한 왜곡된 탐색으로 이어지던 나의 삶에 예기치 못한, 자격 없는 자에게 주어진 특별한 사건이었다. 이 책 곳곳에서 다루겠지만 우리의 연애, 약혼 기간 그리고 결혼 생활은 하나님이 깨어진 것을 치유하시고 잃어버린 것을 회복하시고 잘못을 청산하시고 완전히 새롭게 세우시는 이야기이다.

돌아보자면, 나는 하나님이 나를 단련하기 위해 결혼을 기다리게 하셨다고 확신한다. 나를 '벌주기' 위해서가 아니라, 나를 남자로서 그리고 미래의 남편으로서 준비시키고 성숙시키기 위해서 말이다. 또한 하나님이 나로 더 기다리게 하신 것은 나를 그분께 더 가까이 가게 하시고 아직 미혼일 동안 다른 이들을 위해 나의 은사를 사용하게 하시기 위해서였다고 믿는다.

그러기에 이 책 『아직 결혼하지 않은 당신에게』(*Not Yet Married*)는 하나님이 배우자를 데려다 주시기까지 이 세상 어느 한구석에서 조용히 기다리는 것에 관한 책이 아니다. 독신이 점점 당연해지는 이 시대에서 당신이 가지고 있을지 모르는 수치심, 이기심 혹은 자기 연민으로부터 그리스도에 대한 더 깊은 차원의 사랑, 그리고 다른 사람들에 대한 더욱 지속적이며 창조적인 사역으로 당신을 이끄는 것에 관한 책이다.

아직 결혼하지 않은 삶

이 책은 '아직 결혼하지 않은 사람'을 위한 책이지 결혼 혹은 연애에 관한 책이 아니다. 나는 이 책에서 결혼하지 않은 남녀들을 위한 '하나님' 이야기를, 그리고 그분의 세상에서 우리의 역할에 대한 이야기를 하려 한다. 해야 할 것과 하지 말아야 할 것, 아직은 기다려야 할 것을 다루기보다 아직 결혼하지 않은 당신을 향해 현재 하나님이 품으신 뜻을 깨닫고 그에 따라 살도록 돕고자 한다.

1부는 결혼하지 않은 삶, 즉 미혼으로서 누리는 기쁨과 목적, 소속감에 초점을 맞춘다. 우리가 단지 결혼을 위해 지음 받지 않았다는 사실을, 즉 결혼은 우리의 깊은 갈망과 필요를 충족시키고 채우지 못하리라는 사실을 깨닫기 바란다. 만약 우리가 행복해지고 완전해지기 위해 누군가를 원한다면, 우리 마음속의 그 구멍은 우리가 맺는 관계를 무엇이든 집어삼키고 파괴할 것이다. 이것은 오랫동안 결혼을 쫓았던, 그리고 배우자와의 만남을 통해 사랑과 가치, 정체감을 찾고자 끊임없이 노력했던 사람으로서 하는 말이다.

1부의 각 장은 결혼하지 않은 삶을 다루는데 모든 개개인의 상황을 반영하지는 않는다. 아직 결혼하지 않은 삶은 다양한 형태로 나타나며 또 여러 가지를 시도하는 시간이다. 예를 들어 나의 미혼 시기는 10대부터 시작해 20대까지 이어졌고, 그래서 이 글도 주로 젊은 사람들을 염두에 두고 썼다. 이 경우에 해당되지 않는다면 직접 연관되는 내용을 찾지 못해 실망할지도 모르겠다. 하지만 그럼에도 이 책의 이야기에 공감할 수 있기를, 처음 기대했던 것보다 더 많이 얻게 되기를 바란다.

이 책은 그저 '연애에 관한' 책이 될 수도 있었지만, 나는 그렇게 하지 않았다. 나는 이 책에서 '미혼'과 '연애'를 다루었는데, 내가 혼자였든 연애 중이었든 그때 배운 가장 중요한 것은 정작 연애와 결혼에 관한 것이 아니었다. 그보다는 삶과 하나님, 그리고 로맨스가 아닌 깊고 진정한 만족과 목적을 찾는 것이었다.

당신을 향한 하나님의 계획과 목적은 결혼하는 순간 열리는 것이 아니다. 하나님은 당신이 결혼하는 그때가 아니라 당신이 구원받는 그때 당신을 세상으로 보내신다. 결혼하지 않은 크리스천은 팀의 2군인 것이 아니다. 결혼을 했든 안 했든 구원자 되신 예수님이 우리의 삶을 구원하셨고, 동일한 성령님이 우리를 새롭게 하고 변화시키신다. 우리는 예수님을 전 세계에 알리는, 동일한 임무를 가진 크리스천이다.

2부는 연애에 초점을 맞출 것이다. 우리가 영화와 텔레비전에서 보는 제한되고 얕은 이미지로부터 결혼에 대한 관점을 회복하며 시작할 것이다. 무엇이 우리로 하여금 결혼을 중요한 것으로 믿게 만드는지 탐색할 것이다. 실제로 우리 중 많은 이들이 잘못된 혹은 부차적인 이유로 결혼을 원한다. 많은 이들이 결혼을 무시할 준비가 되어 있다. 그러나 하나님은, 남자와 여자를 '함께'하게 하심으로써 매우 특별하며 놀랍도록 아름다운 일을 하셨다. 하나님이 결혼을 진정 어떤 의미로 만드셨는지, 그 크고 명확하고 강렬한 개념 없이는 결코 제대로 된 연애를 할 수 없다.

그리고 신앙 안에서 누리는 연애의 아름다움을 찬찬히 살펴보면서 무엇이 연애를 이렇게 완전히 다른 경험으로 만드는지 살펴볼 것이다. "정말 이 사람이 맞는지 어떻게 알 수 있을까?" "우리의 관계에서 경계선을 어떻게 정해야 할까?" "결혼을 꼭 해야 할까?"와 같은 질문들을 살펴볼 것이다.

우리는 연애를 통해 주변 사람들에게 예수님을 현실적이고 신뢰할 수 있는 분으로 나타내기를 원한다. 우리는 결혼이 아닌 기쁨을 추구한다. 결혼을 통해 누군가에게 우리를 행복하게 할 기회를 주기 전에, 우리의 마음을 하나님께 온전히 드려야 한다.

가장 확실한 사랑, 충만한 행복 그리고 가장 온전한 목적은 우리의 있는 모습 그대로, 예수님 안에서 이미 가능하다. 이들을 예수님 안에서 먼저 찾는다면, 언젠가 하나님이 배우자를 허락하실 때 훨씬 행복하고 의미 있는 결혼 생활을 할 것이다. 그러나 만약 하나님이 그분의 무한한 지혜와 끝없는 사랑 안에서 결혼을 허락하지 않으신다면, 여전히 결혼하지 않은 당신은 스스로 꿈꾸고 발견할 수 있는 것보다 훨씬 더 많은 것들을 그분과 함께 누리며 살 것이다.

- 지금 행복할 수 있을까?
  미혼은 마이너리그가 아니다
  결혼하고 나서는 힘들다
  원치 않는 미혼의 삶이 길어질 때
  서로 알려지고 알아야 한다
  직업: 미혼이 섬기기 쉬운 우상
  놀 것 다 놀고 성숙은 결혼한 후에?
  배우자 기도 말고, 당신을 위한 기도

Part 1

아직 결혼하지 않은 크리스천의 삶

: 우리가 알아야 할 미혼의 가치

Chapter 1

지금 행복할 수 있을까?

 우리는 모두 행복, 사랑 그리고 의미를 추구하며 산다. 우리는 늘 무언가로 가슴이 뛰는 경험을 하기를 바란다. 우리는 살짝 덜 구워진 브라우니를 한입 베어 물거나, 응원하는 팀이 연장전 끝에 우승하거나, 새 옷이나 신발을 사는 등 여러 순간에서 행복감을 느낀다. 하지만 이런 기쁨은 언제나 우리가 그 이상의 무언가를 위해 창조되었다고 알려 주는 듯하다. 이런 즐거움은 어딘가 공허하면서도 불만족스럽기 때문이다.

 행복해지고 싶은 욕구 안에는 인정받고 사랑받고 싶은 욕구가 감추어져 있다. 우리의 삶은 함께 나누도록 지어졌다. 결혼 여부와 상관없이 우리는 관계를 위해 창조되었다. 우리는 모두 어딘가에 기댈 수 있기를 원하고, 의미 있는 일에 중요한 기여를 하기 원하고, 변화하기 원한다. 아직 결혼하지 않은 삶에서 사랑과 기쁨과 의미를 하나님이 아닌 사람에게서 찾기 시작할 때 불만과 실망이 고개를 든다. 우리는 결혼하지 않아서가 아니라, 결혼이 궁극적으로 우리를 행복하게 해 줄 거라고 생각하기 때문에 비참해진다.

"무엇이 우리를 행복하게 할까?"라고 묻는다면, "예수님!"이라고 대답할 정도로 20세의 나는 이미 충분히 크리스천이었다. 나는 옳은 답을 알고 있었다. 그러나 누군가 당시 내 삶을 충분히 가까이에서 지켜보고 나대신 대답했다면 아마 "결혼!"이었을 것이다. 나는 주일마다 교회에 갔다. Q.T.도 했다. 청소년부도 섬겼다. 나는 정말 예수님을 사랑했다. 하지만 정직하게 말하자면, 나는 하나님보다 이성 친구들에게 나 자신을 더 많이 내주었다.

나는 정말 결혼이 하고 싶었다. 여자친구를 사귈 때 느끼는 관심과 애정과 안정감이 좋았다. 나는 5~6년 동안 연달아 진지한 이성 교제에 걷잡을 수 없이 반복적으로 빠져들었다. 5~6번의 첫 데이트, 5~6번의 미숙한 첫 키스, 5~6번의 파괴적인 이별이 반복되었다. 나는 대마초를 피우거나 술에 빠진 적은 한 번도 없었다. 그 대신 내가 선택한 이 약물은 사회적으로 받아들여졌고, 심지어 권장되기까지 했다. 나는 하나님이 채우셔야 할 마음의 갈망을 이성과의 사랑과 친밀감 추구를 통해 채우려 했다.

나는 '결혼을 추구한다'는 가치 아래 여러 새로운 관계를 시작했다. 하지만 그중 대다수는 사실 나 자신을 추구하는 것에 불과했다. 나는 결혼이 '나'를 채우고 완성시킬 거라고 생각했고, 그래서 결혼을 좋아했다. 나는 사랑, 행복, 의미 등 대부분을 결혼에서만 찾았다. 그래서 내가 미혼이라는 사실은 자주 악몽처럼 느껴졌다.

나는 미혼이라는 사실에 외로웠고 그래서 늘 내 인생에 들어와 다시는 떠나지 않을 누군가를 기다렸다. 미혼이어서 스스로가 미완성처럼 여겨졌고 그래서 하나님이 과연 내게 나머지 반쪽을 허락하실지, 언제 내 삶의 거대하고 확연한 이 구멍을 채우실지 늘 궁금했다. 미혼인 상태는 내게 자기 연민을 불러일으켰다. 다른 사람들이 이미 가졌으니 나도 그것을 원했고, 내가 그들보다 더 가질 자격이 있다고 생각했다.

관계라는 우상은 나의 우선순위에서 가장 높은 곳에 있었다. 나는 미혼이 내 삶에 찾아온 원치 않는 동반자처럼 느껴졌다. 미혼이라는 사실은 지속적으로 나 자신를 부정적으로 판단하게 만들었고, 내가 아직 갖지 못한 것과 이미 행한 잘못들을 계속 상기시켰다.

꿈속의 결혼

성경은 말한다. 경력이나 성(性), 음주, 소비 혹은 결혼 생활 등 이 땅에서 최대한 많은 행복과 쾌락을 누리는 데 집착하는 사람은, 꿈에서는 먹고 마실지라도 꿈을 깨면 언제나 배고프고 목마르고 아무것도 없는 사람과 같다고 말이다(사 29:8). 잠이 든 눈꺼풀 앞에 펼쳐진 아름다운 향락의 만찬은 단지 신기루에 지나지 않는다. 미혼인 사람에게 상상 속 만찬이란, 뛰어난 외모에 재미있고 사려 깊고 헌신적인 배우자와 사랑스러운 자녀, 마음에 그리던 집, 멋진 곳에서의 여름휴가 그리고 행복한 기억들로만 채워진 결혼 생활일 것이다. 그러나 이 맛있는 환상은 항상 끝이 난다.

문제는 우리가 배고픔을 느끼는 것이 아니라, 우리가 엉뚱한 저장고를 채우고 있다는 사실이다. 우리 내면의 깊은 갈망은 우리로 하나님을 찾게 하시려는 하나님이 베푸신 자비이다. 하나님은 우리에게 무조건적인 사랑, 형언할 수 없는 기쁨, 비교할 수 없는 목적을 주려 하시지만, 우리 대부분은 그저 결혼하려고 애쓴다. "의에 주리고 목마른 자는 복이 있나니 그들이 배부를 것임이요"(마 5:6).

하나님은 모든 인간의 영혼 속에 벗어날 수 없는 강렬한 생물학적, 감정적, 성적, 정신적 욕구들을 두셔서 하나님 그분만이 그 욕구들을 채울 수 있도록 하셨다. 하나님은 우리가 공허하지 않고 충만하기를 원하신다 또 외롭지 않고 사랑받기를 원하신다. 내가 가장 좋아하는 성경 구절 중 하나는 "주께서 생명의 길을 내게 보이시리니 주의 앞에는 충만한 기쁨이 있고 주의 오른쪽에는 영원한 즐거움이 있나이다"(시 16:11)이다. 이보다 더 큰 기쁨은 없다. 여기에는 유통기한도 없다. 이 같은 행복과 사랑이 거저 주어진다. 우리는 은혜로 구원을 얻었다(엡 2:5, 8).

하지만 이 은혜는 값싸지 않다. 매일 삶에서 끊임없는 인내와 노력을 요구한다. 매일 하나님의 말씀 앞에 자신을 쏟아내고, 그분의 이름으로 다른 사람을 위해 자신을 희생하고, 하나님의 뜻에 자신을 굴복시켜야 한다. 바울은 크리스천의 삶은 싸움과 경주라고 말한다(딤후 4:7). 그 길은 힘들고 우리는 그 과정에서 고통을 당하겠지만 결코 후회하지 않을 것이다. 천국으로 가는 여정에서 예수님은 우리에게 많은 요구를 하실지 모르지만 우리가 결혼을 하든, 그렇지 않든 그 백배 혹은 그 이상으로 갚아 주실 것이다(마 19:29).

다시, 사랑을 믿으라

미혼인 사람이 외로움과 비참함을 느끼는 이유 중 하나는, 하나님과 같은 누군가가 있어서 나 같은 사람을 정말로, 진정으로 사랑할 수 있을 거라고 믿기 어렵기 때문이다.

살면서 사랑이 무엇인지 거의 경험하지 못한 사람들이 많다. 그러기에 사랑이 어떤 느낌에 가까운지조차 알지 못한다. 우리는 부모에게 버림을 받았거나 친구에게 배신을 당했거나 연인에게 버림을 받은 경험이 있다. 결혼은 사랑을 찾기 위한 최후의 필사적인 노력 같지만, 정작 그 마음속 깊은 곳에는 이전의 그런 경험들을 다시 겪을지 모른다는 두려움이 잠재해 있다. 진정으로, 깊이 그리고 끝까지 누군가에게 사랑받는다는 것이 무엇인지 상상이 안 된다. 그런데 하나님은 "나는 너를 사랑해."라고 말씀하신다. 정말일까?

하나님은 당신을 정말로 사랑하신다. "보라 아버지께서 어떠한 사랑을 우리에게 베푸사 하나님의 자녀라 일컬음을 받게 하셨는가, 우리가 그러하도다"(요일 3:1). 당신은 하나님의 소중한 아들딸이다. 하나님은 당신이 그분의 사랑을 받을 자격이 없음에도 당신을 사랑하셨다(롬 5:8).

그리스도가 아니었다면 당신은 죽었을 것이다. 당신은 허물과 죄로 **죽었던** 존재였다(참조, 엡 2:1). 당신은 결코 사랑을 받을 만한 존재가 아니었다. "긍휼이 풍성하신 하나님이 우리를 사랑하신 그 큰 사랑을 인하여 허물로 죽은 우리를 그리스도와 함께 살리셨고 (너희는 은혜로 구원을 받은 것이라)"(엡 2:4-5).

죄 가운데 죽은, 하나님에 대한 반항으로 가득 찬, 전혀 소망이 없는 당신을 하나님이 찾으셨고 그런 당신을 영원히 사랑하시며 자신의 소유로 삼으셨다. 하나님은 진정한 사랑이 어떤 모습인지 보여 주기 위해 기꺼이 아들을 십자가로 보내셨고, 이로써 당신이 사랑을 다시 믿을 만한 이유를 주셨다.

이 사랑은 결코 당신을 떠나거나 버리지 않는다(참조, 히 13:5). 하나님은 결코 당신에게 이별을 선언하지 않으신다. 그분은 결코 세상의 어떤 아버지들처럼 당신을 떠나지 않으신다. 하나님은 결코 거짓말을 하지 않으시며 결코 죽지 않으시기에 당신을 절대 홀로 남겨 두지 않으신다. 실제로, 그 무엇도 이 사랑을 당신에게서 **빼앗을 수 없다**(참조, 롬 8:38-39). 당신이 믿음으로 그리스도 안에 거하는 자라면, 하나님은 당신을 사랑하시며, 그 누구도 그 무엇도 당신을 향한 하나님의 사랑을 막을 수 없다.

하나님께는 당신을 위한 계획이 있다. 그 계획은 당신이 원하고 상상할 수 있는 그 무엇보다 더 좋은 것이다. "기록된 바 하나님이 자기를 사랑하는 자들을 위하여 예비하신 모든 것은 눈으로 보지 못하고 귀로 듣지 못하고 사람의 마음으로 생각하지도 못하였다 함과 같으니라"(고전 2:9). 당신의 아버지 되시는 하나님은 배우자가 주는 것과는 감히 비교될 수 없을 만큼 훨씬 더 많이 당신을 사랑하신다.

하나님이 당신을 지으신 목적이 있다

당신을 사랑하시는 하나님은 당신을 만드신 분이다. 하나님은 당신의 신체와 성격 그리고 모든 면에서 당신을 디자인하셨고, 당신을 온전히 알고 계신다(시 139:14-15). 당신은 우연히 저절로 태어난 것이 아니다. 하나님이 사랑과 목적을 가지고 당신을 창조하셨다.

"그런데 하나님은 왜 나를 만드셨을까?"
"내가 무엇을 하기 바라실까?"

보통 진로를 결정할 때가 되면 이 질문을 더욱 진지하게 고민하기 마련이다. 나는 전공을 결정해야 했던 대학교 1학년 말에 조금 더 열심히 고민했다. 당시 나는 앞으로 50년 혹은 그 너머까지 미래를 결정하는 기분이 들었다. 그때 교육학, 경영학, 신학, 세 가지 후보를 두고 고민하고 있었는데 교육학을 선택하면 내가 행복할 것 같았고, 경영학을 선택하면 아버지가 행복하실 것 같았고, 신학을 선택하면 하나님이 행복하실 것 같았다. 나는 결국 경영학을 선택했다. 그리고 2학년이 되어 회계, 인적 자원, 마케팅 수업들을 듣는데 하나님은 내가 왜 만들어졌고 남은 인생을 어떻게 보내기 원하시는지 가르쳐 주셨다. 그것은 내가 교사가 되든, 회계사가 되든, 목사가 되든 그리고 결혼을 하든 말든 그와는 상관없는, 그 이상의 것이었다.

지구상 모든 사람은 하나님에 대해 말하도록 지어졌다. 우주를 창조하고 유지하시는 하나님은 이 땅에 우리와 함께 살아가는 70억 개 개인을 만드셨고, 각각을 향한 목적을 가지신다. 대부분은 우리가 '누군가에 의해' 그리고 우리 자신보다 훨씬 더 큰 무언가를 위해 창조되었다는 사실을 진심으로 믿지 못한다. 우리는 훨씬 더 작은 세계, 즉 우리 자신이 중심이 되고 우리가 볼 수 있는 제한된 세계에서 자라며 훈련받고 시간을 보낸다.

하지만 하나님은 결혼이나 사업 또는 우리가 자신을 위해 선택하는 그 무엇보다 훨씬 많은 것들을 위해 우리를 지으셨다. 이 사실을 놓친다면 우리는 잘못된 방향으로 나아가고, 보잘것없는 꿈을 추구하고, 별 볼 일 없는 신들을 섬기면서 삶을 낭비할 것이다. 그러나 삶에 대한 가장 큰 질문들에 일찍 답을 찾는다면 우리는 모든 작은 질문들, 즉 무엇을 공부할지, 어떤 일을 할지 그리고 누구와 결혼할지 등도 훨씬 더 잘 대답할 수 있을 것이다. 우리는 구원을 얻기에 충분할 만큼 하나님을 가까이 두기 원하지만, 동시에 우리 마음대로 할 수 있을 만큼 하나님을 충분히 멀리 두기 원한다. 그러나 우리는 하나님이 왜 태초에 우리를 창조하셨는지 질문할 수 있을 만큼 충분히 용감해야 한다.

이 질문의 답을 찾을 때는 태초부터 시작하는 것이 정말 도움이 된다. "태초에 하나님이"(창 1:1). 성경은 아담에서부터 시작하지 않는다. 성경은 하나님으로부터 시작된다. 하나님은 모든 이야기의 저자이자 화가이며 창조자이시다. 그렇다면 하나님은 왜 우리를 창조하셨을까? "하나님이 이르시되 **우리의 형상을 따라** 우리의 모양대로 우리가 사람을 만들고…… 하나님이 **자기 형상** 곧 **하나님의 형상대로** 사람을 창조하시되 남자와 여자를 창조하시고"(창 1:26-27).

하나님은 왜 우리를 만드셨는가? 하나님은 이를 분명히 하기 위해 '자신의 형상'이라는 표현을 세 번이나 강조해서 반복하신다. 하나님은 우리를 그분의 형상대로, 그분과 같이 보이도록 닮게 만드셨다. 그렇다면 그분의 형상을 따라 우리를 창조하셨다는 것은 어떤 의미일까?

우리는 다른 누군가의 형상을 그림, 조각, 인스타그램 등으로 나타낸다.1) 우리는 왜 부모님, 가장 친한 친구 또는 가장 좋아하는 운동선수나 연예인 등 다른 사람의 형상을 만드는가? 첫 번째는 우리가 그들이 보고 싶기 때문이고, 두 번째는 다른 이들도 그들을 보았으면 하기 때문이다. 하나님은 왜 당신을 만드셨는가? 이 질문은 우리가 누구와 결혼할지(혹은 우리가 결혼할지)를 묻는 것보다 훨씬 더 중요하다. 짧게 답하자면, 우리를 통해 하나님이 어떤 분이신지 나타내고, 우리가 하나님과 함께하며 경험한 사랑을 나누고 보여 주기 위해서다. 우리는 하나님이 공유하시는 70억 개 인스타그램인 셈이다.

---

1) 존 파이퍼가 2012년 9월 22일에 한 설교 "Why Did God Create the World?"에서 이 개념을 처음으로 소개받았다. 이 설교는 desiringGod 웹사이트 http://www.desiringgod.org/messages/why-did-god-create-the-world에서 볼 수 있다.

공유하지 않기에는 너무도 큰 사랑

하나님의 형상대로 지어진 우리는 하나님의 모습과 그 영광, 그분의 아름다움, 진실함, 자비, 정의, 사랑을 매 순간 경험하며 살도록 지어졌다(사 43:7). 우리는 그분이 뜻하신 대로, 그분의 목적을 위해 빚어지고 만들어졌다. 그렇다면 우리가 이 땅에 사는 동안 성취할 수 있는 가장 중요한 일이 무엇이겠는가? 하나님이 우리 상상보다 훨씬 더 진실하고 위대하시며 만족케 하시는 분이라고 온 세상에 알리는 일에 자신을 완전히 바치는 것이다. 가장 좋은 직장, 가장 큰 영향력, 가장 행복한 결혼 생활이 아니다.

우리는 어떻게 하나님과 그분의 영광을 위해 살 수 있을까? 우리는 하나님을 더 영광스러운 분으로 만들 수도 없고, 하나님께 어떤 영광도 더하지 못한다. 우리는 그저 하나님과 그분의 영광, 즉 우리가 볼 수 있는 모든 아름다움, 성경에서 말하는 무한한 능력과 지혜 그리고 우리를 향한 하나님의 사랑을 통해 받는 놀라운 은혜와 자비에 주목할 뿐이다.

존 파이퍼의 이 말은 내게 어떤 돌파구가 되었다. "우리가 하나님 안에서 가장 최고로 만족할 때 하나님도 우리 안에서 가장 큰 영광을 받으신다"[2] 하나님과 그분의 사랑이 나의 전부가 되기 시작할 때 하

---

[2] 존 파이퍼, 『하나님을 기뻐하라』(최신개정판), 박대영 역 (생명의말씀사, 2020), 402. 원저 John Piper, *Disiring God: Meditations of a Christian Hedonist*, rev. ed. (Colorado Springs: Multnomah, 2011), 288.

나님의 속성, 즉 그분의 완전한 거룩하심, 흠 없는 공의, 멈출 수 없는 사랑이 나와 나의 삶을 '통해' 나타나기 시작한다. 하나님이 가장 귀한 보물이라고 우리가 삶을 통해 다른 사람들에게 보일 때 그분이 얼마나 위대하며 영광스러운 분이신지 그 진정한 모습이 드러난다.

하나님은 우리를 그분의 영광을 나타내도록 지으셨고, 자신을 우리에게 더 많이 보이심으로써 우리를 이 세상에서 가장 행복한 사람으로 만들기로 계획하셨다. 하나님이 우리 마음에서 가장 크고 영광스러운 분이 되실수록 그분은 우리 삶을 통해 더욱 크게 영광 받으시며 우리는 그분이 계획하신 그 모습에 더욱 가까워질 것이다.

당신의 삶에 대한 (그리고 결혼에 대한) 하나님의 뜻은 무엇인가? "그런즉 너희가 먹든지 마시든지 무엇을 하든지 다 **하나님의 영광을 위하여 하라**"(고전 10:31). 당신이 하는 모든 일들, 심지어 운동 후 이온음료를 마시거나 카페에서 좋아하는 커피를 마시는 일까지 모두 하나님의 영광을 위해 하라. 그런데 도대체 그게 무엇인가? 바울은 계속해서 말한다. "모든 일에 모든 사람을 기쁘게 하여 자신의 유익을 구하지 아니하고 많은 사람의 유익을 구하여 **그들로 구원을 받게 하라**"(고전 10:33).

예수님을 위해 세상을 얻고자 노력하는 가운데 먹고 마시고 일하고 놀고 연애하고 결혼하라. 당신을 사로잡고 당신의 삶을 바꾼 그 사랑에 사람들을 초대하라. 무엇을 하든 하나님이 당신을 위해 하신 일과 그 의미를 전하라. 단지 그 일을 위해 일하거나, 세상의 기준에 당신의 삶을 맞추거나 따라가지 말라.

하나님이 당신을 모태에서 그분의 사랑과 엮어 지으실 때 품으신 목적으로 당신의 모든 삶, 곧 기다림, 연애 그리고 소원을 가져가라. 하나님의 사랑 위에 당신의 삶을 세우고 하나님의 영광을 당신의 목적으로 삼으라.

최악의 거래, 위대한 사랑

그러나 "모든 사람이 죄를 범하였으매 하나님의 영광에 이르지 못하더니"(롬 3:23). 우리 모두는 과거뿐만 아니라 오늘, 매일의 삶에서 단 하루도 그분의 영광에 이르지 못한다. 나도 그렇고 당신도 마찬가지다. 당신이 아는 그 누구든 예외란 없다.

바울은 우리가 "썩어지지 아니하는 하나님의 영광을 썩어질 사람과 새와 짐승과 기어다니는 동물 모양의 우상으로 바꾸었다"(롬 1:23)고 말한다. 우리는 하나님의 형상을 따라 살기보다 그분으로부터 눈을 돌려 다른 무언가에 마음을 쏟는다. 우리는 보이지 않는 영원한 가치를 우리 눈에 보이는 잠깐의 것과 맞바꾼다.

죄악 가운데 태어난 우리는 자신의 죄를 사랑하며 산다. "내가 죄악 중에서 출생하였음이여 어머니가 죄 중에서 나를 잉태하였나이다"(시 51:5). "그 정죄는 이것이니 곧 빛이 세상에 왔으되 사람들이 자기 행위가 악하므로 빛보다 어둠을 더 사랑한 것이니라"(요 3:19).

그런데 "죄의 삯은 사망"(롬 6:23)이다. 손바닥 맞기도 아니고, 이생에서 불편하게 사는 것도 아니고, 하나님께 무언가를 덜 받는 것도 아니다. 사망이다. 하나님과 그분의 은혜로부터 동떨어져 견딜 수 없는 고통과 괴로움, 결코 끝나지 않을 고통을 겪는 것이다. 우리는 하나님의 사랑과 우리 삶에 대한 그분의 목적을 무시했다. 하나님이 우리를 위해 예비하신 행복을 거부했다. 그러므로 이러한 결과는 온당하다.

우리는 행복한 삶을 위해 하나님이 아닌 결혼과 돈, 그 밖에 다른 무언가를 구한다. 하나님의 영광을 자기 자신의 영광과 맞바꾼다. 이런 우리의 죄에 하나님은 어떻게 반응하셨는가? "말씀이 육신이 되어 우리 가운데 거하시매 우리가 그의 영광을 보니 아버지의 독생자의 영광이요 은혜와 진리가 충만하더라"(요 1:14).

하나님은 그분의 영광을 쓰레기처럼 버린 우리를 구원하여 다시 가치 있고 아름다운 형상으로 살아가게 하고자 예수 그리스도 안에서 모든 영광 가운데 오셨다. 당신은 하나님의 영광을 위해 만들어졌고, 하나님의 영광을 위해 **구원받았다**.

하나님 없는 천국

경영학을 전공으로 결정한 그해 얻은 이 깨달음은 나의 꿈, 전공, 결혼 그리고 인생에 대한 모든 관점을 바꾸었다.

복음은 나를 위한 이야기이지만 '나에 대한' 이야기는 아니다. 복음, 즉 지옥으로부터 나를 구하고 내게 천국을 약속한 이 소식은 하나님과 그분의 영광과 상관없이 그저 나를 행복하게 하려는 것이 아니다. 현재뿐만 아니라 영원토록 내가 '하나님과 함께' 만족하며 살게 하려는 것이다. 하나님은 자기 자신을 내주실 만큼 나를 사랑하신다. 그때 나의 마음을 바꾼 이 글귀를 나는 1년에 한 번씩 꺼내서 읽어 보고는 한다.

> 그리스도께서는 하나님보다 다른 무엇을 더 소중히 여기며 찾고 구하는 죄인들을 용서하기 위해 죽지 않으셨다. 그리스도께서 천국에 계시지 않는다면 천국에 간다 해도 행복하지 않을 그런 사람들을 위해 죽으셨다. 복음은 사람들을 천국으로 인도하는 길이 아니다. 하나님께로 인도하는 길이다.[3]

하나님은 왜 당신을 구원하셨는가? 단지 당신을 지옥에서 벗어나게 하거나 부끄러움과 후회를 덜어 주려고 구원하신 것이 아니다. 심지어 당신을 천국에 가게 하시려는 이유도 아니다. 하나님은 '자신을 위해' 당신을 구원하셨다. 하나님은 당신이 "그의 은혜의 영광을 찬송하게 하려고"(엡 1:6) 당신을 사랑하고 선택하고 구원하고 그분의 소유로 삼으셨다.

자신의 뜻에 따라 이 세상 '모든' 일을 이루시는 하나님은 당신이 "그의 영광의 찬송이 되게 하려고"(엡 1:12) 무한하고 영원한 유산을 남겨 놓으셨다. "그 안에서 너희도 진리의 말씀 곧 너희의 구원의 복

---

[3] John Piper, *God Is the Gospel: Meditations on God's Love as the Gift of Himself* (Wheaton, IL: Crossway, 2005), 47.

음을 듣고 그 안에서 또한 믿어 약속의 성령으로 인치심을 받았으니 이는 우리 기업의 보증이 되사 그 얻으신 것을 속량하시고 그의 영광을 찬송하게 하려 하심이라"(13-14절).

당신은 하나님을 영광스럽게 하기 위해 **구원받았다**. 하나님이 당신으로 인해 만족을 얻으시도록 당신이 복을 받은 것이다. 하나님이 당신을 통해 존귀하게 보이시도록 당신이 '보호를 받은' 것이다. 그리고 이 모두는 하나님이 당신을 사랑하시기 때문이다.

당신을 향한 하나님의 사랑은 당신이 아는 그 어떤 사랑과도 다르다. 당신은 결코 그 사랑을 완전히 이해하거나 깨닫지 못할 것이다. 그러나 그분의 은혜와 능력을 통해 점점 더 알고 느끼게 될 것이다. 바울은 우리가 "사랑 가운데서 뿌리가 박히고 터가 굳어져서 능히 모든 성도와 함께 지식에 넘치는 그리스도의 사랑을 알고 그 너비와 길이와 높이와 깊이가 어떠함을 깨닫기를"(엡 3:17-19) 기도한다. 당신은 이제부터 영원히 이 사랑을 더욱 알아가면서 그 너비와 길이, 높이와 깊이를 발견할 것이다.

당신이 태어나기도 전에 시작된, 당신을 위한 하나님의 목적은 영원까지 계속된다. 세월이 흘러 당신의 결혼이 달콤하지만 흐릿한 기억이 된 후에도 하나님은 당신이 영원히 무한히 행복하기를 바라신다. 이토록 당신을 사랑하여 구원하신 하나님의 영광을 위해 당신은 지금을 살 수 있는가?

— Not Yet Married —

당신은 무엇에서 삶의 행복과 기쁨과 의미를 찾나요? 만일 하나님 안 계시다면 당신의 삶은 어떻게 달라질까요?

Chapter 2

미혼은 마이너리그가 아니다

 2년 가까이 나는 일주일에 두어 시간을 윌(Will)과 함께 보냈다. 윌은 내가 대학원 때 아르바이트 했던 식료품 보급소의 자원봉사자였다. 아프리카계 미국인으로 나보다 나이가 두 배는 더 많았고 세 딸의 아버지였으며 이미 손주까지 본 할아버지였다. 그리고 재활 중인 알코올 중독자였다.
 당시 나는 집에서 몇 블록 떨어진 알코올 중독 치료센터에 나갔다. 그 센터는 기독교 재단이 아니었지만, 성경에 관심 있는 사람들을 위해 일주일에 1번 성경 읽기 모임을 허락해 주었다. 아직 결혼하지 않았던 나는 그 모임을 섬기기에 충분한 시간과 에너지를 갖고 있었다. 그렇게 24세부터 2년 동안 그 센터까지 걸으며 모임을 위해 기도했다. 몇 번 4~5명이 나온 적도 있지만 참석자는 주로 1명이었다. 심지어 아무도 나타나지 않은 날도 있었다. 나는 1시간 동안 나와 함께 성경을 읽을 사람들을 모으기 위해 매주 그 센터의 복도를 돌아다녔다. 그곳에 계신 분들은 대부분 나보다 20세에서 30세 정도 나이가 많았다. 그분들은 대개 따뜻한 미소로 나를 맞으며 친근하게 '전도사님'이라고 불렀다.

어느 날 나는 윌을 만났다. 어린 시절 할머니에게 성경을 잘 배운 그는 여러 성경 구절을 기억하고 있었다. 매주 나는 복도를 다니며 더 많은 참석자를 찾았지만 대부분 윌과 나뿐이었고, 우리는 함께 앉아 요한복음을 천천히 읽었다. 그 센터에서 함께 성경을 읽는 몇 주 동안 나는 그의 믿음이 자랄 뿐 아니라 생기가 회복되는 것을 보았다. 다른 사람들보다 재활치료를 잘 해낸 그는 센터를 나온 이후에도 식료품 보급소에서 매주 나를 만나며 함께 성경을 읽었다.

내가 다른 동네로 이사하고 교회를 옮긴 후 윌과 연락이 끊어졌는데, 지금 생각해도 윌과 단둘이 예수님에 대해 여러 이야기를 나누는 것보다 더 그 수요일 오후를 잘 보낼 방법은 없었을 것 같다. 내가 매주 그 센터에 갔다는 것을 아는 사람도 거의 없었고, 때로는 아무도 오지 않아 15분, 20분을 혼자 있다가 포기하고 돌아와야 했지만 그럼에도 그렇다. 그때 그 수요일 오후 2시 30분에서 4시 사이에 하나님은 나에 대해 그리고 이 세상에서의 사명에 대해 많은 것을 가르쳐 주셨다. 무엇보다도 하나님의 영광을 위해 사는 것은 큰 업적을 세우거나 다른 사람들을 밟고 올라서는 것이 아니라, 사람들에게 왕 되신 예수님을 확실하게 전하는 것임을 가르쳐 주셨다. 실제로 하나님의 영광은 자주 우리가 그분을 위해 하는 작고 조용하고 보이지 않는 일들을 통해 훨씬 더 밝게 빛난다. 윌과 같은 사람들을 통해 말이다.

권위 있는 분명하고 긴급한 말씀

미혼이든 기혼이든, 우리는 세상으로 나아가라고 부르심을 받고 구원을 받았다. 예수님의 영광을 위해, 그분이 우리의 주인이시자 구세주이시며 가장 귀한 보물이심을 '알리도록' 말이다. 구속(redemption)은 다만 생명을 얻는 사건이 아니라 삶의 목적이 바뀌고 삶이 완전히 다시 시작되는 사건이다. 회심(conversion)은 다만 구원이 아닌 지상대명령에 관한 사건이다. 우리는 단지 구원 그 자체만을 위해 구원받지 않았다. 구원받은 자로서 세상에 보내지기 위해 구원받았다.

그런데 우리는 어떻게 일상 속에서 우리를 위한 하나님의 목적을 살아낼 수 있을까? 예수님이 지상에서 마지막으로 하신 말씀을 보자. 그분은 세상을 바꾸도록 제자들을 세상에 보내셨다.

"하늘과 땅의 모든 권세를 내게 주셨으니 그러므로 너희는 가서 모든 민족을 제자로 삼아 아버지와 아들과 성령의 이름으로 세례를 베풀고 내가 너희에게 분부한 모든 것을 가르쳐 지키게 하라 볼지어다 내가 세상 끝날까지 너희와 항상 함께 있으리라 하시니라"(마 28:18-20).

이 말씀이 갖는 권위와 분명함 그리고 긴급함 때문에 우리는 이를 '지상대명령'(the Great Commission)이라 부른다. 만약 대통령이 오늘 당신에게 전화해서 모든 이웃에게 어떤 메시지를 전하라고 한다면 어떻게 할 것인가? 당신이 사는 도시에 어떤 희귀한 전염병이 발생할 것인데, 전염병을 피할 간단하지만 결정적인 조치들이 있다고 경고했다면? 대통령은 당신의 이웃 백여 명이 구원을 얻도록 당신을 택해 전화를 걸어 '구체적인 지시사항'을 전했다. **따르지 않는다면 그들은 죽을 것이다**(권위 있는 분명하고 긴급한 말씀이다).

크리스천으로서 우리는 우리의 생사를 주관하시는 무한히 높으신 오직 한 분을 알고 있다. 하나님의 아들이시자 훌륭한 상담자이시며 전능하신 하나님, 왕 중의 왕이신 예수 그리스도께서 우리에게 사명을 주셨다. 하늘과 땅의 '모든' 권위는 그분의 것이다. 우리에게 주어진 임무는 명료하다. "그러므로 너희는 가서 **모든 민족을 제자로 삼아** 아버지와 아들과 성령의 이름으로 **세례를 베풀고** 내가 너희에게 분부한 모든 것을 **가르쳐 지키게 하라**"(마 28:19-20).

이보다 더 중요한 임무는 전혀 없다. 이 땅에서 짧은 생을 마칠 때 어떤 이는 "내 아버지께 복 받을 자들이여 나아와 창세로부터 너희를 위하여 예비된 나라를 상속받으라"(마 25:34)는 말을 듣겠지만, 어떤 이는 "저주를 받은 자들아 나를 떠나 마귀와 그 사자들을 위하여 예비된 영원한 불에 들어가라"(41절)는 말을 들을 것이다.

세상은 오직 은혜로 구원을 받는다. 하지만 말씀을 먼저 들어야 한다. 바울은 다음과 같이 말했다.

"누구든지 주의 이름을 부르는 자는 구원을 받으리라 그런즉 그들이 믿지 아니하는 이를 어찌 부르리요 듣지도 못한 이를 어찌 믿으리요 전파하는 자가 없이 어찌 들으리요 보내심을 받지 아니하였으면 어찌 전파하리요 기록된 바 아름답도다 좋은 소식을 전하는 자들의 발이여 함과 같으니라"(롬 10:13-15).

그런데 현실은 일꾼의 수가 매우 적다. 왜일까? 우리가 예수 그리스도의 놀라운 권위를 중학교 교사나 경찰관의 권위 정도로 대하기 때문이다. 생명을 구하고 인생을 바꾸는 복음을 마치 건강하고 성공적인 삶을 위한 몇 가지 성공 팁처럼 다루기 때문이다. 그리고 좋은 이웃, 좋은 직원, (주님이 허락하신다면) 좋은 배우자와 좋은 부모가 되라는 '예수님의 말씀'을 자신의 사명으로 삼는 대신 단순히 다른 사람들을 가르치는 데만 사용하기 때문이다.

데이비드 플랫은 이렇게 말한다. "우리는 괜찮은 일자리와 괜찮은 가정에서 괜찮은 시민으로 생활하고 있다."[1] 우리는 성경이 갖는 권위, 분명함, 긴급함을 모두 해체해 우리가 원하고 추구하는 소소하고 편안한 일상과 우선순위에 맞추어 받아들인다. 결혼을 해서 가정을 꾸리기 전에는 기독교에 관해 별로 진지하게 고민하지 않는다.

우리는 예수님을 사랑한다. 그분을 주인으로 받아들이고 그분의 말씀을 읽는다. 그러다 중심을 잃고 미루기 시작한다. 듣고 배운 바

---

[1] David Flatt, *Radical: Taking Back Your Faith form the American Dream* (Colorado Springs: Multnomah, 2010), 105.

를 따르는 대신 자연스럽게 다가오고 편안하게 느껴지는 대로 행한다. 예수님을 따르기보다 주변의 기준에 자신의 삶을 맞춘다. 우리에게 맡기신 임무를 전임 사역자들에게 위임한 채 개인의 시간을 추구하고 예수님의 이름을 내세우며 단기봉사를 하는 것으로 만족한다.

사탄이 당신을 추격하고 있다

이 임무를 방해하는 적이 있다. 우리가 사는 이 세상을 장악한 사탄은 우리 마음을 흐트러뜨리고 우리가 하나님께 보내심을 받은 그 일을 막고자 가능한 모든 수단을 사용한다. 사탄은 우리가 덜 중요한 일들에 삶을 낭비하도록 우리를 설득하고 있다.

우리는 미혼, 특히 미혼이 원치 않게 길어지는 크리스천에게 도사리는 몇 가지 독특한 위험을 알아야 한다. 사탄은 교회에서 미혼들을 기만하고 낙담시켜 헌신과 사역에서 멀어지게 하기를 좋아한다. 그들은 받은 은사가 없다거나 결혼한 다음에 사역을 하라고 속인다. 그리스도와 함께 걸어가는 과정을 격려하고 도전할 사람들로부터 그들을 떼어 놓는다. 사탄은 미혼들의 마음을 흐트러뜨리고 그들이 학교나 직장 또는 다른 여가활동에 빠져들게 한다.

하지만 하나님은 급진적인 방법으로 미혼들과 그들의 믿음, 그들의 시간 그리고 미혼인 상태를 지금 당장 사용하기 원하신다. 우리는 언젠가 해야 할 가장 중요한 일을 시작하기 위해 시간을 지체하며 기다릴 필요가 없다.

신약 대부분을 쓴 미혼 크리스천인 바울은 이렇게 말한다. "그러나 내가 이 말을 함은 허락이요 명령은 아니니라 나는 모든 사람이 나와 같기를 원하노라 그러나 각각 하나님께 받은 자기의 은사가 있으니 이 사람은 이러하고 저 사람은 저러하니라 내가 결혼하지 아니한 자들과 과부들에게 이르노니 나와 같이 그냥 지내는 것이 좋으니라"(고전 7:6-8).

당신은 아마 이 구절에서 두 부류가 떠오를 것이다. 미혼으로 살면서 봉사하다가 죽을 사람, 결혼을 해야만 하는 사람. 바울은 배우자가 없는 상태에서 누리는 영적 장점을 나열하며 미혼을 독려한다. 미혼인 사람은 (결혼한 사람에 비해) 관계에서 오는 불안(32절)과 혼란스러운 세상일(33절)에서 자유로울 수 있으며, 예배와 헌신과 사역을 위해 언제든 준비될 수 있다(35절). 그래서 바울은 미혼이야말로 "흐트러짐이 없이 주를 섬기기"를 즐거워하게 되리라고 결론을 내린다.

우리 대부분은 "그래요. 잘 해봐요, 바울……. 하지만 난 결혼할 거에요."라고 말할 것이다. 나도 그랬다. 우리는 유혹에 압도될 수 있다. 우리는 그 욕구를 충족시키면서도 하나님의 뜻을 거스르지 않을 방법이 필요하다(2절). 어쩌면 우리 삶에 주어진 부르심을 실행하기 위해 조력자가 필요할 수 있다. 어쩌면 자녀를 갖고 싶을 수도 있고 이를 도울 사람이 필요할지 모른다. 어쩌면 사랑이 넘치고 헌신적인 동반자에 대한 강렬하고 부인할 수 없는 욕구를 가졌을지 모른다.

우리는 언뜻 사람이 두 부류로 나뉜다고 생각하지만, 사실은 세 부류이다. 독신과 결혼한 사람 그리고 '아직 결혼하지 않은' 사람. 모두가 알듯이 결혼에 대한 욕구가 항상 결혼으로 이어지는 것은 아니다. 독신에 대한 부르심을 느껴본 적 없지만 여전히 미혼으로 사는 사람도 있다. 이처럼 아직 결혼하지 않은 남녀들은 그들만의 질문이나 도전 또는 유혹에 직면한다. 우리가 결혼을 기다리는 동안 사탄은 우리를 좌절시키고, 우리가 스스로를 미성숙하고 미완성인 존재로 느끼게 한다. 그러나 그리스도께서 당신을 구원하기 위해 죽으셨고 그분의 영을 당신 안에 살도록 보내셨다. 그러므로 당신은 부족하지 않다. 의미 있고 열매 맺는 삶을 위해 반드시 결혼해야 하는 것도 아니다. 만약 그랬다면 바울(그리고 예수님)부터 결혼했을 것이다.

어디든 갈 준비가 되어 있다

미혼일 때 받는 가장 큰 유혹은 아마도 결혼이 우리의 충족되지 않은 욕구를 충족시키고, 약점들을 해결하며, 삶을 정돈하고, 잠재된 은사를 이끌어내리라는 기대가 아닐까. 그러나 바울은 결혼이 해결책은커녕 크리스천의 삶과 사역에 문제를 불러올 차선책인 듯 말한다. 꼭 결혼을 해야겠다면 하되, 타락한 이 세상에서 또 다른 죄인과 함께 예수님을 따르는 일은 결코 쉽지 않을 거라고 말하는 듯하다.

결혼은 기쁨과 지지, 안도감을 어느 정도 가져다주지만 동시에 우리 삶에 방해물을 더할 것이다. 이제 당신은 배우자의 필요와 꿈과 성장을 책임져야 한다. 참으로 귀하고 선한 부르심이지만, 한편으로는 우리를 다른 모든 좋은 것들로부터 멀어지게 하는 상당히 부담스러운 소명이기도 하다. 만약 하나님이 당신에게 결혼을 허락하신다면, 당신은 지금 누리는 것 같은 시간을 다시는 못 누릴지 모른다.

마치 기혼은 메이저리그이고 미혼은 마이너리그인 듯 생각하는 사람이 많다. 하지만 아니다. 미혼은 우리가 예수님께 온전히 헌신하거나 방해받지 않고 다른 사람을 섬길 특별한 시기가 될 수 있다. 성령님이 우리 안에 거하시고 우리가 그분께 시간을 내드린다면, 하나님은 우리를 통해 그분의 나라를 위한 영원한 변화를 일으킬 준비를 마치신 것이다. 하늘에 속한 모든 신령한 복들로 채워진 우리는(엡 1:3) 당장 나갈 준비가 되었고, 어디든 갈 수 있다.

"그렇다면 나는 어디로 가고 무엇을 해야 하는가?" 물론 개개인을 위한 답을 제시할 수는 없지만, 이 5가지 교훈은 아직 결혼하지 않은 크리스천이 세상을 바꾸는 데 도움이 될 것이다. 당신은 하나님의 도우심과 인도하심 가운데 자기 자신과 시간과 자원과 젊음과 열린 관계들과 사역과 충분한 동기를 쏟아부어 놀랄 만한 열매를 맺을 자유가 있다. 이것이 바로 미혼의 만족스러운 보내심을 받은 삶이다.

교훈 1. 진정한 위대함은 때로 약점처럼 보인다

예수님은 자신이 어떤 왕이신지, 곧 '위대하다'(great)는 것이 정말로 무엇인지 마침내 제자들에게 알리며 이렇게 말씀하셨다. "인자가 사람들의 손에 넘겨져 죽임을 당하고 죽은 지 삼 일만에 살아나리라"(막 9:31). 제자들은 어떻게 반응했는가? 그들은 자기 중 누가 가장 큰지(greatest) 논쟁하면서 자리를 떴다(34절). 예수님이 아니었다면 그저 잊했을 어부들이 말이다. 예수님이 자신의 죽음에 대해 말씀하시며 위대함이란 희생이라고, 사랑을 위해 가장 나중 되는 것이라고 다시 정의하신 것을 듣는 대신 그들은 서로 으뜸이 되겠다고 싸웠다. 예수님에 의하면 가장 위대한 사람은 그다지 위대해 보이지 않는다. 사실 진정한 위대함은 종종 약함, 항복, 패배, 심지어 죽음처럼 보인다.

나는 희생을 통해 위대함을 추구하기보다 하나님이 내게 보다 편안한 삶을 주시기를, 보다 쉬운 관계를 허락하시기를, 그리고 사역에 더 많은 열매를 맺게 하시기를 자주 기대했다. 하지만 예수님은 말씀하신다. "너희 중에는 그렇지 않을지니 너희 중에 누구든지 크고자 하는 자는 너희를 섬기는 자가 되고 너희 중에 누구든지 으뜸이 되고자 하는 자는 모든 사람의 종이 되어야 하리라"(막 10:43-44).

이번 생에는 종이었던 사람들이 영원히 다스릴 것이다. 이번 생에는 노예였던 사람들이 영원히 왕이 될 것이다. 진정한 위대함은 인기 있는 웹사이트에 메인 배너로 걸리는 그런 종류의 것이 아니다. 그보다는 삶의 구체적인 모습들, 윌과 같은 사람들의 삶에서 나타난다. 위대해지기를 열망하는가? 그렇다면 우리 곁에 있는 작고 평범하고 놓치기 쉬운 필요들에 자신을 내주어야 한다.

교훈 2. 하나님이 이미 당신 곁에 두신 이들을 주목하라

하나님은 당신을 이 땅에 살며 이웃과 함께 '하나님'을 찾게 하셨다. 이것이 당신이 머무는 모든 곳을 향한 하나님의 명령이다. 바울은 말한다. "인류의 모든 족속을 한 혈통으로 만드사 온 땅에 살게 하

시고 그들의 연대를 정하시며 거주의 경계를 한정하셨으니 이는 **사람으로 혹 하나님을 더듬어 찾아 발견하게 하려 하심이로되** 그는 우리 각 사람에게서 멀리 계시지 아니하도다"(행 17:26-27).

하나님은 오늘날 우리가 하나님을 찾고 다른 사람들을 돕도록 '우리의' 거처와 '우리의' 이웃, '우리의' 주거지를 특별히 정하셨다. 헬스클럽이나 카페에서 낯선 사람과 무작위로 간단한 소통을 통해 누군가를 변화시키는 것이 하나님께 불가능한 일은 아니다. 하지만 주변 사람들과 친밀한 관계(friendship)를 형성하는 것이 그들을 제자 삼는 가장 일반적인 방법이다.

이러한 우정은 흥미나 취미 또는 공간을 공유하면서 생긴다. 늘 여기저기를 여행하며 지냈던 사도 바울도 그런 종류의 관계적이고 전인적인 복음 전파와 제자 됨을 위한 시간을 가졌다(살전 2:8). 내가 그 알코올 중독 치료센터에서 성경 공부 모임을 할 수 있던 것도 그 센터가 우리 집에서 상당히 가까웠기 때문이다. 어떤 모습이나 방법이든지 하나님이 당신 곁에 두신 사람들을 잘 살피고 그들이 예수님을 잘 찾도록 격려하고 도와야 한다.

교훈 3. 아직 미혼일 때 이타적인 삶을 연습하라

"아무 일에든지 다툼이나 허영으로 하지 말고 오직 겸손한 마음으로 각각 자기보다 남을 낫게 여기고 각각 자기 일을 돌볼뿐더러 또한 각각 다른 사람들의 일을 돌보아 나의 기쁨을 충만하게 하라"(빌 2:3-4). 결혼을 한 후에는 이렇게 사는 것이 더욱 힘들어진다. 그러니 지금 연습하라. 우리는 현재 삶에서 자신을 희생하며 도울 몇몇 사람 또는 가족을 마음에 품어야 한다.

사람들은 대부분 아직 결혼하지 않은 사람에게 다른 이를 돌보고 돕는 모습을 크게 기대하지 않는다. 하지만 하나님은 그런 모습을 기대하신다. 다른 사람들, 특히 당신이 섬기는 교회의 필요를 떠올리고 그들을 위해 무엇을 할 수 있을지 생각해 보라. 경제적인 필요나 음식일 수도 있고, 혹은 시간과 에너지일 수도 있다. 아마도 '주로' 시간과 에너지가 될 것이다.

우리는 이미 많은 것을 받았다. 우리는 그 받은 것을 다른 사람들의 필요를 살피며 현명하고 자유롭게 사용해야 한다. 결혼하지 않은 사람은 재정적으로 단 한 명, 자기 자신만을 부양하고 있다. 그러니 만약을 대비해 적절히 저축하되, 결혼하기 전까지 다른 이들의 생활을 도울 방법을 찾으라. 2인분의 저녁 식사, 끝없는 기저귀 또는 5인분의 식료품을 매일 사야 되기 전에 자신의 재정을 다른 사람들을 위해 사용하고 그들을 위해 희생하는 습관과 태도를 기르라. 이런 습관은 결혼 생활에 도움이 될 뿐 아니라, 결혼 전에도 주변 사람들 가운데서 예수님의 이름을 빛나게 할 것이다.

교훈 4. 다른 사람의 부탁에 "좋아!"라고 답하라

한 가지 분명한 사실은, 결혼을 하면 자발적으로 행동할 가능성이 상당히 줄어든다는 것이다. 미혼이 지니는 가장 큰 선물 중 하나는 "좋아!"라고 답할 수 있는 것이다. 갑작스럽게 차 한 잔 하자는 부탁에도, 이사를 도와달라는 친구의 부탁에도, 누군가 아플 때 와 줄 수 있냐는 부탁에도, 심야 영화를 보러 가자는 친구의 부탁에도 기꺼이 "좋아!"라고 답할 수 있다. 결혼한 사람들이 이런 부탁을 할 수조차 없을 때, 결혼하지 않은 사람들은 이런 부탁을 승낙할 놀라운 자유가 있다.

배우자가 아직 없을 때는 다른 사람을 섬기기 위한 이타적이고 충동적인 결정을 하며 배우자의 눈치를 보지 않아도 된다. 그러나 일단 결혼을 하면, 지금과 같은 자유를 항상 누리기란 불가능하다. 그러니 늘 자발적인 마음이 들지는 않겠지만, 기꺼이 승낙하고 다른 사람에게 복이 되기를 권한다.

교훈 5. 하나님을 위한 급진적인 일에 더 많은 시간을 투자하라

그뿐 아니라 결혼하지 않은 사람은 더 많은 시간이 필요한 일에도 결혼한 사람보다 더 많이 "좋아!"라고 답할 수 있다. 꿈이 클수록 더 많은 투자가 필요한 법이다. 더 큰 꿈을 꾸라. 매일 하는 기도 모임이나 정기적인 봉사활동을 시작하라. 당신보다 어린 크리스천들을 양육하는 데 헌신하라. 신앙에 기반을 둔 새로운 지역사회 봉사 프로젝트를 조직하라. 이 모든 것을 시도하라.

성령님이 함께하시고 또 미혼의 시기를 잘 보내겠다고 결심할 때 특히 동역자들과 함께 꿈꾸고 일할 때 아직 결혼하지 않은 크리스천에게 얼마나 많은 능력이 있는지 놀라게 될 것이다. 급진적이되 무모함을 피하라. 이런 일들의 목적은 당신을 위험에 빠뜨리려는 것이 아

니다. 당신을 사랑하고 당신에게 옳은 말을 해 줄 사람들과 함께 늘 기도하며 공동체 안에서 현명하게 결정을 내리라.

나는 결혼하기 전, 알코올 중독 치료센터에서 성경 공부를 이끌었다. 고등학생들에게 멘토링을 제공했고, 대학을 졸업한 교회 청년들과 소모임을 진행하기도 했다. 도미니카 공화국, 인도, 에티오피아로 단기선교를 다녀왔고, 교회 근처에 사는 이주민을 위한 사역과 언어 수업도 시작했다.

올해 당신은 하나님의 영광을 위해 선교지에 있는 기독교 학교에서 교사로 섬길 수도 있고, 장애를 가진 학생을 위해 봉사할 수도 있다. 내 친구가 실제로 하고 있는 일이기도 하다. 하나님은 이 모든 일들 가운데 언제나처럼 아름답게 드러나신다. 예수님을 전하기 위해 당신의 은사를 급진적인 일, 많은 품을 들이는 일에 사용하라. 그럴 수 있겠는가?

우리는 방해물 가득한 세상에 보내졌다

우리에게 맡겨진 일들은 분명하다. 하지만 우리는 여전히 그것들을 놓친다. 우리는 눈에 보이고 할 수 있는 다른 모든 일에 너무 정신이 팔려 있다. 바울은 미혼인 사람들은 결혼이 주는 염려와 방해물에서 자유롭다고 했는데, 그렇다고 방해물이 없는 것은 아니다. 오늘날 세상에서 우리는 스마트폰, 태블릿을 통해 우리의 주의를 빼앗을 것을 얼마든지 찾을 수 있다.

만약 당신이 나와 같다면, 영화를 보거나 스포츠 채널을 보거나 운동을 하거나 맛집을 가거나 SNS를 뒤적이거나 게임을 하는 등 기분 전환을 위한 무언가를 항상 찾을 것이다. 그것을 휴식이라고 부를지 모르겠지만, 대부분이 우리가 시간을 낭비하게 하는 것 같다. 적어도 나는 종종 그렇게 느꼈다.

이 모든 활동은 하나님의 영광을 위해 행해질 수도 있지만, 동시에 그분의 영광을 위한 삶에 위험한 방해물이 될 수도 있다. 자신이 후자의 경우 같다면 스마트폰이나, 게임기, 운동기구 등을 내려놓아야 한다. 다음 장에서는 이러한 방해물, 즉 하나님이 우리에게 더 많은 기쁨을 주기 위해 허락하셨지만 오히려 안타깝게도 우리를 하나님으로부터, 그리고 그분이 우리에게 맡기신 일들로부터 멀어지게 만든 것들에 대해 살펴보려 한다.

———————————— Not Yet Married ————————————

무엇이 하나님의 영광을 위한 당신의 삶을 방해하나요? 지금이 아니면 할 수 없거나 하기 어려운 일은 무엇이 있을까요?

Chapter 3

결혼하고 나서는 힘들다

우리는 역사상 기술적으로 가장 발달한 시대를 살고 있다. 이 말은 동시에 역사상 가장 연결된(connected) 시대를 살며 따라서 가장 산만한 시대를 산다는 뜻이다. 유선 방송과 스마트폰, 모바일 게임이 등장하기 훨씬 전부터 오락거리들은 예수님에 대한 우리의 믿음을 항상 위협해 왔다.

예수님은 어떤 이는 하나님의 말씀을 듣고도 "이생의 염려와 재물과 향락에 기운이 막혀 온전히 결실하지 못한다"(눅 8:14)고 말씀하셨다. 오늘날에도 좋든 나쁘든 간에 이 세 가지 중 하나가 우리를 산만하게 한다. 바로 염려(관심사), 부, 쾌락이다. 예수님은 이 셋은 서로 다르지만 모두 우리를 하나님으로부터 멀어지게 하고, 하나님이 귀하게 여기시는 것들을 깨닫지 못하게 하며, 하나님의 말씀을 듣지 못하게 한다고 경고하셨다. 다시 말해 이 세 가지가 우리의 삶을 결정할 수 있다는 뜻이다.

크리스천인 우리는 행복하고 소망에 가득 찬 동시에 이상한 사람들이다. 보이지 않는 것을 주목하며 "보이는 것은 잠깐이요 보이지 않는 것은 영원하다"(고후 4:18)고 믿기 때문이다. 그런데 이 세상에는 볼 것이 너무도 많다! 새로운 영화, 새로운 게임, 새로운 패션, 새로운 어플리케이션……. 모든 관심사와 부와 쾌락은 우리로 눈에 보이지 않는 중요한 것을 쉽게 잊게 하고, 그보다 훨씬 모자란 것들에 안주하게 한다.

물론 이것들이 항상 나쁜 것은 아니다. 하나님이 우리의 보물이 되시고 그분의 영광이 우리의 사명이고 그분의 말씀이 우리의 길잡이라면, 우리는 그분이 주시는 모든 선물을 마음껏 즐길 수 있다. 하지만 그 선물들이 우리의 주의를 하나님이 아닌 다른 곳으로 돌린다면, 파괴적인 결과를 가져온다.

하나님은 이렇게 말씀하셨다. "내 백성이 두 가지 악을 행하였나니 곧 그들이 생수의 근원되는 나를 버린 것과 스스로 웅덩이를 판 것인데 그것은 그 물을 가두지 못할 터진 웅덩이들이니라"(렘 2:13). 우리는 솟아나는 샘물(fountain)을 무시하고 자판기를 찾는다. 하나님은 우리가 그분을 바라보도록 좋은 것들을 허락하시지만, 우리는 그것을 이용해 오직 하나님만이 주실 수 있는 생명의 물을 스스로 파내려고 애쓴다. 하나님이 주신 선물을 우상으로 바꾼다.

그리고 세상은 우리의 삶을 지켜보면서, 우리가 시간을 어떻게 사용하고 무엇을 주로 이야기하고 돈을 어디에 쓰는지를 보면서, 우리의 마음이 어디에 있는지 알 것이다(마 6:21). 하나님도 아실 것이다.

오늘날 우리 대다수의 문제는 자신의 영적 현실은 거의 불안해하지 않으면서 이 세상 것들에 대해서는 끝없이 불안해한다는 점이다. 우리는 매주 교회에 가고 소모임에 참여하지만, 크리스천으로서 자신의 신앙에 대해 크게 염려하지 않는다. 자신의 신앙을 위해 전혀 힘을 쏟지 않는다. 우리는 식사 전 15초 동안 기도를 하지만, 그보다 더 오래 하나님과 대화하는 법은 알지 못한다. 우리는 성경 여기저기를 들여다보며 몇 분을 보내는데, SNS를 들여다보는 시간에 비하면 택도 없다. 우리는 지속되지 않을 것들에 모든 시간을 사용하는 반면, 영원히 지속되는 것들에는 너무 적은 시간을 보내고 있다.

나는 '당신'이 아닌 '우리'라고 말하고 있다. 나는 스포츠를 좋아하는데 특히 야구팀 신시내티 레즈와 미식축구팀 신시내티 벵골스 팬이다. 아내와 나는 좋아하는 텔레비전 쇼가 몇 개 있다. 우리는 새로운 레스토랑, 특히 초밥과 타이 음식을 좋아한다. 나는 독서를 좋아하고, 아내는 핀터레스트(Pinterest)에서 요리나 인테리어 소품들을 '핀'하기 좋아한다. 당신은 SNS에서 내 계정을 찾을 수도 있다.

사실 이 모든 것들은 창조적이며 너그러우신, 그 자녀들이 좋은 것을 누리기 원하시는 하나님 아버지를 더 많이 세상에 알릴 가능성들로 가득하다. 그와 동시에 이 모든 것들은 나의 관심과 애정이 하나님으로부터 그리고 나를 향한 그분의 뜻으로부터 멀어지도록 나를 흔든다. 당신이 기혼이든 미혼이든, 이런 방해물은 우리를 파멸시킬 힘을 가지고 있다.

결혼의 현실 받아들이기

성경적으로나 경험적으로나 결혼은 매우 좋은 것이지만 당신에게 많은 요구를 하는 것도 사실이다. 결혼은 (적어도 사람들 대부분이 기대하는 방식으로) 당신을 완전하게 하지 못할 것이다. 오히려 결혼은 당신을 나뉘게 할 것이다.

바울은 결혼을 좋게 여겼고, 크리스천의 결혼이 세상에 전하는 메시지(엡 5:22-27, 32)를 좋아했다. 하지만 이와 같은 사랑이 치러야 하는 대가에 대해서도 잘 알았다. 그는 언약으로 맺어진 친밀감에는 커다란 책임이 따른다는 사실을 알았다. 그 많은 축복에는 감당해야 할 짐도 함께 따라오는 것이다. 바울은 고린도전서 7장 28절에서 이렇게 말했다. "그러나 장가 가도 죄 짓는 것이 아니요 처녀가 시집 가도 죄 짓는 것이 아니로되 이런 이들은 육신에 고난이 있으리니 나는 너희를 아끼노라." 바울은 여기서 "육신의 고난"이라는 표현에 사용한 단어를 "극심한 가난"(고후 8:2), "환난"(살전 1:6), 심지어 "십자가"(골 1:24)를 묘사할 때에도 사용했다.

그렇다고 해서 그가 결혼이 믿을 수 없는 기쁨으로 가득하다는 사실을 부정하는 것은 아니다. 바울이 느낀 가장 깊은 기쁨들은 모두 희생과 고통을 통해 이루어졌다(롬 5:3-5). 결혼은 그리스도를 위해 행하는 모든 어려운 일들과 마찬가지로 우리를 신앙 안에서 인내하도록 도와주고, 우리의 성품을 새롭게 하고 정결하게 하며, 우리의 구원자에 대한 소망이 깊어지게 하고, 우리의 마음과 삶에 부어진 넘치는 하나님의 사랑을 기억하게 한다.

그렇다면 바울은 왜 결혼하기 전에 한 번 더 생각해 보라고 권고했을까? 바울은 이어서 말한다. "너희가 염려 없기를 원하노라 장가 가지 않은 자는 주의 일을 염려하여 어찌하여야 주를 기쁘시게 할까 하되 장가 간 자는 세상 일을 염려하여 어찌하여야 아내를 기쁘게 할까 하여 마음이 갈라지며 시집 가지 않은 자와 처녀는 주의 일을 염려하여 몸과 영을 다 거룩하게 하려 하되 시집 간 자는 세상 일을 염려하여 어찌하여야 남편을 기쁘게 할까 하느니라"(고전 7:32-34).

결혼에 대한 염려는 죄도 아니고 불필요한 것도 아니다. 사실 이 같은 염려는 예수님을 중심에 두는 건강한 결혼 생활에 매우 중요하다. 남편이 아내를 염려하지 않거나 아내가 남편에게 무신경하다면, 결혼이 유지될 수는 있어도 건강할 수는 없다. 우리는 서로에 대해 끊임없이 책임을 느껴야 하며 서로의 필요에 주의를 기울여야 하고 또 기꺼이 배우자에게 마음을 내주어야 한다. 이 사실이 항상 짐스럽기만 하지는 않겠지만, 현실이 그렇다. 바울은 결혼 생활의 현실을 보여 주며 우리가 배우자를 돌보는 데 들이는 시간과 에너지와 관심은 동시에 예수님과 타인을 위해 사용될 수 없다고 말한다.

물론 이 말이 결혼 후에는 그리스도를 따르고 사역을 감당하는 창의적이고 의미 있는 방법을 찾을 수 없다는 뜻이 아니다. 우리는 찾을 것이고 찾아야만 한다. 바울의 말은, 결혼을 하면 예수님을 위해 개인적으로 헌신하거나 예수님의 지상대명령을 위해 자신의 은사와 더 많은 시간을 사용하기보다 배우자의 필요를 채우는 데 더 많은 노력을 기울이게 되리라는 뜻이다. 결혼을 하면 우리가 지금까지 경험하지 못했던 방식으로 복음을 경험할 것이다. 그러나 미혼일 때보다 기도하고 읽고 섬길 기회가 줄어들 것이다. 이것은 좋은 교환이지만(나는 결혼하는 게 좋다.) 실제로 일어날 변화이기도 하다.

바울은 과부에게 미혼으로 남기를 장려할 정도로 미혼의 삶이 가지는 잠재력을 높게 여겼다. 바울은 이어서 "아내는 그 남편이 살아 있는 동안에 매여 있다가 남편이 죽으면 자유로워 자기 뜻대로 시집 갈 것이나 주 안에서만 할 것이니라 그러나 내 뜻에는 그냥 지내는 것이 더욱 복이 있으리로다 나도 또한 하나님의 영을 받은 줄로 생각하노라"(39-40절)고 말한다. 잠시 생각해 보자. 스스로 경제력이 없으며 생활비와 보호를 제공할 남편도 없는, 어쩌면 부양해야 할 자녀가 있을지도 모를 서른, 마흔 혹은 쉰 살의 여자가 홀로 남겨졌다. 바울은 심지어 이런 이들도 결혼하지 않는 편이 더 나을 수 있다고 말한다. 그는 이 땅이 아닌 천국을 바랐기 때문이다. 바울은 현재의 삶을 잘 사는 일이 중요한 이유는 천국의 삶 때문인 것을 알았다.

바울의 결론은 무엇인가? "그러므로 결혼하는 자도 잘하거니와 결혼하지 아니하는 자는 **더 잘하는 것이니라**"(38절). 결혼은 매우 좋은 것이다. 그런데 어쩌면 미혼이 더 나을 수도 있다. 예수님과 천국에 대한 당신의 관점은 어떠한가? 이를 믿을 만큼 충분히 확고한가?

인생은 짧다

많은 사람들이 미혼의 시기를 잘 버티다가 훗날 삶이 (결혼을 통해) 안정되면 그때 예수님과 자신의 사명에 대해 좀 더 진지하게 고민하겠다고 한다. 그러나 몇몇 담대한 사람들은 아직 결혼하지 않은 이 시기에 하나님을 더 깊이 알고 나누는 삶의 습관을 들일 것이다. 미혼은 인생의 그 어떤 때와 달리 자신의 삶을 오직 예수님께만 헌신할 수 있는 시기이다. 이를 믿는다면 이 땅에서 삶에 대해 몇 가지 배울 것이 있다. 하나님의 영광을 위해 사는 사람들, 즉 천국을 소망하며 현재를 사는 사람들은 끊임없이 심지어 고통스러울 정도의 절박함을 느껴야 한다.

우리가 해야 할 일, 우리가 잃어버린 자들을 위해 온 마음을 다해 해야 할 일은 지금까지 행해진 그 어떤 일보다 중요하다. 시간이 없다. 사도 요한은 말한다. "이 세상도, 그 정욕도 지나가되 오직 하나님의 뜻을 행하는 자는 영원히 거하느니라"(요일 2:17). 당신과 천국과 달리 이 세상은 생각보다 빠르게 쇠퇴하고 있다. 영원의 관점에서 볼 때 지금 당신 눈앞에 있는 강하고 실재하는 모든 즐거움은 당신이 알지도 못하는 사이에 사라질 것이다. 이 세상이 주는 약속들과 경험들과 우선순위 등은 우리의 수고와 염려를 쏟아부을 대상이 아니다.

인생은 짧다. 당신과 주변 사람들은 앞으로 대략 70년을 조금 넘게 살 것이다. 우리 앞에 주어진 영원과 비교했을 때 이는 잠깐 화장실을 다녀온 것보다도 짧다. 이 세상은 당신에게 주어진 모든 순간을 가능한 한 길게 최대한 활용하라고 가르친다. 하지만 당신은 이렇게 살도록 만들어진 존재가 아니다. 당신은 이 땅에 오래 있지도 않을 것이다. 이 땅에서의 소유가 우리가 가진 전부라는 거짓말을 믿지 말라. 우리가 이 땅에서 가진 모든 것은 우리의 전부가 아니다. 영원을 위해 투자할 무엇이다.

만약 오늘 세상이 사라진다면 그저 잔재들을 사랑하겠는가? 지금 가진 모든 것과 지금 하는 모든 일을 통해 예수님이 당신의 가장 큰 보물이심을 나타냄으로써 영적인 근육을 키우라. 인생은 짧다. 우리가 보는 것, 가진 것은 모두 지나가고 있다. 예수님을 제외한 모든 것이 말이다.

천국과 지옥

우리는 또한 예수님이 정말 다시 오신다는 사실을 기억해야 한다. 이는 산타클로스가 매년 12월에 다시 온다는 것과 다르다. 십자가에서 돌아가셨고 살아나셨고 영원히 다스리실 예수님이 곧 다시 오신다. 예수님은 죽기 전에 이렇게 말씀하였다. "그 때에 인자의 징조가 하늘에서 보이겠고 그 때에 땅의 모든 족속들이 통곡하며 그들이 인자가 구름을 타고 능력과 큰 영광으로 오는 것을 보리라"(마 24:30).

당신은 정말 예수님이 다시 오셔서 이 세상으로부터 구해 주시고 모든 것을 새롭게 하시기를 바라는가? 그분이 다시 오시기를 정말로 바라는가? "그 날에 그가 강림하사 그의 성도들에게서 영광을 받으시고 모든 믿는 자들에게서 놀랍게 여김을 얻으시리니"(살후 1:10). 예수님은 그분을 믿는 모든 사람에게 나타나실 것이다. 그분은 놀랄 만큼 아름답고 강하고 만족케 하시는 분이다. 우리는 다시는 다른 것을 바라지 않을 것이다. 새 하늘과 새 땅에서 많은 것을 보고 즐거워하겠지만, 사실 그럴 필요도 없을 것이다. 하나님 한 분만으로 영원히 충분할 것이기 때문이다.

그러나 믿지 않은 사람들은 어떻게 될까? 바울은 다음과 같이 대답한다. "하나님을 모르는 자들과 우리 주 예수의 복음에 복종하지 않는 자들에게 형벌을 내리시리니 이런 자들은 주의 얼굴과 그의 힘의 영광을 떠나 영원한 멸망의 형벌을 받으리로다"(8-9절). 인생은 짧고 지옥은 실재한다. 어떤 사람들은 하나님을 만나서 다시는 다른 무언가를 필요로 하지 않을 것이다. 그러나 어떤 사람들은 하나님을 모른 채 평생을 살 것이다. 그들 중 몇몇은 복음을 듣고도 거부하고, 다른 몇몇은 예수님의 이름조차 듣지 못할 것이다. 그들은 모두 하나님께 죄를 지었기에 이미 패배했으며 유죄 판결을 받았다.

나는 삶을 다해, 나의 우선순위와 대화들과 용기를 다해 천국과 지옥이 진짜라고 말하지 못한 것이 부끄럽다. 우리는 믿지 않는 자들을 열정적으로 끈질기게 '염려'해야 한다. 이 세상 무엇도 예수님보다 낫지 않으며, 다른 무엇을 위해 사는 것은 끔찍하고 끝없이 실재하는 고통과 벌로 이어질 뿐이라는 사실을 그들이 알도록 말이다.

인생은 짧고, 예수님은 다시 오시며, 천국과 지옥은 정말로 존재한다. 이처럼 단순하면서도 중요한 진리가 모든 방해물과 싸우는 우리의 무기다. 하나님의 뜻으로 마음이 빚어지는 사람들은 이 땅에서의 삶에 대한 절박감, 영원히 하나님을 누리지 못하게 하는 방해물에 대한 경각심을 가진다. 우리는 삶과 관계에서 일어나는 모든 일들의 영적 실상에 긴장해야 한다. 거기에는 너무도 많은 위험이 도사리기 때문이다. 우리는 잃어버린 바 된 이 세상의 무게와 우리에게 주어진 짧은 날에 대한 긴박함을 느껴야 한다.

세상은 당신을 염려하지 않는다

이 세상 관심사들은 우리의 주의와 흥미를 잠깐은 사로잡을지 몰라도 우리를 오래도록 만족시키지 못한다. 특히 요즘 같은 시대에는 더 그렇다. 대체로 우리는 이런 것들에 얼마나 많은 시간을 사용하는지 신경 쓰지 않는다. 별로 해롭게 여기지 않기 때문이다. 모두 SNS 게시물처럼 아래로 밀려 사라질 뿐이다. 하지만 예수님은 이처럼 우리를 산만하게 하는 것들이 생각보다 더 위험하다고 말씀하신다. 야구 경기 결과, 인터넷 쇼핑, 뉴스, 루머 등 세상은 우리가 더 이상 이것들 없으면 살 수 없을 때까지 소스를 제공한다.

예수님은, 어떤 이는 복음을 듣고 좋아하겠지만 "세상의 염려와 재물의 유혹과 기타 욕심이 들어와 말씀을 막아 결실하지 못하게"(막 4:19) 되리라고 경고하셨다. 여기서 '막는다'는 것은 어떤 의미일까? 몇 구절 앞에서는 "더러는 가시떨기에 떨어지매 가시가 자라 기운을 막으므로 결실하지 못하였고"(7절)라고 말씀하셨다. 이 세상은 당신의 마음에서 하나님의 말씀을 가리고 밀어내고 '막는' 가시들로 가득하다. 당신은 매일의 삶에서 그것을 느끼는가? 끊임없이 당신의 주의와 흥미를 끌려는 세상의 도전들을 인지하는가?

우리의 부르심은 예수님을, '오직' 예수님을 항상 생각하는 것이 아니다. 하나님은 그분의 영광을 위해 그의 아들뿐 아니라 많은 선물을 우리에게 주셨다. 그리고 그 모든 선물을 우리가 즐거워하기 원하신다. 바울은 이렇게 묻는다. "자기 아들을 아끼지 아니하시고 우리 모든 사람을 위하여 내주신 이가 어찌 그 아들과 함께 모든 것을 우리에게 주시지 아니하겠느냐"(롬 8:32).

예수님 안에서 우리는 이미 '모든 것'을 약속받았다. 이 말은 우리가 이 땅에서 모든 것을 알거나 소유하거나 경험하지 않아도 된다는 뜻이다(고전 3:21-23). 그렇다면 왜 이 세상 염려들, 입을 옷, 팔로워 수, 연봉, 다른 사람들의 평가에 신경 쓰는 것인가? 우리는 영적인 실재들, 즉 예수님과 천국과 지옥을 염려하고 바라보아야 한다. 다른 모든 것에 대해서는 그럴 필요가 없다. 다른 염려들은 우리를 짓누르고 우리 인생을 비효율적으로 만들 뿐이다(잠 12:25).

세상을 향한 우리의 창문

당신은 무엇을 통해 세상 관심사와 접속하는가? 아마도 그것은 당신 주머니에 들어 있을 것이다. 스마트폰은 우리를 엄청나게 산만하게 만드는 도구다. 스마트폰은 수십 년간 실험과 마케팅을 통해 우리를 산만하게 하도록 설계되어 왔다. 하나님의 은혜로, 우리는 이 새롭고 인기 있는 도구를 통해 전 세계 사람들에게 복음과 하나님의 말씀을 전파할 수 있다. 나는 사람들이 '예수 안에서' 행복하도록 웹사이트 DesiringGod.org에 글을 쓴다.

스마트폰은 우리를 죽기까지 산만하게 해 이 물건을 영원히 손에서 놓지 못하게 할 수도 있다. 우리 집에서는 내가 항상 그렇다. 사탄은 우리를 계속 스마트폰에, 세상 관심사에 붙어 있게 하려고 일종의 비뚤어진 영적 '업그레이드'를 제시하며 수많은 거짓말을 한다. 한때는 전화기가 벽에 붙어 있었는데, 지금은 우리가 전화기에 붙어 있다. 이제, 사탄의 다른 많은 거짓말을 요약하는 특별히 솔깃한 2가지 거짓말을 살펴보자. 스마트폰에서 자유를 얻으려면 쇠사슬처럼 스마트폰과 우리를 묶는 거짓말로부터 해방되어야 한다.

거짓말 1. 세상에는 내가 필요하다

종종 구원자 콤플렉스(savior complex)가 우리를 스마트폰에서 멀어지지 못하게 한다. 우리는 항상 무슨 일이 일어날까 두렵고, 누군가 우리를 (또는 나만을) 당장 필요로 할지 모른다며 걱정한다. 만약 당신이 누군가의 연락에 답하지 못한다면 그는 어떻게 할까? 글쎄, 아마도 전화기가 발명되기 전에 사람들이 했던 일을 할 것이다. 아니면, 이편이 더 있을 법한데 그저 다른 사람에게 연락할 것이다.

세상은 나를 필요로 하지 않는다. 하나님은 나 없이도 모든 역사 가운데 그 길고 긴 시간 동안 세상을 통치하고 지키고 번성케 하셨다. 만약 내가 내일 갑자기 죽는다면 몇몇 사람에게는 상당한 고통과 상실과 변화가 생기겠지만, 세상은 여전히 돌아가고 모든 것은 괜찮을 것이다. 전지전능하신 하나님이 여전히 세상을 통치하시며 이 땅 모든 곳에서 그분의 일을 완수하기까지 온전히 헌신하신다. 하나님은 완전한 사랑, 완벽한 타이밍, 무한한 능력으로 아주 작은 것들까지 모두 돌보신다. 특히 하나님을 사랑하는 이들을 보호하고 그들의 필요를 채우는 일에는 더욱 인자하게 일하실 것이다(마 6:26-30).

거짓말 2. 나에게는 세상이 필요하다

  우리는 누군가에게 필요한 존재가 되기를 원한다. 우리는 누군가가 우리의 관심을 끌기 위해 문자 혹은 전화를 하거나 '태그'하는 것을 좋아한다. 우리는 누군가가 우리를 생각하는 그 순간을 놓치고 싶어 하지 않는다. 메시지가 도착했다고 연속적으로 울리는 알람은 우리가 중요한 존재이며 사랑받고 있음을 확인시켜 준다. 비록 그런 애정이 종종 얕고 피상적이며 오래 지속되지 않더라도 말이다.

  스마트폰은 우리를 누군가에게 필요한 존재처럼 느끼게 하고, 마치 우리에게 통제권이 있는 듯한 환상을 심어 준다. 우리는 '좋아요'를 누를 타이밍, 추가할 어플리케이션 그리고 누구에게 연락할지를 결정한다. 직접 만나는 관계들은 페이스북 친구나 인스타그램 팔로워만큼 편하지 않다. 그러나 직접적인 관계와 우정이야말로 우리가 지속적으로 영향을 주고받는 신실한 관계를 쌓을 가장 우선되며 가능성이 큰 기회이다.

우리는 마치 잠도 못 자고 절박하게 뉴스를 찾는 기자처럼 새로운 헤드라인을 찾아 스포츠, 음식, 정치, 대중문화 등 섹션 이곳저곳을 몇 분마다 확인한다. 우리는 지식을 얻고자 수고하지만 결국 아무것도 아닌 것에 대한 모든 정보를 알게 될 뿐이다.

안타깝게도 우리는 트위터의 최신 트렌드, 유튜브에서 가장 웃긴 영상들, 인스타그램에 올라온 랜선 조카들의 근황은 잘 알지만, 실제로 우리 곁에 있는 사람들에 대해서는 잘 모른다. 예수님과 복음을 믿는 사람으로서 우리의 정체성은 결코 우리가 얼마나 필요하다고 여겨지는지, 우리가 무엇을 통제할 수 있는지, 우리가 얼마나 많이 아는지에 달리지 않았다. 우리 삶의 가치는 우리를 위해 죽으신 그분의 생명, 우리를 영원히 지키고 만족케 하시고자 그분이 지불하신 값에 달렸다(고전 6:20).

우리는 SNS를 통해서가 아니라, 거룩하고 자비로우며 전지전능하신 하나님께 사랑받기 위해 지음 받고 구원받았다.

그분께 모든 염려를 던져버리라

거룩하고 자비로우며 전지전능하신 하나님은 단지 판사나 왕이 아니라 우리의 아버지시다. 그분은 당신을 자신의 아들 혹은 딸로서 지키고 사랑하신다. 전지전능하신 하늘 아버지는 당신에게 무엇이 필요한지 모두 아시며, 완벽한 때에 당신의 필요를 채우겠다고 약속하셨다. 예수님은 이렇게 말씀하신다.

"그러므로 내가 너희에게 이르노니 목숨을 위하여 무엇을 먹을까 무엇을 마실까 몸을 위하여 무엇을 입을까 염려하지 말라 목숨이 음식보다 중하지 아니하며 몸이 의복보다 중하지 아니하냐······ 이는 다 이방인들이 구하는 것이라 너희 하늘 아버지께서 이 모든 것이 너희에게 있어야 할 줄을 아시느니라 그런즉 너희는 먼저 그의 나라와 그의 의를 구하라 그리하면 이 모든 것을 너희에게 더하시리라"(마 6:25, 32-33).

당신은 먹을 것, 마실 것, 입을 것 때문에 혹은 어떤 상황 때문이든지 염려하고 방해받을 필요가 없다. 당신은 하늘 아버지께 붙잡혀 있다. 그분은 당신에 대해 모두 아신다. 당신이 내일 어떤 양말을 신고 점심에 무엇을 먹을지까지 아신다. 하나님은 당신의 필요를 모두 아시며, 모든 것을 마음대로 주실 수 있다. 무엇보다 하나님은 당신을 사랑하신다. "너희 염려를 다 주께 맡기라 이는 그가 너희를 돌보심이라"(벧전 5:7). 하나님이 그리스도를 통해 당신에게 보여 주신 사랑이 당신의 관심을 끄는 다른 모든 것들로부터 당신을 자유롭게 하라.

———————————— Not Yet Married ————————————

만약 예수님이 한 달 후에 다시 오신다면, 당신은 이 한 달을 무엇을 하며 보낼 것 같은가요? 그 일들의 우선순위를 정한다면 '결혼'은 몇 번째일까요?

Chapter 4

원치 않는 미혼의 삶이 길어질 때

미혼의 삶 자체가 갖는 괴로움이 있다. 그런데 결혼하고 나면 사람들이 이를 다 잊어버리는 듯하다. 당신은 언제가 가장 힘든가? 어쩌면 이별한 날(들)일지 모른다. 어쩌면 그 정도 진지한 단계까지 가 보지 못했을 수 있다. 어쩌면 연애를 한 번도 못 했을 수 있다. 당신은 포기하는 마음으로 온라인 혹은 오프라인에서 성적 탐닉을 통해 사랑, 만족감, 우월감을 찾으려 했지만 결국 수치심, 후회, 종속감만 찾았을지 모른다. 어쩌면 당신은 부모가 된다는 게 무엇인지도 모를 어릴 때부터 엄마나 아빠가 되고 싶었을지 모른다. 그래서 친구의 자녀들을 보면 너무 사랑스럽지만 때로 쓸쓸함을 느낀다. 아니면 단지 우정이나 동반자적인 관계를, 함께 웃고 울 누군가를 원할지도 모른다.

아마도 많은 사람들이 결혼하는 이유는 성관계나 자녀보다는 외로움이 더 큰 이유일 것이다. 물론 나의 추측일 뿐이다.

이미 결혼한 사람들은 '예수님과의 교제'를 즐기라거나, 인내를 기르는 게 얼마나 가치 있는지, 혹은 삼촌 딸의 친구의 동생을 만나 보라는 등 이런저런 무신경한 조언들을 하지만, 그런 말들은 아무런 힘이 없다. 어쩌면 부모의 불화나 이혼, 너무 일찍 사랑했던 사람을 잃었거나 심각한 질병을 진단받아 연애에 어려움을 느낄지 모른다. 모든 사람이 그렇듯 결혼하지 않은 사람도 고통을 겪는다. 그러나 많은 경우 이들의 고통은 자신이 혼자라는 사실에 더욱 커진다.

무엇보다 이별은, 아직 결혼하지 않은 사람들이 흔히 경험하는 가장 깊은 골짜기이자 가장 넘기 어려운 장애물이다. 적어도 나는 그랬다. 나는 그 어떤 좋았던 날보다 이별하던 날의 대화들이 더 생생히 기억난다. 모든 이별이 힘들지만 어떤 이별은 더 힘들다. 1년 가까이 사귄 여자친구가 있었는데 우리는 수많은 추억을 만들고 서로의 가족을 잘 알았으며 많은 사역을 함께했다. 모든 것이 옳고 확신에 찼고, 무언가 잘못될 가능성은 전혀 없었다.

그런데 그녀가 헤어지자고 했다. 물론 우리가 항상 좋았던 것은 아니다. 내가 그녀를 잘 이끌지 못한 적도 많았고, 우리 사이에 염려와 불화도 있었지만, 일이 그렇게 되리라고는 생각하지 못했다. 나는 그녀가 정말로 나를 떠나리라고 생각하지 않았다. 그런데 정말로 떠났다. 그리고 우리가 재결합하는 일은 없을 거라고 아주 분명하게 말했다. "그냥 좋은 친구로 지내자."

나는 망연자실했다. 그 후 1년간 누구와도 연애할 생각조차 할 수 없었다. 당신에게는 별것 아닐 수 있지만(사실 그래야만 한다.) 그때 그 시간은 나에게 영원과도 같았다. 예수님께 마음을 다시 집중하느라 그렇게 느꼈다고 말하고 싶지만(물론 결국 하나님이 그렇게 하셨다.) 정말은 그녀가 돌아오기를 간절히 바랐다. 나는 거절당한 상처와 결혼에 대한 갈망, 외로움에 사로잡혀 있었다.

그런데 그녀가 정말로 돌아왔다. 우리가 다시 만날 거라는 희망이 사그라들 무렵, 그녀가 문자를 보냈다. "우리 얘기 좀 할래?" 그날 밤 우리는 만났고 그녀는 많은 눈물을 흘리면서 다시 만나고 싶다고 했다. 나의 모든 꿈이 갑자기 이루어졌다. 엄청나게 간절히 기다렸더니 마침내 하나님이 보상하신 것이다. 그렇지 않은가? 우리는 1년 정도 더 교제했고 예전 문제들이 다시 올라왔다. 우리를 아는 모두에게 분명해진 한 가지는 우리가 결혼을 해서는 안 된다는 사실이다. 부모님이 말리셨고, 심지어 친구들도 걱정했다. 하지만 나는 여전히 우리가 결혼할 것이며 그런 문제는 별것 아니라고, 우리는 이겨낼 거라고 믿었다. 생각해 보면 나는 모든 관계에 대해 그렇게 믿었던 것 같다. 15, 16세 때도 말이다. 어쨌건 우리는 결혼할 것이다. 도대체 왜 헤어져야 하지? 그때까지 내 모든 경험과 하나님이 내게 주신 모든 말씀에도 불구하고, 또 우리가 관계 속에서 발견한 모든 경고에도 불구하고 나는 그저 맹목적으로 완강하게 다시 그렇게 믿었다.

내가 약혼할 준비가 되었다고 생각했을 때 그녀는 다시 나와 헤어졌다. 이번에는 영원히. 그녀가 옳았다. 어리고 철없던 나는 사실 그녀보다도 결혼 그 자체와 사랑에 빠졌었다. 결혼에 대한 나의 이 같은 사랑은 여자친구가 없는 나를 더욱 혼란과 절망에 빠뜨렸다. 그때 느낀 고통은 내가 정말 무엇을 사랑했는지 깨닫게 했다. 그때의 절망은 하나님에 대해, 나 자신에 대해 그리고 결혼에 대해 내가 무엇을 믿었는지 알려 주었다. 그때의 비참함은 나의 우상이 무엇인지 드러냈다. 나의 조급함이 초래한, 혼자가 되는 괴로움은 내가 정말 무엇을 사랑하는지 돌아보고 이전과 다르게 사는 법을 가르쳐 주었다.

사탄은 상처받은 사람들을 노린다

퓨마는 먹잇감의 어디가 취약한지 찾아 가장 약한 것들, 즉 어리고 아프고 부상 당한 것들을 공격한다. 이것이 퓨마가 사는 법, 고통의 냄새를 따라가 발견한 것들로 배를 채우는 방법이다. 우리의 소망과 행복을 사냥하는 적은 마치 퓨마처럼 냉혹하고 무자비하고 게걸스럽게, 실망하고 상처받은 자를 쫓는다. "근신하라 깨어라 너희 대적 마귀가 우는 사자 같이 두루 다니며 삼킬 자를 찾나니"(벧전 5:8). 영리한 사탄은 실망하고 고통 받은 사람들 사이에서 많은 시간을 서성이며 취약하고 연약하고 외로운 사람들을 속여서 삼키려고 기다린다. 당신이 혼자일 때도 그렇게 느껴졌을지 모르겠다.

이 땅에서 겪는 고통은 우리가 전쟁터 가운데 있다는 사실을 상기시킨다. 하나님은 그분을 사랑하는 자들에게 모든 것으로 합력하여 좋은 것을 주겠다고 약속하셨다(롬 8:28). 그러나 사탄은 우리 주위를 배회하며 우리를 타락시키고 거짓으로 옭아매려 한다(계 12:9). 인생에서 가장 고통스러운 순간은 우리가 하나님을 의심하고 자기 뜻대로 행할 가능성이 가장 높은 순간, 즉 하나님보다 우리 자신을 더 신뢰하고 스스로가 자기 삶의 주인이 되려고 노력하는 순간이다. 사탄은 우리에게 속삭인다. "하나님은 네가 겪는 고통을 신경 쓰지 않으셔. 결국 하나님은 너의 고통에 대해 아무것도 할 수 없으시지. 너의 그 괴로움, 비참함, 고통은 절대 끝나지 않을 거야."

그러나 하나님과 그분의 선하심을 의심하도록 유혹하는 모든 고난은 우리를 '하나님'께 나아오게 하고자 그분이 의도하신 것이다. 하나님은 고통을 통해 우리에게 경고하신다. 우리의 적이 강하고 매력적이고 창의적인 방법으로 우리를 하나님의 주권적인 사랑으로부터 눈멀게 하고 죽이려 한다고 말이다.

우리가 실망하거나 괴로울 때 하나님은 우리를 싸움터로 부르신다. 우리가 주어진 현실과 혜택에 안주하는 데서 벗어나 우리를 둘러싼 환경보다 더 깊고 중요한 진짜 삶의 현실을 일깨우고자 사랑으로 격렬하게 우리를 흔드신다.

하나님께 염려를 던져버리라

베드로는 어려운 상황 속에서 사탄이 덮치는 게 어떤 느낌인지 알았다. 그때 그는 갑자기 숨이 막히고, 유혹에 걷잡을 수 없이 삼켜지고, 싸울 힘이 완전히 사라지고, 철저히 혼자라고 느꼈다. 예수님이 죽으시던 밤, 베드로는 한 번이 아니라 세 번 예수님을 버리고 부인했다(눅 22:60). 한때 자신만만하고 강했던 베드로는 포식자를 피하려고 처량하게 발버둥치는 상처 입은 새끼 사슴처럼 무방비 상태의 먹이가 되었다.

그러나 예수님은 십자가에 달리시기 전, 베드로의 믿음이 패배하지 않고 베드로의 사역이 공포와 패배의 잿더미에서 다시 일어서기를 기도하셨다(눅 22:31-32). 어린 여종 앞에서 두려움에 떨며 예수를 모른다고 부인했던(눅 22:56) 바로 그 베드로가 후에는 신앙을 위해 담대히 십자가에 못 박혔다. 그리고 예수님을 향한 자신의 사랑을 세상에 알리려고 죽기 전 편지를 썼다. 모든 고통 받는 크리스천에게, 심지어 오늘날 우리에게까지 그는 이렇게 말한다.

"그러므로 하나님의 능하신 손 아래에서 겸손하라 때가 되면 너희를 높이시리라 너희 염려를 다 주께 맡기라 이는 그가 너희를 돌보심이라"(벧전 5:6-7).

당신이 겪는 현재의 고통은 잠깐일 뿐이다(벧전 1:6). 심지어 그 고통이 이 땅의 남은 삶 가운데 이어진다 해도 말이다. 하나님이 이 괴로운 상황에서 당신을 건지실 것이다. 당신에게 두려움과 고통을 준 모든 것들에서 벗어나 당신은 영원히 안전하고 만족스러운 그분의 임재 가운데 들어갈 것이다(롬 8:16-18, 약 4:10). 그분이 당신의 모든 상처를 치유하고, 모든 손실을 보상하며, 모든 눈물을 닦아 주실 것이다

(계 21:4). 깨어지고 고통스러운 경험이 할퀴고 간 바로 그 자리에서 그때까지 당신이 맛본 그 어떤 기쁨보다도 큰 기쁨이 영원히 샘솟을 것이다(시 16:11).

베드로는 사탄이 두루 다니며 상처 받은 사람들을 즐겨 사냥한다는 것을 알았다. 그러나 하나님이 고통과 나약함 속에서도 잘 싸울 수 있도록 우리를 무장시켜 주신다는 것도 알았다. 하나님은 우리의 연약한 마음에 확고한 진리를 심으시고, 그분의 무한한 힘으로 우리의 믿음을 지키신다(벧전 1:4-5).

모든 아픔에 대한 10가지 약속

우리는 전쟁 중이지만 혼자가 아니다. 아직 결혼하지 않았다 해도 말이다. 하나님은 우리와 함께 계시고 우리를 돌보신다. 예수님은 이 땅을 떠나시기 전 복음의 소망을 가지고 어두운 세상으로 나가라고 권하시며 제자들에게 (그리고 우리에게) 이렇게 말씀하셨다. "내가 세상 끝날까지 너희와 항상 함께 있으리라"(마 28:20).

베드로는 훨씬 더 많은 신자들에게 이렇게 권고한다. "너희는 믿음을 굳건하게 하여 그를 대적하라 이는 **세상에 있는 너희 형제들도** 동일한 고난을 당하는 줄을 앎이라"(벧전 5:9). 그런 상황, 그런 고통을 겪는 사람은 이 세상에 당신 하나뿐인 듯 느껴지겠지만 그렇지 않다. 이 세상의 그리고 역사 속 많은 크리스천이 당신처럼 슬픔을 겪었다. 그들을 보살피신 하나님이 당신도 돌보신다. 우리가 하나님의 말씀,

특히 그분의 약속을 온전히 의지할 때 하나님의 무한한 가치와 능력은 고통 받는 백성에게 끊임없는 위로와 보살핌을 제공할 것이다. 하나님의 약속을 온전히 의지하려면 그분의 약속들을 알아야 한다. 여기 당신이 마주하는 모든 고통, 실망, 두려움에 대한 하나님의 10가지 약속이 있다.

약속 1. '예수님을 아는 것'은 당신이 이 땅에서 얻거나 잃을 모든 것을 뛰어넘는다

"또한 모든 것을 해로 여김은 내 주 그리스도 예수를 아는 지식이 가장 고상하기 때문이라 내가 그를 위하여 모든 것을 잃어버리고 배설물로 여김은 그리스도를 얻고 그 안에서 발견되려 함이니 내가 가진 의는 율법에서 난 것이 아니요 오직 그리스도를 믿음으로 말미암은 것이니 곧 믿음으로 하나님께로부터 난 의라"(빌 3:8-9).

약속 2. 모든 시험은 당신의 믿음과 기쁨이 진실함을 증명할 것이다

"그러므로 너희가 이제 여러 가지 시험으로 말미암아 잠깐 근심하게 되지 않을 수 없으나 오히려 크게 기뻐하는도다 너희 믿음의 확실함은 불로 연단하여도 없어질 금보다 더 귀하여 예수 그리스도께서 나타나실 때에 칭찬과 영광과 존귀를 얻게 할 것이니라"(벧전 1:6-7).

약속 3. 당신의 모든 고통은 당신이 고통 가운데 있는 다른 사람을 돌보도록 준비시킨다

"찬송하리로다 그는 우리 주 예수 그리스도의 하나님이시요 자비의 아버지시요 모든 위로의 하나님이시며 우리의 모든 환난 중에서 우리를 위로하사 우리로 하여금 하나님께 받는 위로로써 모든 환난 중에 있는 자들을 능히 위로하게 하시는 이시로다"(고후 1:3-4).

약속 4. 마침내 고난은 상처가 아닌 소망과 기쁨을 당신에게 가져다줄 것이다

"다만 이뿐 아니라 우리가 환난 중에도 즐거워하나니 이는 환난은 인내를, 인내는 연단을, 연단은 소망을 이루는 줄 앎이로다 소망이 우리를 부끄럽게 하지 아니함은 우리에게 주신 성령으로 말미암아 하나님의 사랑이 우리 마음에 부은 바 됨이니"(롬 5:3-5).

약속 5. 이 세상 그 어떤 고난도 예수님이 당신에게 주신 것을 빼앗을 수 없다

"너희가 갇힌 자를 동정하고 너희 소유를 빼앗기는 것도 기쁘게 당한 것은 더 낫고 영구한 소유가 있는 줄 앎이라"(히 10:34).

약속 6. 예수님은 지친 자들을 돌보는 일에 결코 지치지 않으신다

"수고하고 무거운 짐 진 자들아 다 내게로 오라 내가 너희를 쉬게 하리라 나는 마음이 온유하고 겸손하니 나의 멍에를 메고 내게 배우라 그리하면 너희 마음이 쉼을 얻으리니 이는 내 멍에는 쉽고 내 짐은 가벼움이라 하시니라"(마 11:28-30).

약속 7. 고난은 당신에게 끝까지 견딜 믿음과 힘을 줄 것이다

"내 형제들아 너희가 여러 가지 시험을 당하거든 온전히 기쁘게 여기라 이는 너희 믿음의 시련이 인내를 만들어 내는 줄 너희가 앎이라 인내를 온전히 이루라 이는 너희로 온전하고 구비하여 조금도 부족함이 없게 하려 함이라"(약 1:2-4).

약속 8. 하나님은 당신의 필요를 매일 채우시기 위해 그분의 무한한 부를 쏟아부으실 것이다

"나의 하나님이 그리스도 예수 안에서 영광 가운데 그 풍성한 대로 너희 모든 쓸 것을 채우시리라"(빌 4:19).

약속 9. 당신의 고통은 조금도 무의미하지 않으며, 당신에게 영광을 가져다줄 것이다

"그러므로 우리가 낙심하지 아니하노니 우리의 겉사람은 낡아지나 우리의 속사람은 날로 새로워지도다 우리가 잠시 받는 환난의 경한 것이 지극히 크고 영원한 영광의 중한 것을 우리에게 이루게 함이니"(고후 4:16-17).

약속 10. 당신의 모든 고난은 언젠가 반드시 끝난다. 마지막 눈물 한 방울까지

"모든 눈물을 그 눈에서 닦아 주시니 다시는 사망이 없고 애통하는 것이나 곡하는 것이나 아픈 것이 다시 있지 아니하리니 처음 것들이 다 지나갔음이러라"(계 21:4).

하나님은 고통 속에 있는 우리를 위로하기 위해, 그리고 무지하고 둔감한 우리를 일깨워 고통 속에 있는 다른 이들을 돌아보게 하기 위해 한 책을 쓰셨다. 우리가 어떤 상황에서든 하나님의 말씀을 우리를 위한 것으로 듣는다면, 그때 우리는 이 세상의 창조주, 즉 우리 몸의 모든 부분을 설계하시고 우리의 고통을 포함해 우리 삶의 모든 이야기를 만드신 그분께 말씀을 듣는 것이다.

성경을 통해 우리의 모든 고통에 대해 말씀하시는 하나님은, 우리 삶에 가장 밝은 빛과 가장 어두운 그림자를 모두 그려 넣은 화가이시다. 하나님은 우리의 고통을 온전히 아신다. 우리가 하나님을 신뢰하고 그분의 소망의 말씀을 받아들인다면, 우리가 어떤 문제를 직면하

고 어떤 고난을 당하든지 하나님이 우리에게 선한 것을 약속하실 것이다.

슬픔 속에서도 항상 기뻐하는

그렇다면 마음이 깨지는 듯한 아픔과 고난 가운데 어떤 모습이 믿음이고 겸손일까? "그러므로 하나님의 능하신 손 아래에서 겸손하라 때가 되면 너희를 높이시리라 너희 염려를 다 주께 맡기라 이는 그가 너희를 돌보심이라"(벧전 5:6-7). 겸손한 사람은 쓰라리고 두려울 때 하나님께 반항적으로 괴로움을 토로하는 대신, 사랑과 확신으로 모든 근심을 하나님께 맡긴다. 그는 하나님을 무능하고 동정심 없는 상사처럼 여기기를 거부하고 혼자라는 고통 속에서도, 긍휼하시며 기꺼이 자신을 내주시는 아버지께 나아간다.

예수님은 말씀하셨다. "공중의 새를 보라 심지도 않고 거두지도 않고 창고에 모아들이지도 아니하되 너희 하늘 아버지께서 기르시나니 너희는 이것들보다 귀하지 아니하냐"(마 6:26). 만물을 창조하시고 모든 것을 온전히 자신의 뜻 가운데 두시는 그 하나님이 우리를 아버지처럼 보살펴 주신다고 정말로 믿는다면, 삶이 어려워지거나 예상보다 오래 기다리게 되더라도 하나님과 그분의 뜻을 거역하지 않을 것이다.

"오직 모든 일에 하나님의 일꾼으로 자천하여 많이 견디는 것과 환난과 궁핍과 고난과 매 맞음과 갇힘과 난동과 수고로움과 자지 못함과 먹지 못함 가운데서도"(혼자 지내는 시간이 이어진다 해도) "근심하는 자 같으나 **항상 기뻐하고** 가난한 자 같으나 많은 사람을 부요하게 하고 아무 것도 없는 자 같으나 모든 것을 가진 자로다"(고후 6:4-5, 10).

성경은 우리가 따르는 예수님에 대해 이렇게 말한다. "그는 그 앞에 있는 기쁨을 위하여 십자가를 참으사 부끄러움을 개의치 아니하시더니 하나님 보좌 우편에 앉으셨느니라"(히 12:2). "사람의 모양으로 나타나사 자기를 **낮추시고** 죽기까지 복종하셨으니 곧 십자가에 죽으심이라"(빌 2:8). 예수님은 천국에 '의한', 천국을 '향한' 행복을 모두 아시는 가운데 그 모든 고통을 당하셨다. 우리는 예수님처럼 행할 소망과 힘을 그분 안에서 찾을 수 있을까?

온 우주의 가장 높으신 왕께서 낮고 고통 받는 종으로 오셨다. "그는 멸시를 받아 사람들에게 버림 받았으며 간고를 많이 겪었으며 질고를 아는 자라 마치 사람들이 그에게서 얼굴을 가리는 것 같이 멸시를 당하였고 우리도 그를 귀히 여기지 아니하였도다"(사 53:3). 우리의 구세주는 가장 어둡고 가장 강렬한 고통과 외로움을 경험하셨다. 왜인가? "그가 찔림은 우리의 허물 때문이요 그가 상함은 우리의 죄악 때문이라 그가 징계를 받으므로 우리는 평화를 누리고 그가 채찍에 맞으므로 우리는 나음을 받았도다"(5절).

예수님은 이 보상에 시선을 고정시키고 그것에 대한 기쁨으로, 고통 가운데 있는 우리에게 소망을 주고자 모든 고통을 겪으셨다. 예수님은 우리의 고통을 아시고, 우리가 겪는 모든 일 가운데 우리를 지키고 인도하신다. 우리가 그분을 믿고 그분과 동행한다면 말이다.

우리의 실망과 이루지 못한 꿈들

결혼하지 못한 삶에서 느끼는 실망과 고통은 우리의 기대라는 나무에서 떨어진다. 우리의 꿈은 어린 시절부터 한 해 한 해 자라고 아름다워진다. 그런데 수확할 때가 되면 우리는 그저 맛보고 싶은 대로 무분별하게 열매를 따고 만다. 오랫동안 결혼을 원했던 나는 그렇게 느꼈다.

우리는 얼마나 발전하고 있는지로 자신의 삶을 정의하는 경향이 있다. '나는 지금 내 나이면 도달하리라 예상했던 만큼 와 있나?' '나는 내가 생각했던 만큼 달성했는가?' '현재 나의 꿈은 과연 현실적인가?' 우리의 꿈과 계획은 우상이 될 수 있다. 결혼은 좋은 선물이자 끔찍한 우상이다. 나의 10대와 20대에 겪은 슬픔 대부분은 하나님보다 결혼에 더 많이 마음을 쏟은 데서 비롯되었다. 우리는 소망과 행복을 아내나 남편에게 고정시키고 우리의 성장과 성숙, 가치를 결혼 여부로 쉽게 판단하고는 한다. 그리고 하나님이 아닌 사랑과 로맨스, 성(性) 또는 결혼을 쫓으며 고통과 실망을 우리 삶에 불러들인다.

이 땅에서의 결혼은 잠깐일 뿐이다. 수천 년 후 우리는 이 땅에서의 결혼이 너무도 짧았음을 조금도 아쉬워하지 않을 것이다. 아무도 "결혼하지 못해서 후회돼."라고 말하지 않을 것이다. "결혼 생활을 5년이나 10년만 더 했으면 좋았을 텐데."라는 말은 더더욱 하지 않을 것이다. 모든 결혼 생활이 끝난 후 우리가 누릴 영광스럽고 온전히 행복할 영원과 비교한다면, 그 세월은 몇 초에 불과할 것이다.

생각해 보라. 당신은 결혼을 행복하고 의미 있는 삶의 필수 조건으로 삼는가? 만일 영영 결혼하지 않는다면, 당신은 미완성인 채로 남아 인생이 비참해질 것 같은가? 결혼하지 않은 크리스천은 불완전하고 중요하지 않은 존재라 생각하는가? 이 질문들은 당신에게 결혼이 우상이 되었는지를 드러내는 경고가 될 수 있다.

결국 우리는 모두 영원히 미혼일 것인데, 그것은 너무나도 영광스러운 모습일 것이다. 우리가 가진 그리스도 안에서의 영원함에 비하면 이 땅에서의 결혼은 정말 작고 짧은 것이다. 이런 일시적인 삶의 경험을 10년 넘게 갈망한 사람으로서 나는 이 글을 쓴다.

온 세상의 하나님이 당신과 함께하신다

성경은 우리의 삶이 결코 우리의 성취나 상황 또는 결혼 여부에 따라 판단되지 않는다고 분명히 말한다. 어떤 삶이든 그것을 가치 있게 하는 것은 전지전능하며 모든 것을 만족시키시는 하나님의 존재와 보호하심 그리고 기쁨이다. 요셉의 이야기를 보라. 그는 형제들에게 노예로 팔린 후 놀랍게도 당시 세상에서 가장 강력했던 제국의 권좌에 올랐다.

"**여호와께서 요셉과 함께 하시므로** 그가 형통한 자가 되어 그의 주인 애굽 사람의 집에 있으니 그의 주인이 여호와께서 그와 함께 하심을 보며 또 여호와께서 그의 범사에 형통하게 하심을 보았더라

요셉이 그의 주인에게 은혜를 입어 섬기매 그가 요셉을 가정 총무로 삼고 자기의 소유를 다 그의 손에 위탁하니"(창 39:2-4).

보디발은 요셉에게 모든 일을 맡겼다. 그런데 보디발의 아내가 요셉을 원했고 그를 유혹했다. 요셉이 거부하자 그녀는 요셉이 자기에게 덤벼들었다고 그를 모함했다. 그녀의 거짓말은 요셉이 가진 모든 권력과 책임을 앗아갔고 그를 감옥에 보냈다. 요셉은 아무 죄도 짓지 않았다(적어도 보디발의 아내에 대해서는 그렇다). 요셉은 어떤 거짓말도 하지 않았다. 그런데도 그는 노예보다 못한 취급을 받으며 풀려날 희망도 없이 갇혀 있었다.

"여호와께서 요셉과 함께 하시고 그에게 인자를 더하사 간수장에게 은혜를 받게 하시매 간수장이 옥중 죄수를 다 요셉의 손에 맡기므로 그 제반 사무를 요셉이 처리하고"(21-22절).

권력을 가졌든 감옥에 갇혔든 요셉의 삶은 소망으로 가득했고 의미가 있었고 또 성공적이었다. 그가 아주 열심히 일했기 때문도 아니고, 그가 마땅히 누려야 할 것을 누리게 되어서도 아니고, 큰 성취를 이루었기 때문도 아니다. 오직 하나님이 그와 함께 계셨기 때문이다. 주님은 요셉이 성공할 때 그와 함께 계셨고, 요셉이 감옥에 있을 때도 그와 함께 계셨으며, 요셉이 다시 권력을 회복해 온 이집트를 다스리게 되었을 때도 그와 함께 계셨다(창 41:39-40).

결코 원한 적 없는 삶일지라도

지금 당신의 삶은 당신이 항상 원했던 모습인가? 지금쯤이면 결혼을 했을 거라 생각했는가? 일은 어떤가? 당신이 바라던 일인가? 혹시 재능이 낭비되고 있다고 생각하는가? 다른 무언가를 하며 살고 싶다고 꿈꾸는가? 당신은 어쩌면 다른 곳에 살고 싶을지 모른다. 집에서 더 가까운 (혹은 더 먼) 곳에서 일하기를 바라며 말이다.

현실은, 우리 모두는 현재 우리의 상황보다 더 나은 상황을 꿈꿀 수 있다는 것이다. 더 위대한 현실은, 만약 당신이 예수님을 사랑하고 그분을 따른다면, 하나님이 당신의 삶을 당신이 쓸 수 있는 것보다 더 좋은 이야기로 쓰신다는 것이다. '더 좋은'이라고 말하는 근거는 여기에 있다. 하나님은 당신이 얻거나 경험할 수 있는 것 중 최고이자 가장 만족스러운 존재이시다. 따라서 충만한 삶은 궁극적으로 이 땅에서의 성공이나 관계나 성취가 아니라 믿음을 통해 하나님을 가까이하는 것에 달렸다.

이 기쁜 소식의 어두운 측면은 7~8년, 혹은 70~80년간 아픔과 실망과 거부와 고통을 겪을지도 모른다는 사실이다. 하지만 밝은 측면은 하나님이 당신을 위해 좋은 것을 택하심에 있어서 결코 실수하지 않으신다는 사실이다. 당신이 경험하는 모든 것들, 그러니까 예상했거나 예상하지 못했거나, 원했거나 원하지 않았거나, 기쁘거나 고통스럽거나 이 모두는 당신을 하나님의 소유로 삼고 (요 10:27-29), 하나님 자신을 영원히 당신에게 주고 (시 16:11), 당신의 삶을 통해 하나님과 그분의 영광을 드러내시려는(사 43:25, 고전 10:31) 하나님의 선하신 계획이다. 요셉이 죽은 지 천 년 후 세대의 사람인 바울은 인생에 관해 동일하게 다음과 같이 말한다.

"내가 궁핍하므로 말하는 것이 아니니라 어떠한 형편에든지 나는 자족하기를 배웠노니 나는 비천에 처할 줄도 알고 풍부에 처할 줄도 알아 모든 일 곧 배부름과 배고픔과 풍부와 궁핍에도 처할 줄 아는 일체의 비결을 배웠노라 내게 능력 주시는 자 안에서 내가 모든 것을 할 수 있느니라"(빌 4:11-13).

삶이 가져다주는 무수한 고통과 실망에 상관없이 기쁨과 만족을 누리는 비결은 무엇일까? 바로 자신의 기쁨과 만족을 결혼을 포함한 이 땅의 무엇이 아닌 '오직 그리스도'께 집중하고 고정하는 것이다. 하나님이 우리에게 원하시는 것은, 억울하게 유죄 판결을 받은 요셉과 죽기 직전까지 맞은 바울 그리고 거절당하고 십자가에 못 박히신 하나님의 아들을 따라 우리도 삶의 모든 고통과 고난 가운데서 그들이 가졌던 믿음과 소망과 기쁨을 갖는 것이다.

하나님을 당신의 가장 큰 보물과 열망으로 삼고, 당신에게 일어나는 모든 일을 그분의 무한한 기쁨과 확신을 통해 바라보라. 비록 당신이 결코 원한 적 없는 삶일지라도 당신에게 주어진, 하나님이 함께하시는 그 삶을 사랑하기를 배우라.

Not Yet Married

당신을 가장 괴롭게 하는 사탄의 거짓말은 무엇인가요? 하나님은 무엇이라 말씀하시나요?

Chapter 5

서로 알려지고 알아야 한다

어린아이가 걸음마를 배우는 것부터 시작해 초등학생이 되어 산수를 배우고 중학생이 되어 친구들과 어울리고 고등학생이 되어 진로를 고민하고 대학생이 되어 사회로 나가고 부모를 떠나기까지 사람이 성장한다는 것은 어떤 의미에서 자립으로 향하는 하나의 긴 여정이다. 부모는 자녀가 어엿한 성인으로 자라 성공한 삶을 살기를 바라기 때문에 이 여정을 기꺼이 사랑으로 지지한다. 우리를 열렬히 사랑하는 부모님은 우리에게 최고의 것을 주기 원하고 또 무엇이든 다 해주려 할 것이다. 그러나 우리가 학부생으로 8년이나 있도록 학비를 지불하고, 마흔이 넘어서까지 부모 집에 얹혀살기를 바라지는 않을 것이다.

우리는 그렇다. 한 사람의 성인으로 자립하고 싶어 한다. 우리는 일하며 세상에 무언가 기여하도록 창조되었기 때문이다. "여호와 하나님이 그 사람을 이끌어 에덴 동산에 두어 그것을 경작하며 지키게 하시고"(창 2:15).

다른 한편으로 우리가 자립을 원하는 이유는 자유롭고 싶기 때문이다. 엄마나 아빠가 우리를 먹이는 동안은 부모님을 따라야만 했지만, 이제는 내가 삶의 주인이다. 그리고 우리는 주인이 되기를 좋아한다. 얼마나 늦든 원하는 시간에 귀가하고 얼마나 늦든 원하는 시간에 일어나기를 원한다. 먹고 싶은 것을 먹고 싶을 때 먹고, 하고 싶은 대로 일정을 짜기 좋아한다. 자립은 때로 외롭고 혼자라는 생각이 들게 해 우울할 때도 있지만, 자신의 역량을 깨닫고 자율성을 펼칠 수 있기에 신나는 일이기도 하다.

결혼하지 않은 삶은 자연히 독립성을 기르게 된다. 집을 떠나 부모님의 영향력으로부터 벗어나 더 많은 책임을 지게 되고, 보통은 다른 사람을 덜 의지하게 된다. 이제 스스로 살아가는 것이다. 결혼하지 않고 혼자 지내는 시간이 길어질수록 우리는 보다 쉽게 적극적으로 고립을 선택할 수 있다. 부모님으로부터의 독립은 모든 사람으로부터의 독립이 된다. "내게 무엇이 필요한지는 **내가** 알아. 내 생활비도 **내가** 벌어. 내 스케줄은 **내가** 결정해. 내가 먹을 음식도 **내가** 준비해. 나는 성인이야. 나는 이제 다른 사람의 도움이 필요 없어."

자립은 고립을 낳을 수 있다. 고립은 우리가 필요로 하는 은혜로부터 우리를 분리시키고, 우리 삶의 가장 우선되고 중요한 부르심을 거스르게 한다. 우리는 누구도 혼자 살도록 창조되지 않았다. 누구도 하나님의 영광을 위해 혼자 살도록 창조되지 않았다. 잠언은 경고한다. "무리에게서 스스로 갈라지는 자는 자기 소욕을 따르는 자라 온갖 참 지혜를 배척하느니라"(잠 18:1) 우리는 아무도 혼자 살도록 지음 받지 않았다. 자립은 크리스천이 성장하고 성숙하는 데 중요한 한 측면이지만, 의존하는 것 역시 중요하다. 바로 하나님에 대한 의존과 주변 사람들에 대한 의존이다. 예수님은 말씀하신다. "너희가 서로 사랑하면 이로써 모든 사람이 너희가 내 제자인 줄 알리라"(요 13:35)

의존하지 않는 삶

오늘날 우리는 자신이 고립되었다고 느끼기 어렵다. 적어도 자신을 그렇게 소개하기 어렵다. 우리는 수많은 인스타그램 팔로워나 페이스북 친구를 가지고 있다. '좋아요'를 누른 사람들, 댓글들, 사람들의 관심은 우리가 함께하고 있다는 환상을 만들어 낸다.

많은 사람이 우리에 '대해' 많은 것을 알고 있다. 하지만 그들 대부분 실제로는 우리를 잘 알지 못한다. 마치 몇천 개 퍼즐 조각 중 수십 개만 보듯, 그들은 우리가 공유하기로 선택한 몇몇 순간들만 볼 뿐이다. SNS상에서는 아무도 전체 그림을 볼 수 없다. 하지만 오늘날의 이러한 흐름은 우리로 하여금 다른 사람들이 나에 대해 알고 있다고 '생각하게' 만든다. 정작 우리는 한 번도 자신을 드러내고 보여 준 적 없는데도 말이다.

히브리서는 이렇게 말한다. "형제들아 너희는 삼가 혹 너희 중에 누가 믿지 아니하는 악한 마음을 품고 살아 계신 하나님에게서 떨어질까 조심할 것이요 오직 오늘이라 일컫는 동안에 매일 피차 권면하여 너희 중에 누구든지 죄의 유혹으로 완고하게 되지 않도록 하라"(히 3:12-13). 고립된 크리스천은 머지않아 죽은 크리스천이 될 것이다. 왜냐하면 우리 안에 거하는 죄가 우리 마음을 속이고 거짓을 참이라고 설득하며 우리를 공격할 것이기 때문이다. 그래서 우리에게는 '규칙적으로'(매일) 진리를 상기시키고 우리가 죄에 빠지지 않도록 경고해 줄 누군가가 필요하다.

크리스천은 성장하고 성숙할수록 유대감과 의존성이 커진다. 우리는 다시 오실 예수님을 기다리며 '더욱' 연결되고 서로 의존해야 한다. 죄에서 돌이키고 하나님께 달려가고 자신의 영혼을 지키도록 날마다 서로를 격려해야 한다. 이러한 목소리들이 없으면 우리는 비참한 최후를 맞을 수밖에 없다. 사탄은 매우 강하고 설득력 있으며 통찰력이 탁월하다. 사탄은 우리보다 우리를 더 잘 안다. 사탄을 내버려 둔다면 우리가 죽기까지 우리를 속일 것이다.

하나님은 우리가 가능한 모든 수단(메신저, 트위터, 인스타그램 등)을 사용해 서로를 격려하고 도전하기를 허용하신다. 하지만 우리는 항상 자신과 다른 모습, 즉 진짜 모습이 아닌 스스로가 좋아하는 자신의 모습을 보이려는 경향이 있다. 그러기에 우리가 치르는 거대한 싸움에서 더 잘 싸우려면 서로의 얼굴과 얼굴, 삶과 삶을 마주해야 한다. 물론 오프라인 관계에서도 그렇게 하고픈 유혹은 여전히 존재하지만, 온라인상에서는 숨기기가 훨씬 더 쉽다. 기회가 될 때마다 같은 공간에서 함께한다면 진짜 모습을 드러내기가 보다 쉬울 것이다.

히브리서 저자는 "서로 돌아보아 사랑과 선행을 격려하며 **모이기를 폐하는** 어떤 사람들의 습관과 같이 하지 말고 오직 권하여 그 날이 가까움을 볼수록 더욱 그리하자"(히 10:24-25)라고 말한다. 공동체로부터 가까워지는 것보다 멀어지는 것이 오늘날 자연스러운 흐름일 것이다. 하지만 실제적이고 확실하며 인생을 바꿀 만한 관계는 우연히 생겨나거나 지속되지 않는다. 의도와 노력이 필요하다.

우리는 다른 사람들을 만나고 싶지 '않고', 우리 곁의 크리스천에게 자신의 결정과 감정, 어려움, 죄를 드러내고 싶지 '않은' 유혹을 항상 느낀다. 나 자신의 경험이기도 하다. 사탄은 우리가 그리스도 안에서 형제자매들에게 서로를 드러내고 알리기를 원하지 않는다. 우리가 서로에게 진실로 알려진다면 사탄이 싫어하는 위안, 확신, 치유, 거룩함을 우리가 얻을 것이기 때문이다.

교만이 자라는 비밀의 정원

우리가 고통과 실망을 견디고 헤쳐 나가는 데 필요한 한 가지는 바로 당신 곁에 있는 사람들이다. 사탄은 고통을 사용해 우리를 고립시킨다. 동시에 고통은 교만이 자라는 비밀의 정원이 될 수 있다. 고통에 매우 민감하고 취약한 우리는 너무 괴롭기 때문에 대개 그 고통을 이야기하지 않으려 한다.

고통은 상당히 민감한 주제이지만, 그렇다고 이를 표면적으로만 다루는 것 또한 위험하다. 최악의 경우 우리로 하나님의 선하심을 의심하게 하고, 자기 연민에 빠지게 하며, 자신을 하나님과 다른 사람들로부터 격리시킬 수 있다. 고통은 아무도 나를 이해하지 못할 거라고 믿게 만들기에 일종의 자부심이 된다. **"내가 지금 느끼는 것을 그 누구도 느끼지 못할 것이다."** 그래서 고통은 그 고통에 대해 이야기하려는 사람들을 멀리한다. 그러나 하나님은 극심하고 도저히 감당할 수 없을 듯한 고통 가운데서도 우리에게 믿음과 위로와 힘을 주기 위해 자기 자신과 말씀을 주셨고, 또 '함께 믿는 자들'을 허락하셨다.

고통이 당신을 교만하게 하는지 여부를 확인하는 한 가지 방법은, 다른 사람들의 격려에 대해, 특히 당신이 느끼는 것들을 이해하지 '못하는' 다른 크리스천의 격려에 대해 어떻게 반응하는지 살펴보는 것이다. 지금 당신이 겪는 고통과 감정을 이해하지 못하는 사람들로부터 하나님이 주시는 소망의 메시지를 기꺼이 들을 수 있는가? 만약 듣기를 거부한다면, 고통은 당신을 고립시키고 사탄은 고난을 통한 그의 계획을 이룰 것이다.

원치 않는 미혼의 삶으로 인한 고통

내가 아직 결혼하지 않았을 때 나는 미혼으로 지내는 것과 관련해 기사를 몇 개 썼다. 사람들은 그 내용에 공감하고 좋아하는 것 같았다. 당시 나 자신 역시 미혼으로서 어려움을 (물론 이로움도) 겪는 남성이었다는 점이 많은 사람에게 공감받고 공유될 수 있었던 이유인 듯하다. 결혼한 후 나는 아직 결혼하지 않은 여러 사람들로부터 빠르게 신뢰를 잃어가는 것에 놀랐다. 나는 결혼한 지 얼마 지나지 않아 "행복하지 않은 미혼을 위한 소망"(Hope for the Unhappily Single)이라는 제목의 기사를 게재했는데, 많은 사람이 긍정적인 반응을 보였지만 다음과 같은 목소리를 내는 사람도 있었다.

"기분 나쁘게 할 의도는 없지만, 이미 결혼한 사람이 쓰는 미혼에 대한 기사는 진심으로 받아들이기 어렵다."

"그냥 불쾌하다. 자기는 이미 결혼했으니까 이런 글을 쓰는 거다."

"예수님으로 만족하라는 조언을 하는 사람은 언제나 이미 결혼한 사람들이다. 그들이 이런 말을 하기란 얼마나 쉬운가!"

아이러니하게도 그 기사는 내가 결혼하기 1년도 더 전에 쓴 것이었다. 결혼 전에도 후에도 나는 같은 목소리로 같은 경험을 바탕으로 같은 진리를 전했는데, 그 말들은 새로운 저항, 심지어 거부까지 맞닥뜨렸다. 물론 부정적인 평가들이 주된 반응은 아니었다. 당시 나의 글과 관점을 정당화하려고 이런 이야기를 하는 것은 아니다. 사실 나 또한 결혼한 친구들에게 받았던 '격려'에 대해 마찬가지로 부정적인 감정을 느꼈고 그것을 표현하기도 했다. 내가 깨달은 것은 우리를 향한 하나님의 좋은 소식을 거부하기 위해 우리가 얼마나 쉽게 고통을 사용하는지였다.

나도 마찬가지다. 우리는 누군가가 우리의 고통에 관한 이야기를 꺼내는 것 자체를 거절할 것이다. 그것이 다만 '하나님의 말씀'을 있는 그대로 우리에게 전달하는 경우일지라도 말이다. 왜냐하면 말하는 그 사람이 작가든, 목사든, 부모든, 친구든 우리가 겪는 것을 이해한다고 믿지 않기 때문이다. 사탄은 고통과 고난이 거대한 벽처럼 자라나 우리를 그리스도의 몸으로부터 분리시키고 다른 크리스천들의 사랑과 격려로부터 단절시키기 원한다.

첫걸음이자 가장 위대한 걸음

당신에게 필요한 공동체를 찾는 첫걸음은 지역 교회에 소속되는 것이다. 이것이 결혼하지 않은 삶에서 할 수 있는 가장 급진적이며 반문화적이고 영적으로 유익한 일 중 하나이다. 아마도 당신 또래 사람들은 얽매이기를 싫어하고 관계에 대한 책임지기를 거부할 테지만, 당신은 크리스천의 모임에 들어가야 한다. 그곳에 깊이 뿌리를 내리고, 당신은 예수님의 소유이며 당신의 삶은 그분의 것이라고 그리고 그런 존재로서 기꺼이 다른 사람들과 함께하겠다고 온 세상에 선포하라. 그리스도를 믿는 신앙이 당신의 삶의 한 작은 부분이 아니라 삶의 전부라고 말하라.

당신은 친구들과 이미 그런 관계를 갖고 있다고 생각할지 모르지만 끈끈하고 안정되어 보이는 관계도 실제로는 언약이 아닌 애정으로만 이어진다. 그런 관계는 당장 내일 무언가가 잘못될 수 있고 그 '공동체'가 갑자기 사라질 수도 있다. 이것은 연애와 결혼의 차이점이기도 하다. 언약은 기대치를 정하고 모든 사람을 한 자리에 모은다.

크리스천의 우정은 크리스천의 건강한 삶에 매우 중요한 부분이지만, 지역 교회에 소속되는 것을 대신할 수는 없다. 혹 친구들이 교회의 그 누구보다 당신을 더 잘 안다고 해도(아마도 그럴 것이다.) 정작 당신이 죄에 빠져들거나 당신의 삶이 무너지기 시작할 때 그들은 당신을 보살필 준비가 되지 않았을 것이다. 혹은 그런 일에 (공식적으로) 헌신하지 않을 것이다. 그들은 지겨워진 애인을 떠나듯 언제든 당신을 떠날 수 있다. 반면 교회는 더욱 안정적이고 더욱 안전하며 더욱 신뢰할 수 있다.

교회는 우리 삶의 여러 중요한 역할들을 한다. 매주 갖는 모임은 우리가 복음을 통해 새롭게 되고 하나님의 진리와 생명의 말씀으로 채워지기 위해 반드시 필요한 피난처와 휴식처가 될 것이다. 또한 그 구성원이 되면 우리의 독특한 은사를 필요로 하는 다른 사람들과 연결된다. 우리는 그리스도의 몸 된 교회로서 활동적이고 생산적인 역할을 할 기회를 그 어느 때보다 많이 가질 것이다. 즉 미혼으로 사는 동안 하나님이 우리에게 주신 것을 나누는, 다른 사람들을 위해 하나님이 맡기신 임무를 따르는 삶을 살 것이다.

교회는 또한 우리가 어떻게 살아야 하는지 분별하는 데 도움을 주는 역할을 한다. 부르심은, 어떤 일을 하고 싶다거나 어떤 자매와 결혼하고 싶다는 마음을 하나님이 우리에게 주시듯 우리 마음에서 시작될 수 있다. 하지만 다른 크리스천들의 확인 없이는 절대 그것을 하나님의 복이라 확신해서는 안 된다. 우리 마음은 방황하기 쉽고, 우리는 자신이 원하는 것을 너무 쉽게 정당화한다. 만약 삶이 우리가 하고 싶은 일을 하는 것이라면 우리는 모든 수단을 동원해 다른 사람들의 영향을 차단해야 할 것이다. 하지만 삶이 우리가 지어진 목적을 위해, 다시 말해 각자에게 특별하게 주어진 은사와 부르심에 따르기 위해, 즉 예수님을 가장 높이기 위해 사는 것이라면 우리는 같은 것을 추구하는 사람들과 함께해야 한다. 우리는 교회의 일원이 되어야 한다.

분명한 것은, 교회는 여전히 당신을 실망시킬 수 있다. 그래서 건강한 교회를 찾는 것이 중요하다. 당신은 이 교회에 있는 사람들이 정말로, 진정으로, 열정적으로 예수 그리스도를 사랑한다고 느끼는가? 그들은 기도하고 찬양하고 말할 때 계속해서 십자가로 돌아오는가? 목사는 설교하며 성경에서 나오는 것을 전하는가, 아니면 대부분 단순히 자신의 생각인가? 이 교회에는 소모임이 있는가? 혹은 당신이 친밀하게 교제할 다른 기회가 있는가? 리더들이 각 구성원을 보살피고 당신이 죄악에 빠지지 않도록 최선을 다해 신경 쓰고 있는가? 더 많은 질문이 있지만, 이것이 가장 기본적이고 중요한 질문들이다. 우리는 지역 교회의 일원이어야 하며, 그 교회가 우리의 영혼과 삶을 다해 믿을 수 있는 곳인지 확실히 해야 한다.

결혼한 사람들과 어울리라

일단 지역 교회의 일원이 되면, 삶의 다른 단계에 있는 교인들과 시간을 보내고 그들에게 배우기를 의도적으로 노력하라. 이는 건강한 교회의 일원이 되는 가장 큰 복 중 하나로, 우리가 지금 경험하는 것이나 앞으로 경험할 것을 이미 경험한 신자들과 교류할 기회이다. 결혼한 사람들과 어울리라. 미혼 기간이 길수록 다른 이들의 결혼 생활을 보며 배울 기회가 늘어난다. 미래의 부부 관계에서 실수와 죄를 모두 피할 수는 없겠지만, 미리 좋은 학생이 됨으로써 성공할 확률을 다소 높일 수 있다. 결혼한 사람들의 삶과 가족에 정기적으로 접촉할 기회를 찾으라. 만약 그들의 삶에서 구질구질하고 지저분한 점을 전혀 볼 수 없다면, 아직 충분히 가깝지 않은 것일 수 있다. 사람들에게 강요하지 말되, 대화를 시작하기를 두려워하지 말라.

주말에 그들의 자녀를 대신 돌보며 부부가 데이트할 시간을 주거나 집안일을 돕거나 아이가 아플 때 간단한 음식을 가져다주라. 그리고 그들의 학생이 돼라. 질문을 하고 배울 점들을 메모해 두라. 물론 결혼에 대한 우리의 생각과 감정은 결혼에 대한 말씀으로 빚어진다. 그럼에도 우리에게는 흠이 있지만 충실한 결혼 생활의 구체적인 예시가 필요하다. 한 목사님 부부는 거의 3년 동안 나를 주일 점심 식사에 초대했다. 나는 교회 단상에서보다 그가 집에서 가정을 이끌고 봉사하는 것을 보면서 더 많이 배웠다.

이처럼 결혼한 사람들은 당신에게 중요한 관점과 예시를 제공한다. 그러나 당신과 같은 감정, 갈망, 유혹을 경험하는 사람들 또한 당신 인생에 필요하다. 당신과 같은 질문을 품고, 이 특별한 미혼 기간을 예수님을 위해 최대한 잘 활용하려는 사람들을 찾아 그들과의 관계에 투자하라. 바울은 비록 미혼이었지만 사역 대부분을 다른 누군가와 함께했다. 신뢰할 수 있고 은사가 있고 사명감 있는 친구들을 찾아, 미혼 기간을 하나님 나라를 위해 사는 데 서로 의지하며 나아갈 관계를 만들라. 그리스도를 따르는 일은 결코 혼자 하는 것이 아니다. 아직 결혼하지 않았을 때라도 말이다.

아직 결혼하지 않은 사람들의 공동체

만약 우리가 그리스도 안에 있다면 혼자이기란 궁극적으로 불가능하다. 물론 결혼만이 주는 친밀감이 있다. 하지만 가장 중요한 친밀감은 그리스도의 신부인 교회만이 줄 수 있다. 남편과 아내는 다른 사람이 할 수 없는 방법으로 서로를 돕고 필요를 채운다. 그러나 진실하며 성령 충만하고 꾸준히 함께하는 형제자매들도 훌륭한 방법으로 서로를 돌볼 수 있다.

복음 안에서 생겨나고 자라나는 이 관계는 우리에게 모든 종류의 사랑과 친밀감을 제공한다. 믿음으로 형제자매 된 자들의 사랑 안에서 우리는 우애(롬 12:10)와 위로(고후 13:11)와 친절(엡 4:32)과 도움(갈 6:2)과 격려(엡 5:19)와 정직과 신뢰(골 3:9)와 용서(골 3:13)와 지도와 교훈(골 3:16)과 보호(히 3:13)와 기도(약 5:16)와 환대(벧전 4:9)를 경험한다. 결혼을 기다린다 해서 이런 경험들을 미룰 필요는 전혀 없다. 하나님은 이미 이 모두를 서로를 통해 우리에게 주셨다. 우리가 이 가족의 일원이라면, 우리는 혼자가 아니다. 어쩌면 우리는 결혼하지 않을 수도 있다. 그러나 우리는 이미 영원한 공동체에 심겨졌고, 그러기에 영원한 사랑과 우애와 안전과 관계로부터 나오는 수많은 다른 유익들로 둘러싸여 있다.

이런 관계는 우연히 생기는 것이 아니다. 친밀한 관계들을 통해 경험하는 이러한 위로는 아무런 노력과 수고 없이 얻을 수 없다. 누군가가 우리를 섬기려면, 우리가 먼저 상대방의 사랑에 자신을 맡겨야 한다. 소모임에 참여하거나 그러한 모임을 만들라. 형제들끼리 혹은 자매들끼리 모임을 만들어 삶을 공유하고 규칙적으로, 가능하다면 매주 함께 기도하라. 교회나 지역사회를 통해 봉사 활동에 참여하고, 함께 봉사하는 사람들을 알기 위해 의도적으로 노력하라. 유익하고 의미 있는 관계들이 우연히 생겨나리라 기대하지 말라. 당신은 많은 노력과 시도를 해야 할 것이다. 그러나 우리는 이러한 공동체 없이 하나님이 약속하신 기쁨과 사랑과 목적에 충만한 삶을 살 수 없다. '특히' 우리가 아직 결혼하지 않았을 때는 말이다.

―――――――――――――― Not Yet Married ――――――――――――――

당신은 고민이나 문제를 교회 공동체와 나누고 있나요? 그렇지 않다면 그 이유는 무엇인가요? 그 문제를 해결하기 위해 무엇을 시작할 수 있을까요?

Chapter 6

직업: 미혼이 섬기기 쉬운 우상

"어떻게 살아야 할까?" 아직 결혼하지 않은 많은 이들에게 이 질문은 아마도 이렇게 해석될 것이다. "무슨 일을 해야 할까?" 정말 어려운 질문이다. 몇 년이고 끊임없이 대답이 계속 바뀌는 질문이다. 학위는 일자리를 보장하지 않고 우리가 중요한 결정들을 내리는 데에도 거의 도움이 되지 않는다. "어떤 직업을 가져야 할까?" "이직을 할까, 아니면 여기에 계속 다녀야 하나?"

꼭 월급 때문이 아니더라도 우리는 일해야 한다. 아마도 우리가 일에 쏟는 시간은 다른 모든 것에 쏟는 시간보다 많을 것이다. 어떻게 하면 그 시간을 최대한 활용하고, 그 모든 에너지와 노력을 우리에게 가장 중요한 일과 연결시킬 수 있을까?

그리스도와 영원히 살도록 그리스도로 인해 구원을 받아 그리스도를 따르는 자가 된 우리는 자신을 증명하거나 자신을 섬기기 위해 일하지 않는다. 하지만 우리는 실제로 무엇을 '해야' 할까? 현실적으로 생계를 위해 무엇을 할 것인가? 계산을 해 보자. 1주일에 50시간 곱하기 50주 곱하기 40년. 다시 말해 앞으로 있을 100,000시간에 대해 이야기하는 것이다. 그리고 이 질문은 결국 "나는 무엇이 '될' 것인가?"와 같은 질문이다.

내가 속한 소그룹만 해도 지난 몇 년간 엔지니어, 간호사, 보험 설계사, 헤드헌터, 전업주부, 물리치료사, 간병인, 회계사, 입학 상담사, 보모, 축구 코치, IT 컨설턴트 등이 있었다. 우리는 이 모든 직업을 가지고 하나님과 그분의 영광을 위해 일할 수 있다. 바울은 말했다. "무슨 일을 하든지 마음을 다하여 주께 하듯 하고 사람에게 하듯 하지 말라 이는 기업의 상을 주께 받을 줄 아나니 너희는 주 그리스도를 섬기느니라"(골 3:23-24).

만약 우리가 그리스도의 것이라면 소프트웨어를 개발하고 고등학교에서 축구를 가르치고 보험을 판매하고 살림을 하고 세 아이를 기르거나 큰 회사의 재정을 관리할 때 우리는 예수님을 섬기는 것이다. 당신이 지금 그 직장에서 일하며 시간 대부분을 거기서 보내는 것은 결코 우연이 아니다. 온 우주의 하나님이 당신의 삶을 향한 그분의 가장 중요한 목표를 이루기 위해 전략적으로 행하신 일이다. 즉, 세상은 그분이 하나님이시고 당신은 그분의 것이며 생명과 기쁨은 오직 그분에게 있음을 알게 될 것이다.

"아브라함과 이삭과 이스라엘의 하나님 여호와여 주께서 이스라엘 중에서 하나님이신 것과 내가 주의 종인 것과 내가 주의 말씀대로 이 모든 일을 행하는 것을 오늘 알게 하옵소서"(왕상 18:36). 바알 선지자와 싸운 엘리야의 이 기도는 오늘날 우리가 하는 모든 일, 우리가 일하는 모든 곳, 우리가 일하는 모든 날들 가운데 우리를 인도하는 말씀이 되어야 한다.

일은 우상이 될 수 있다

일은 우리 삶의 최고 목적을 이루는 현장이 될 수 있다. 그러니까 우리의 시간과 은사를 통해 일, 돈, 성공이 아닌 하나님이 우리의 구세주이자 보물이심을 드러낼 기회를 준다. 그러나 하나님이 주시는 다른 좋은 선물들처럼 일 또한 우리의 주의를 가장 중요한 것으로부터 분산시키고, 우리 마음의 왕좌에서 하나님을 끌어내리고, 우리가 세상에서 가장 중요한 일을 방관하게 할 수 있다.

이것은 아직 결혼하지 않은 사람에게 특히 더 해당되는 경고이다. 왜일까? 이 시기 많은 이들이 결혼에 쏟을 시간과 에너지와 애정을 직업에 쏟기 때문이다. 결혼할 남자나 여자를 아직 만나지 못했을 때 우리는 일과 결혼한다. 아직 결혼하지 않은 사람에게 직업은 혼전 외도가 될 수 있다. 오늘날은 어느 때보다 더 그렇다. 하나님이 결혼을 높이고 거룩하게 하고자 많은 공을 들이시는 동안, 우리는 직업적 성취를 위해 종종 결혼을 하찮게 여긴다.

무엇이 되었든 일은 그 모든 성취 뒤에 계신 하나님이 아닌 당장 눈에 보이고 우리가 취하는 공적을 기뻐하고 높이면서, 하나님이 아닌 자기 자신을 신뢰하도록 우리를 유혹할 수 있다. 물론 바울은 결혼하지 않는 편이 좋다고 말했지만, 나는 그가 직업적 성취를 염두에 두고 그렇게 말했다고는 생각하지 않는다.

우리에게는 우리 자신보다 더 크고 우리의 성취보다 더 영광스러운 부르심과 보물이 필요하다. 직장에서 진정으로 행복하기를 바란다면, 자신의 행복을 직업이나 능력에서 찾으려 해서는 안 된다. 우리의 예배와 행복은 하나님께만 근거를 두고 그분께 먼저 뿌리내려야 한다. 오직 한 분 하나님만이 우리의 예배를 받으실 만한 모든 일을 행하셨다. 우리가 손을 쟁기에 얹고 마음을 하나님께로 향한다면, 베드로가 이렇게 말할 것이다. "예수를 너희가 보지 못하였으나 사랑하는도다 이제도 보지 못하나 믿고 말할 수 없는 영광스러운 즐거움으로 기뻐하니"(벧전 1:8).

우리는 사랑받기 위해 일하지 않는다

우리는 모두 사랑받기 위해 노력한다. 아마도 유치원에서 엄마와 아빠를 기쁘게 하려고 재롱을 부리면서부터 시작되었을 것이다. 그러한 노력은 중학교 교실에서 경쟁을 통해 자라났고, 고등학교 성적에서도 확인되었다. 그리고 대학에서 처음으로 우리는 전공, 즉 미래의 직업으로 자신이 누구인지 평가되었다. 사회에 나가 첫 급여를 받은 이래 우리는 어디에서 일하고, 부하 직원이 몇이나 있고, 얼마나 버는지를 기준으로 우리를 정의내리려는 사회와 싸우고 있다.

우리가 하는 것이 모두 일로 '보이겠지만' 사실은 숭배다. 생계와 책임이라는 이름표를 달았지만, 사실은 인정받고 구원받을 방법을 닥치는 대로 탐색하고 있을 뿐이다. 일은 결코 우리를 구원하지 못한다. 하나님은 구원하기를 기뻐하시지만, 자신의 수고로 획득했다고 믿는 사람들은 구원하지 않으신다. 하나님께는 오직 은혜만이 통한다. 우리가 하나님께 무엇을 드릴 수 있겠는가? 우리가 드리는 모든 것은 그분 입장에서는 그저 어린이은행이 발행한 장난감 돈일 뿐이다. 하나님은 대기업 CEO 같은 당신을 사랑하고 인정하시는 게 아니다. 그분은 "무엇이 부족한 것처럼 사람의 손으로 섬김을 받으시는 분"(행 17:25)이 아니기 때문이다.

분명히 말하지만 성공은 결코 저주가 아니다. 하지만 성공이 어느새 슬그머니 우리의 구원자가 되었다면 그때는 저주다. 하나님은 그분 자신의 영광을 위해 모든 방법으로 우리의 일을 도우신다. 하지만 이것이 우리를 그분의 소유로 삼으시는 방식이 아니며, 우리를 높이시려는 의도는 더더욱 아니다. 우리는 이미 상함과 결핍에서 구원받은 존재로서 일하고 성공한다.

결혼을 했든, 아직 결혼하지 않았든 우리는 하나님의 사랑이 주는 안전 속에서 수고한다. 하나님께 무언가를 얻기 위해 아침 9시부터 저녁 6시까지 일하는 것이 아니라, 그분의 십자가로 인해 우리가 이미 '그리스도 안에서' 얻은 안전과 확신을 가지고 일한다.

모든 직업을 위한 목표 8가지

복음은 스스로를 '증명하기 위해' 하는 일, 스스로를 '섬기기 위해' 하는 일에서 우리를 자유롭게 한다. 물론 당신이 다만 억대 연봉이나 더 멋진 차, 혹은 상사의 인정과 칭찬만을 목표로 일하지는 않을 것이다. 그런데 일에 대한 당신의 열망은 어떠한가? 우리를 둘러싼 세상을 위하는 마음에서 움직이는가, 아니면 당신 하나만을 위한 것인가? 당신은 다른 사람들의 유익을 위해 일하는가, 아니면 이 땅에서 당신만의 작은 천국을 만들고자 일하는가?

복음은 우리를 확실히 구원하고 완전히 만족시킨다. 그래서 우리는 다른 이들을 위해 자신을, 우리의 은사와 직업과 심지어 생명까지 쏟아부을 수 있다. 그들의 신앙과 하나님의 기쁨을 위해서라면 더더욱 말이다. 우리가 어디에서 일하든 하나님은 우리를 그곳에 영원한 기쁨을 전하는 대사로 보내셨다. 여기 크리스천이 진로를 정할 때 고려해야 할 8가지 목표가 있다. 이 열망들을 사모하라. 그러면 어떤 분야에서든 당신의 일은 그리스도를 위해 많은 열매를 맺을 것이다.

목표 1. 하나님의 위대하심을 드러내기를 열망하라

이미 살펴보았듯 하나님의 영광에 대한 그분의 열정은 죄인을 사랑하고 구원하는 일을 포함해 그분이 하시는 모든 일에 생기를 불어넣는다(사 44:22-23). 이제 하나님은 구원받은 우리를 부르셔서 '우리가' 하는 모든 일을 그분의 영광을 위해 하게 하신다. "그런즉 너희가 먹든지 마시든지 무엇을 하든지 다 하나님의 영광을 위하여 하라"(고전 10:31). 사적으로든 공적으로든, 취미로든 직업으로든, 주일이든 월요일이든, 미혼이든 기혼이든 우리가 무엇을 하든지 말이다. 하나님이 하시는 가장 위대한 일은 그분의 놀라운 능력과 아름다움을 세상 모든 이들에게 조금씩 더 드러내시는 것이다. 세상 사람들이 우리의 선한 일을 보고 하나님께 영광 돌리는 것, 이것이 우리 삶과 소명의 원동력이자 목표이기를 하나님은 바라신다(마 5:16).

목표 2. 하나님의 일을 하기를 열망하라

만일 기독교 사역(Christian ministry)만이 주님의 일이라면, 우리의 '직업'과 하나님과 그분의 영광을 드높이는 우리의 '사명'은 쉽게 분리될 것이다. 그러나 하나님이 준비하시고, 하나님을 믿는 믿음으로 행하고, 하나님을 위해 하나님 앞에서 행하는 '모든' 일이 주님의 일이다. 회계사의 장부 관리, 개발자의 프로그래밍, 엄마의 점심 준비까지 모두 하나님의 일이다. 우리가 그 일을 시작하기 오래전부터 하나님이 그렇게 하도록 계획하셨다. 일적이든 사적이든 우리의 모든 선한 일은 우리가 그렇게 살도록 우리를 위해 예비되었다(엡 2:10).

우리의 일은 하나님의 일이다. 우리는 하나님 없이 일할 수 없기 때문이다. 직업이든 무엇이든 믿음 안에서 행하지 않는다면, 즉 적극적으로 예수님을 신뢰하고 소중히 여기지 않는다면 하나님을 기쁘시게 하지 못한다. "믿음을 따라 하지 아니하는 것은 다 죄니라"(롬 14:23). 버스 운행이든 외과 수술이든 고객 응대든 그 일에 필요한 능력과 지혜와 재능을 하나님을 의지해 한다면 모두 주님의 일이다. "무슨 일을 하든지 마음을 다하여 주께 하듯 하고 사람에게 하듯 하지 말라…… 너희는 주 그리스도를 섬기느니라"(골 3:23-24). 바울의 이 말은 그저 직업에 대한 심적 거부감을 극복하기 위한 과한 영적 충고가 아니다. 우리가 예수님을 사랑한다면, 어떤 일을 하든 우리는 '예수님'을 섬기는 것이다.

목표 3. 돈이 아닌 하나님 안에서 기쁨을 찾기를 열망하라

"하늘에서는 주 외에 누가 내게 있으리요 땅에서는 주 밖에 내가 사모할 이 없나이다"(시 73:25). 경력(혹은 성공, 명예 그리고 돈)을 쌓는 것만큼 교묘하게 우리를 사로잡는 방해물은 없다. 100,000시간을 보내면서 우리는 어떻게든 우리가 하는 일에 엄청나게 많은 주목을 할 것이다. 그러나 누구도 하나님과 재물을, 성공을, 인정을, 완벽주의를, 승진을 '동시에' 사랑할 수 없다. 그것은 불가능하다(마 6:24).

우리는 하나님께 가장 만족할 때 우리 영혼에 대한 이러한 위협을 물리친다. 이사야는 말한다. "너희가 어찌하여 양식이 아닌 것을 위하여 은을 달아 주며 배부르게 하지 못할 것을 위하여 수고하느냐 내게 듣고 들을지어다 그리하면 너희가 좋은 것을 먹을 것이며 너희 자신들이 기름진 것으로 즐거움을 얻으리라"(사 55:2). 이처럼 하나님이 영원히 그를 위해 준비하신 모든 것으로 자기를 먹이는 사람은, 더 좋은 직장이나 더 높은 직급을 위해 분투하며 삶을 낭비하지 않을 것이다. 하나님은 우리가 일하도록 이런저런 것을 주시지만 그분 자신

을 우리에게 주신 것에 비하면 모두 아무것도 아니다(요 4:34). 그리고 우리가 하나님을 사랑한다면 어디서 일할지, 그동안 모은 돈과 영향력으로 무엇을 할지 올바른 결정을 내릴 것이다.

목표 4. 세상이 당신으로 인해 놀라기를 열망하라

미래에 고용주 혹은 고용자가 될 여러분이여 "하나님의 모든 자비하심으로 너희를 권하노니 너희 몸을 하나님이 기뻐하시는 거룩한 산 제물로 드리라 이는 너희가 드릴 영적 예배니라"(롬 12:1). 우리가 하는 일을 포함한 우리의 삶 전체가 영적 예배이다. 어떻게 말인가? "너희는 이 세대를 본받지 말고 오직 마음을 새롭게 함으로 변화를 받아 하나님의 선하시고 기뻐하시고 온전하신 뜻이 무엇인지 분별하도록 하라"(롬 12:2). 세상을 따라갈 것인가, 아니면 놀라게 할 것인가? 예수님을 따르는 성령 충만한 사람은 주님을 알지도 못하고 사랑하지도 않는 사람들과 분명히 구별되어야 한다. 삶의 중심이 정말로 바뀌었다면 다른 것들도 바뀌어야 한다. 살고 일하고 재정을 사용하는 방식에서 세상을 놀라게 하라. 세상이 그리스도 안에 있는 우리의 소망을 묻기까지 그렇게 하라(벧전 3:15).

목표 5. 자신과 가족의 필요를 채우기를 열망하라

이는 누구에게나 자연스러운 목표이다. 우리는 모두 먹어야 하고, 그래서 일해야 한다. 바울은 교회의 보호와 관용을 말하면서도 "누구든지 일하기 싫어하거든 먹지도 말게 하라"(살후 3:10)고 했다.

하나님은 우리가 유형 자산을 주고받는 방식으로 사회에 기여하며 살도록 이 세상을 만드셨다. 우리는 믿음으로 살고, 일함으로 먹는다. 세상 사람들은 이를 당연하게 여기지만, 하나님을 사랑하고 돈을 두려워하는 사람은 간과할지 모른다. 우리는 공급하시는 하나님을 섬기고(눅 11:10-13; 약 1:17) 하나님이 맡기신 사람들을 부양할 때 우리를 위해 공급하시는 하나님의 사랑을 비추게 된다. 재정 계획과 예산안을 짜고 저축을 하는 일은 믿음 없는 행위가 아니다. 하나님과 가족을 사랑하는 마음으로 이 청지기직을 감당한다면, 하나님을 매우 영화롭게 할 것이다.

그리고 이것은 항상 또는 주로 경제적인 것을 뜻하지 않는다. 아버지와 어머니는 자녀를 수천 가지 방식으로 대가 없이 섬긴다. 영적이고 정서적인 부양은 적어도 한 시즌의 수입 등을 따로 떼어놓는 것일 수 있다. 여기서 원칙은 우리와 다른 이의 필요를 공급하시는 하나님을 나타내는 방식으로 우리의 최선을 다하는 것이다.

목표 6. 주변 사람들에게 흘려보내기를 열망하라

우리는 하나님의 영광을 위해 자신의 필요를 채우기를 열망해야 한다. 그러나 거기서 끝이 아니다. 하나님은 다만 우리의 식비, 임대료, 기름 값뿐 아니라 그 이상을 생각하신다. "도둑질하는 자는 다시 도둑질하지 말고 돌이켜 **가난한 자에게 구제할 수 있도록** 자기 손으로 수고하여 선한 일을 하라"(엡 4:28). 바울은 '도둑질할 필요가 없도록'이라고 말하지 않았다. 그렇다. 하나님의 일은 나에게만 초점이 맞춰지지 않는다. 진정된 크리스천의 일은 그것이 무엇이든 다른 이들의 필요를 충족시킨다. 아직 결혼하지 않은 사람들은 종종 훨씬 후하게 베풀 수 있다. 아직 한 명 몫의 생활비만 감당하기 때문이다.

우리가 예수님께 받은 약속은 "주는 것이 받는 것보다 복이 있다"(행 20:35)는 것이다. 그러나 어리석게도 우리는 돈을 벌고 쌓아두는 데서 복을 찾는다. 우리가 자신을 위해 모으기를 멈추고 다른 이를 위해 우리의 것을 자유롭게 내놓을 때 참으로 더 부유해지리라고 예수님은 '약속'하셨다. 그러므로 우리는 자신의 소유를 꾸준하고 과감하게 다른 이들과 나누도록 기도(하고 면접을 하고 협상하고 계약)해야 한다(딤전 6:18).

목표 7. 교회를 세우고 지키기를 열망하라

하나님은 교회를 통해 세상을 구원하신다(엡 3:10). 교회는 전 세계 모든 일터와 사람들에게 복음의 메시지를 전하는, 하나님의 유일한 수단이다. 교회를 대체하는 또 다른 계획은 결코 존재하지 않는다. 그리고 교회를 통한 우리의 승리는 확실하기에(마 16:18) 교회를 향한 진정한 수고와 헌신은 결코 헛되지 않을 것이다. 우리의 모든 일은 이 위대한 대의에 기여해야 한다.

교회는 눈과 손과 다리처럼 서로 의지하는 수많은 지체가 모인 한 몸이다(고전 12:12-26). 예수님을 따르는 자는 모두 그 몸의 지체이다. 문제는 우리가 활동적이고 건강한 지체인가 하는 것이다. 그렇지 않다면 교회가 고통을 받을 것이다. 교회를 섬기라고 하나님이 우리에게 주신 고유한 은사가 부족해지기 때문이다. 그 은사는 가르치거나 상담하는 일, 재정을 관리하거나 새신자를 맞이하는 일, 음식을 준비하거나 차량을 운행하는 일 혹은 다른 수많은 일일 수 있다. 우리는 100,000시간 동안 쌓는 경력을 통해 어떻게 지역 교회를 가장 잘 섬길지 고민해야 한다.

놀랍게도 교회의 가장 위대한 일은 궁극적으로 목회자(직업으로서 사역을 담당하는 사람)가 아닌 일반 성도들에 의해 이루어진다. 목회자는 "성도를 온전하게 하여 봉사의 일을 하게 하며 그리스도의 몸을 세우기 위해"(엡 4:12) 존재한다. 목회자는 우리가 사역을 감당하도록 준비시키는 사람이다. 곧 우리는 교회에서 봉급을 받지 않기에 교회의 사명에 참여할 가능성이 더욱 크다. 예수님을 사랑하는 일반 성도야말로 하나님 나라에서 가장 중요한 일꾼이다.

목표 8. 오래 지속될 일을 하기를 열망하라

인생은 짧고, 그리스도를 위해 한 것이 아닌 일은 모두 헛되다는 사실을 명심하라. 이 땅에 얻고 쌓아야 한다는 거짓말을 거부하라. 예수님은 "너희를 위하여 보물을 땅에 쌓아 두지 말라 거기는 좀과 동록이 해하며 도둑이 구멍을 뚫고 도둑질하느니라 오직 너희를 위하여 보물을 하늘에 쌓아 두라 거기는 좀이나 동록이 해하지 못하며 도둑이 구멍을 뚫지도 못하고 도둑질도 못하느니라"(마 6:19-20)고 말씀하셨다. 이것이 꼭 종교적인 일만 하라는 뜻은 아니다. 이기적이고 죄악된 이유로 행하는 일은 허무하리라는 뜻이다. 아직 결혼하지 않은 지금의 삶과 일을 통해 자신의 시간과 돈과 창의력과 은사를 영원한 가치에 투자하기 원하는가? 이 모든 것으로 세상에 우리의 하나님을 전한다면 그렇게 될 것이다.

100,000가지 기회

이 8가지가 목표라면, 우리에게는 100,000시간을 보낼 좋은 방법이 100,000가지도 더 있다. 거의 대부분은 우리가 그리스도를 선포한다고 대가를 지급하지 않을 것이다.

직업으로서의 사역이 '유일한' 옵션은 아니다. 사실 우리 대부분에게 있어 예수님을 가장 드러내는 사역은 '사역'이 아니다. 아마도 당신의 100,000시간은 목회 사역을 지원하거나, 당신만의 방법(기술, 소통, 관리 등)으로 교회를 섬기거나, 당신 곁의 아직 믿지 않는 사람들과 함께하는 데 사용될 것이다. 직업 사역에 대한 하나님의 구체적인 부르심에 마음을 열되 그것만이 효과적이고 신실하며 열매를 맺는 사역이라고 생각하지는 말라. 책상에 앉아 설교를 준비하든, 그 책상을 팔든, 그 책상을 만들든, 그 책상을 만들 나무를 벌목하든, 아니면 벌목꾼의 자녀를 경건하게 가르치든 하나님은 이 세상에서 아직 결혼하지 않은 사람들을 그분의 위대한 목적을 위해 특별하고 강력하게 사용하신다.

- **Not Yet Married** -

당신에게 일이란 무엇인가요? 일이 우상이 아닌 예배가 되려면 어떻게 해야 할까요?

Chapter 7

놀 것 다 놀고 성숙은 결혼한 후에?

혹시 결혼하면 그만두겠다고 생각하며 계속 허용하는 죄가 있는가? 우리는 개인의 성장과 성숙을 결혼 후로 미루는 경향이 있다. 사랑을 찾는 데에만 너무 집중한 나머지 자신의 죄를 죽이는 일에는 집중하지 못한다. 그러나 아내나 남편을 만나기를 기다리면서 몇 년 정도 게으르게 보내도 되는 그런 휴가 같은 기간은 없다. 우리는 세상에 순응하는 자가 되든지, 아니면 완전히 새롭고 다른 존재로 변하든지 둘 중 하나다(롬 12:1-2).

미혼이란 마치 예수님과 함께 가는 길에서 만나는 로터리 같다. 그리스도를 따르기 시작한 후 많은 변화를 겪던 우리가 어느 순간 보니 같은 자리를 맴돌고 있다. 차는 계속 달리지만 전진하지 못하고, 같은 턱에 반복해서 걸려 넘어진다. 때로는 너무 산만해서, 아니 이 세상이 너무 재미있고 흡족해서 우리가 애초에 어디를 가고 있었는지 잊어버리고 만다.

결혼하지 않은 이들이 많이 경험하는 가장 큰 손실은 영적 성숙일 것이다. 대부분 언젠가 결혼을 하면 그때 더 진지하게 신앙생활을 하리라 생각하며 현재 삶에서 경건을 추구하기를 미룬다. 우리는 아직 배우자와 '가족'에 대한, 곧 자신의 실제 모습을 아는 매우 가까운 사람들에 대한 매일의 책임에서 자유롭다. 그리고 어리석게도 사랑을 찾기만 하면 우리 삶의 성장과 성숙이 새롭게 진행되리라 생각한다.

많은 경우 결혼이 우리를 성화로 이끄는 것은 사실이다. 하지만 많은 증언에 따르면, 경건을 추구하는 데 있어 결혼이란 처방보다는 진단에 가깝다. 곧 결혼을 통해 우리가 성령의 열매를 많이 맺게 된다기보다는 우리의 결점이 더욱 드러난다는 것이다. 실제로 결혼했기 때문에 맺어지는 성령의 열매란 없다. 성령의 열매는 회심(그리스도와 우리의 연합)의 결과이지, 결혼(배우자와의 연합)의 결과가 아니다.

바울은, 십자가를 통해 얻은 그 자유를 누리는 열쇠는 정말로 예수님을 따라 사는 것이라고 말한다. 성령의 능력으로 새 사람을 옷 입고, 그 로터리를 벗어나 복음의 고속도로를 달리라고 한다(갈 5:16). 우리는 육체의 정욕에서 돌이켜 그것을 더 좋은 것, 사랑과 희락과 화평과 오래 참음과 자비와 양선과 충성과 온유와 절제로 바꿔야 한다(갈 5:22-23). 자유롭고 충만한 삶은 그리스도 안에서, 그리스도를 닮은 삶에서 발견된다.

미혼에 대한 9가지 거짓말

우리의 이런 노력을 망치는 적이 있다. 거짓의 아비요(요 8:44), 우리의 영적 성숙을 방해하는 존재인 사탄이다. 사탄의 거짓말은 우리의 주의를 빼앗고 우리 영혼이 성령의 열매로 배부르지 못하게 막는 가장 효과적인 수단이다. 당신에 관한 거짓말, 당신의 과거에 관한 거짓말, 결혼에 관한 거짓말, 미래의 배우자에 관한 거짓말, 친구들과 가족에 관한 거짓말 등 모두 우리를 제자리를 돌게 하는 치명적인 잘못된 이정표다. 아주 조심하지 않는다면, 자기도 모르게 사탄의 말에 더 귀를 기울이게 될 것이다. 아직 결혼하지 않은 사람들이 하나님의 말씀으로 분별해야 할 9가지 거짓말을 알아보자.

거짓말 1. 나는 미혼이니까 아직 이기적으로 살아도 된다. 나의 필요와 기분을 돌보아 주는 다른 사람이 내 곁에 없지 않은가

이기심은 결혼 생활에서 더 격렬하고 분명하게 나타난다. 하지만 미혼의 삶은 자연스럽게 이기심을 기른다. 당신은 매일 자신이 필요로 하고 원하는 것에 근거해 대부분의 결정을 내릴 것이다. 하지만 매 순간 자기를 중심에 두고 자기만족을 추구하는 것보다는 사랑이 우리에게 더 좋은 것을 약속한다. "사랑하는 자들아 우리가 서로 사랑하자 사랑은 하나님께 속한 것이니 사랑하는 자마다 하나님으로부터 나서 하나님을 알고"(요일 4:7). 하나님과 하나님의 사랑은 결혼한 사람뿐 아니라, 결혼하지 않은 사람에게도 똑같이 주어진다.

거짓말 2. 결혼만 한다면 불안하지 않을 것이다. 그런데 하나님이 과연 나에게 배우자를 보내 주실지 모르겠다

물론 더한 불안이 있을 수도 있지만, 교회에서 만나는 많은 청년들은 결혼에 대한 충족되지 않은 열망으로 불안해한다. 우리는 사랑, 관계, 결혼에 대한 두려움과 상실감에 수많은 잠과 에너지를 빼앗긴다. 자신의 결핍에 사로잡혀 자기 연민에 빠지면 조금 기분이 나아질지 몰라도 우리를 실제로 도와주지는 못한다.

그러나 하나님은 우리에게 진정한 '평안'을 주신다. "아무 것도 염려하지 말고 다만 모든 일에 기도와 간구로, 너희 구할 것을 감사함으로 하나님께 아뢰라 그리하면 모든 지각에 뛰어난 하나님의 평강이 그리스도 예수 안에서 너희 마음과 생각을 지키시리라"(빌 4:6-7). 당장 오늘 점심에 미래의 배우자를 만나게 되든, 아니면 독신으로 계속 살게 되든 하나님은 평안으로 가득한 생각과 마음을 당신의 모든 걸음마다 당신이 구하기만 한다면 허락하실 것이다.

거짓말 3. 결혼만 한다면 조급하지 않을 텐데, 결혼을 너무 오래 기다렸다

아마존, 넷플릭스, 스마트폰의 등장으로 인내의 가치가 떨어졌다. 쉽고 빠르게 만족하는 데 익숙해진 우리는 인내가 얼마나 소중하고 아름다운지 잊었다. 그러나 하나님은 약속하셨다. "참고 선을 행하여 영광과 존귀와 썩지 아니함을 구하는 자에게는 영생으로 하시고"(롬 2:7). 오직 인내를 통해서만 얻는 것이 있다. 영광, 명예, 영생 그리고 하나님. 어떤 발달된 기술도 이 과정을 앞당기지 못한다.

하나님을 온전히 기다리는 힘은 그보다 작은 것들(결혼처럼)을 기다리는 시간을 통해 길러진다. 우리의 모든 기다림은 가치가 있다. 그 기다림을 '통해' 우리의 영혼이 궁극적으로 기다리는 한 분 하나님을 더욱 만나게 되기 때문이다.

거짓말 4. 나는 다른 사람들의 필요와 문제까지 걱정할 여유가 없다. 나는 아직 미혼인데다 내 문제들을 혼자 감당하는 것만으로도 이미 충분히 벅차다

생존 본능을 핑계로 자기 권리를 내세우려는 마음은 미혼이 경험하는 가장 큰 위험 중 하나이다. 이는 우리 삶 모든 영역에 조용히 파고들면서, 결정적으로 우리가 다른 사람들을 희생시키고 오직 자기 자신에게만 집중하게 한다. 자기 권리와 자기 자신에 대한 집착이 자라서 우리 마음을 사로잡으면 타인에 대한 관심과 동정심이 점점 줄어들게 된다.

그러나 생명을 주는 성령의 열매는 '친절', 즉 다정하며 동정심 넘치는 관대한 태도이다. "서로 **친절하게** 하며 불쌍히 여기며 서로 용서하기를 하나님이 그리스도 안에서 너희를 용서하심과 같이 하라"(엡 4:32). 이 아름답고 우리를 자유롭게 하는 약속, 곧 하나님이 그리스도 안에서 베푸신 자비로 인해 우리는 친절할 수 있다. 우리는 자격이 없으나 전능하고 거룩하신 하나님께 자비를 얻은 자로서 그리스도로 옷 입고 그리스도 안에서 자비롭다고 인정을 받는다.

거짓말 5. 지금 내가 거룩을 열심히 추구하지 않는 이유는 나를 이끌어 줄 사람이 곁에 없기 때문이다. 나중에 결혼해서 가정을 꾸리면 여기에 더욱 집중할 것이다

우리는 결혼하기 전에는 결혼한 크리스천만큼 책임을 지지 않아도 된다는 핑계로 거룩을 추구하기를 미루고는 한다. 결혼 전에는 어쨌든 미숙한 존재라는 듯 말이다. 우리의 태도와 행동에 영향을 받을 배우자나 자녀가 생긴 후에는 우리가 누구이며 어떻게 행동하는지가 정말로 문제가 될 것이다.

남자와 여자가 결혼을 하고 하나가 된다고 해서 미혼이었을 때보다 더 '온전한' 크리스천이 되는 것은 아니다. 성령 충만한 하나님의 자녀는 각각 결혼 여부에 상관없이 하나님 앞에 서게 된다(롬 14:12). 선과 덕과 온전하기를 사모하며 추구하는 모든 미혼 크리스천은 '복'이 있다. "의에 주리고 목마른 자는 복이 있나니 그들이 배부를 것임이요"(마 5:6). 하나님은 아직 결혼하지 않은 당신의 삶에, 아직 완벽하지 않지만 하나님과 그분의 의를 추구하고자 애쓰는 당신의 삶에 지금 바로 이 복을 부으신다. 당신 안에서 일하시는 하나님의 능력으로 아직 결혼하지 않은 당신의 믿음을 선으로 채우라(벧후 1:3-5).

거짓말 6. 나는 아직 미혼이니까 누군가의 의지가 되기보다 가볍게 살겠다. 미혼인 사람에게 책임감을 기대해서는 안 된다

정말 최악인데, 어떤 사람들은 미혼의 이런 면을 좋아한다. 한곳에 정착하지 않고 여기저기 옮겨 다니면서 오래된 책임과 의무들을 버

리고 새로운 것을 추구하며 그것을 자유라고 생각한다. 그것은 새로운 직업일 수 있고 교회나 관계, 심지어 거주지일 수도 있다. 물론 어떤 변화들은 좋고 필요하다. 하지만 많은 경우 헌신과 끈기를 거부한 증거이기도 하다.

한 사람에게 전념하기 싫어서 혹은 그들이 누리는 자유를 포기하기 싫어서 결혼을 미루는 이들도 있다. 하지만 성경은 우리에게 삶의 모든 순간 '신실함'과 헌신 그리고 충성되기를 사모하라고 가르친다. "그러므로 내 사랑하는 형제들아 견실하며 흔들리지 말고 항상 주의 일에 더욱 힘쓰는 자들이 되라 이는 너희 수고가 주 안에서 헛되지 않은 줄 앎이라"(고전 15:58).

더 이상 그럴 가치가 없어 보일 때라도 우리가 쉬며 일하며 거기에 머무는 이유는 그리스도를 위한 이 삶의 모든 희생이 결코 헛되지 않음을 알기 때문이다. 성령 안에서, 세상의 흔한 젊은이들의 방식을 거스르라. 이기적이고 충동적인 야망을 버리고, 하나님을 떠나게 하는 것들에서 멀어지라. 힘들고 아무도 알아주는 이 없어도 말이다.

거짓말 7. 내가 얼마나 힘든지 아무도 모른다. 결혼만 한다면 예민함도 사라질 것이다.

상처를 받을 때 보이는 반응은 우리의 마음 상태에 관해 많은 말을 한다. 미혼인 당신의 괴로움을 오해하거나 외면하거나 대수롭지 않게 여기는 사람들에게 당신은 어떻게 반응하는가? 의도는 좋았을지 몰라도 그들은 무의식적으로 충고하고, 무신경하게 질문하고, 혹은 무관심으로 당신을 불쾌하게 한다. 그러니 그들에게 분노하거나, 그들의 말을 무시하며 비꼬거나, 그들에 대해 폭력적이고 부정적인 생각을 품는 것이 마땅하지 않은가? 그러나 하나님은 공격을 '온유'로 갚으신다. 하나님은 우리와 리더들이 인내로 악을 견디기를 요청하신다. "거역하는 자를 **온유함으로** 훈계할지니 혹 하나님이 그들에게 회개함을 주사 진리를 알게 하실까 하며"(딤후 2:25).

결국 우리 마음을 고치고 인도하시는 분은 하나님이시다. 하나님이 우리를 부르신 것은 서로를 판단하게 하기 위해서가 아니라, 그분이 우리에게 보이신 은혜와 온유, 즉 예수님이 우리 죄를 위해 십자가에서 죽으심으로 보이신 은혜와 온유로 우리가 옷 입게 하시기 위해서다. 당신은 화날 만하고, 또 당신의 마음이 상했다는 것을 알릴 필요도 있지만, 그들과 똑같이 반응해서는 문제를 해결하지 못한다. 하나님은 그 대신 온유하라고 우리를 부르셨다. 그분이 우리 행위에 따라 보응하거나 또 우리를 구속하는 더 힘든 일을 하겠다고 약속하셨다.

거짓말 8. 나는 미혼인데 규율에 얽매여 죄에서 돌이킬 필요가 무엇이 있는가? 나는 이 자유가 좋고, 나의 행동을 신경 쓰거나 나에게 영향을 받는 사람도 없다

결혼하지 않은 삶처럼 통제 없는 삶도 없다. 우리는 미혼일 때 마음대로 살기 쉽다. 우리의 육신은 더 많이 먹고, 더 많이 마시고, 더 많이 사고, 더 많이 보기 원한다. 모두가 반드시 나쁜 것은 아니지만 우리의 죄를 향한 갈망이 통제되지 않는다면 결국 더 많은 죄악과 우상숭배에 빠질 것이다. 하나님이 창조하신 모든 것을 하나님이 의도하신 대로 누리려면 '절제'가 필요하다. 절제할 때 우리가 하나님이 주신 선물보다 하나님을 더 기뻐하는지 증명될 것이다.

"이기기를 다투는 자마다 모든 일에 절제하나니 그들은 썩을 승리자의 관을 얻고자 하되 우리는 썩지 아니할 것을 얻고자 하노라"(고전 9:25). 우리가 그리스도를 기뻐하며 그분과 동행하고자 음식, 술, 텔레비전, 스포츠, 쇼핑, 웹사이트, 이 땅의 그 무엇이든 포기할 때 우리는 우리를 위해 하늘에 간직된 무한하고 영원한 기업으로 한 걸음 더 나아가는 것이다(마 6:20; 벧전 1:4).

결혼은 우리가 미혼일 때는 갖지 못하는 친밀한 책임감을 줄 수도 있다. 그러나 절제는 성령의 열매이지 배우자가 주는 것이 아니다. 그러니 힘을 얻도록 하나님을 바라보라. "너희 안에서 행하시는 이는 하나님이시니 자기의 기쁘신 뜻을 위하여 너희에게 소원을 두고 행하게 하시나니"(빌 2:13).

우리가 특히 절제하기를 차일피일 미루는 죄가 있는데, 바로 성적 욕망과 포르노다.[1] 우리는 음란물을 보지 않거나 클릭하지 않을 자제력이 부족하다. 나도 고등학교와 대학교를 다니는 내내 포르노의 노예가 되려는 유혹과 싸우고 지고 지속하고 그만두기를 반복했다.

---

[1] 성적 음행과 포르노그래피에 대한 싸움을 더 알고 싶다면, 내가 쓴 글 "Never Harmless, Never Private, Never Safe"를 보라. desiringGod 웹사이트 http://www.desiringgod.org/articles/never-harmless-never-private-never-safe에서 볼 수 있다.

포르노는 오늘날 교회를 위협하는 그 무엇보다도 더 우리의 영적 토양을 집어삼키고 있다.

포르노가 별것 아니고, 아주 개인적인 일처럼 보이는가? 그렇지 않다. 포르노는 우리를 잠들게 한다. 단순한 잠이 아니다. 곧 죽음이다. 짧고 편안한 낮잠처럼 느껴지겠지만 여기서 결코 깨어나지 못할 것이다. 이 사회에서 포르노는 미디어와 기술의 모든 구멍에서 쏟아져 나와 우리를 강제로 먹인다.

이미 많은 책이 성적 유혹과 죄에 대한 싸움을 다루었다. 나는 이 책의 13장에서 성적 순결에 관해 다루려 한다. 승리를 향한 여정에서 내가 깨달은 한 가지는 이것이 단순히 자제력 문제가 아니라는 사실이다. 성령의 열매는 그렇게 맺히거나 자라지 않는다. 잘못된 이미지와 영상에 대한 열망은 절제라는 열매 하나만이 아니라 다른 모든 열매가 썩고 있다는 뜻이다. 순결을 위한 우리의 싸움은 다만 절제를 추구하는 싸움이 아니다. 동시에 사랑과 희락, 화평, 오래 참음, 자비, 양선, 충성, 온유를 추구하는 싸움이다. 정신력과 자기 부인에만 초점을 맞추고 나머지를 소홀히 한다면, 우리는 하나님이 전쟁을 위해 우리에게 주신 무기 대부분을 스스로 빼앗는 셈이다. 단순히 절제만을 위해 싸우지 말라. 기쁨을 위해 싸우라. 이 땅에서 덜 보기를 선택한다면, 그 이상의 것을 영원히 볼 것이다(마 5:8).

거짓말 9. 내 삶이 우울하고 비참한 이유는 결혼하지 못했기 때문이다. 결혼하기 전에는 진정으로 행복해지지 못할 것이다 아직 이루어지지 않은 바람은 우리에게 고통과 갈증을 가져온다. 원하지 않는 미혼의 시기는 매우 외로울 수 있고, 이 외로움 때문에 비참할 수 있다. 이럴 때 정말 뿌리치기 어려운 거짓말은 결혼하면 모두 해결되리라는 것이다. 그러나 하나님만이 메우실 수 있는 구멍을 결혼이나 배우자가 메우기를 바란다면 우울과 아픔만 더할 뿐이다. 하나님은 우리에게 '기쁨'에 대한 다른 답을 주신다(시 16:11). 하나님은 '그' 길이요 진리요 생명이신 예수 그리스도 안에서 생명과 행복으로 가는 길을 우리에게 보여 주셨다. 이 길은 언젠가 우리가 예식장에서 행진할 그 길로 인도하지 않는다. 거룩하신 하나님과 그분의 택하심을 받고 죄를 용서받은 신부의 혼인 잔치로 인도한다.

예수님은 이렇게 말씀하셨다. "내가 이것을 너희에게 이름은 내 **기쁨**이 너희 안에 있어 너희 기쁨을 충만하게 하려 함이라"(요 15:11). 모든 성령의 열매의 씨앗은 예수님 안에서 누리는 깊고 변치 않는 기쁨과 만족이다. 우리가 사랑이 부족한 것은 예수님과 그분의 피로 살아난 사람들보다 우리 자신을 더 귀하게 여기기 때문이다. 우리가 불안한 것은 하나님과 그분의 계획과 때에 만족하지 못하기 때문이다. 인내하지 못하는 것은 우리에게 이미 주신 예수님만으로 충분하지 않다는 뜻이다. 절제하지 못하는 것은 예수님보다 이 음식, 이 물건 또는 이 웹사이트가 우리를 더 행복하게 해줄 거라고 믿기 때문이다.

예수님 안에 있는 진정한 기쁨만이 복음을 통해 우리를 썩고 독으로 물든 죄의 열매로부터 자유롭게 할 수 있다. 그때 새롭고 성령 충만한 태도와 습관이 그 자리를 차지할 것이다.

당신 안에 있는 하나님의 정원에서 잡초를 뽑으라

가장 풍성하고 잘 익고 맛있는 성령의 열매를 맺기 원하는가? 그렇다면 잡초를 뽑아야 한다. 죄는 열매가 자라지 않는 곳에 (때로는 심지어 자라는 곳에도) 스며들어 빠르고 조용하게 싹을 틔우고, 머지않아 기존의 열매를 물들여 더는 자라지 못하게 한다.

우리 집 뒷마당에는 가로세로 1미터 크기의 화단이 두 개 있는데, 모두 흙이 가득 채워져 있다. 아마도 전 주인이 허브를 재배하려고 만들었나 본데 결국 목적을 이루지는 못한 듯하다. 우리가 그 집을 샀을 때 두 화단이 잡초로 가득했기 때문이다. 첫해 여름, 우리는 주변 잔디만 정리하고 화단은 그대로 두었다. 그랬더니 한 달 만에 잡초가 1미터도 넘게 자라서 멀리서도 우뚝 솟은 잡초가 보였다.

우리는 자주 삶 한구석에 죄가 자라도록 내버려 둔다. 죄가 더 이상 퍼지지 않도록 그 주변에 작은 상자를 쌓고는, 내년에 혹은 그다음 해에 그것을 어떻게 할지 계획을 세운다. 우리는 우리를 바쁘게 할 수천 가지 일을 찾아낸다. 그리고 남들 보기에 나쁘지 않을 정도로만 일주일에 한 번 잔디밭을 관리하면서 우리 삶의 나머지 일들을 잘 돌본다. 하지만 죄는 한쪽 구석에서 얌전히 상자에 둘러싸여 있지만은 않을 것이다.

우리가 한편에 남겨 두기로 허용한 죄는 그것이 무엇이든 우리 마음과 관계의 모든 영역으로 빠르고 조용하게 바이러스처럼 퍼질 것이다. 우리의 영원을 위협하고 우리를 옭아맬 것이다. 우리는 죄의 뿌리를 제거할 때를 다음 주, 다음 달, 내년으로 미룰 여유가 없다. 우리 죄를 위해 십자가에 두 팔이 못 박히신 예수님이 그 두 팔을 벌리고 우리를 기다리신다. 그러니 오늘, 은혜를 의지하여 모든 잡초를 쳐내고 정복하라. 모든 성령의 열매를 따라 그 죄의 뿌리를 끝까지 뽑으라. 그 죄가 무엇이든 아직 결혼하지 않은 동안에 승리를 얻으라. 그렇다면 오늘 당신의 연애가 더욱 좋아질 것이다. 아직은 잘 모르겠지만 앞으로의 결혼과 사역에도 도움이 될 것이다. 꾸물거리지 말고 죄를 제거하라. 당신을 새롭게 하기 원하시는 그분을 좇으라.

― Not Yet Married ―

결혼 후에 뽑기로 미루는 죄가 있나요? 그 죄의 뿌리를 오늘 당장 뽑기 위해 무엇부터 시작해야 할까요?

Chapter 8

배우자 기도 말고, 당신을 위한 기도

지금까지 읽은 내용을 적용하는 방법은 수백 가지일 수도 있고 단 한 가지일 수도 있다. 그중에서도 우리가 당장 할 수 있는 가장 중요한 일은 기도이다. 하나님은 우리가 기혼이든 미혼이든, 학생이든 직장인이든 기도의 능력을 의지해 살기 원하신다. 기도가 우리 마음과 생각의 원동력이다. 커피나 여행이나 SNS의 '좋아요'가 아니라 기도이다. 우리는 무엇보다도 기도를 통해 우리와 만나시는 하나님이 필요하다. 우리는 하나님 없이는, 즉 기도 없이는 어떤 진실하고 영원한 가치를 지닌 일을 할 수 없기 때문이다.

아마 당신은 다른 일에 대해서도 그렇듯 기도 생활에 있어서도 불안을 느낄 것이다. 우리는 기도해야 한다는 것을 알지만 충분히 기도

하지 않는다. 기도를 한다고 해도 제대로 하고 있는지 잘 모르겠다. '이런 것까지 하나님께 구해도 될까? 이것은 이제 그만 구해야 하지 않을까? 무엇이 필요한지 내가 알기는 하는 걸까?' 우리가 항상 즉각적으로 기도 응답을 받는 것은 아니다. 이 사실은 우리 마음을 불편하게 하고, 그래서 종종 기도를 건너뛰고는 한다. 하지만 성경은 분명히 말한다. 예수님을 따르는 우리에게 기도는 선택 사항이 아니라 필수이다. 하나님은 우리 삶의 모든 부분이 기도로 준비되고 다듬어지도록 하셨다.

● 하나님을, 그리고 우리를 향한 그분의 뜻을 어떻게 더 많이 알고 이해할 수 있을까? "이로써 우리도 듣던 날부터 너희를 위하여 **기도하기를 그치지 아니하고** 구하노니 너희로 하여금 모든 신령한 지혜와 총명에 하나님의 뜻을 아는 것으로 채우게 하시고"(골 1:9). 영적인 지혜와 이해, 곧 하나님과 우리를 향한 그분의 계획에 대한 위대한 통찰은 기도라는 다리를 건너야 알 수 있다.

● 하나님이 우리의 가장 큰 보물이시며 우리를 영원히 진정으로 행복하게 하실 유일한 분이심을 어떻게 기억할 수 있을까? 이렇게 기도하라. "하늘에서는 주 외에 누가 내게 있으리요 땅에서는 주 밖에 내가 사모할 이 없나이다 내 육체와 마음은 쇠약하나 하나님은 내 마음의 반석이시요 영원한 분깃이시라"(시 73:25-26).

● 예수님이 이 땅에서 우리에게 주신 사명을 감당할 힘과 소망을 어디에서 얻을 수 있을까? "또한 우리를 위하여 **기도하되** 하나님이 전도할 문을 우리에게 열어 주사 그리스도의 비밀을 말하게 하시기를 구하라 내가 이 일 때문에 매임을 당하였노라"(골 4:3). 말은 우리 입을 통해 나오지만, 우리보다 앞서 가셔서 복음의 문을 열고 실제로 일하시는 분은 하나님이시다.

● 주변의 모든 방해물로부터 자신을 어떻게 지킬 수 있을까? 우리는 기도를 통해 영적으로 깨어 있어야 한다. "모든 기도와 간구를 하되 **항상 성령 안에서 기도하고** 이를 위하여 깨어 구하기를 항상 힘쓰며 여러 성도를 위하여 구하라"(엡 6:18).

● 이 깊은 고통과 실망감을 어떻게 견딜 수 있을까? "너희 중에 고난 당하는 자가 있느냐 **그는 기도할 것이요** 즐거워하는 자가 있느냐 그는 찬송할지니라"(약 5:13).

● 크리스천으로서 우리는 어떻게 공동체 안에서 함께 살 수 있을까? 초기 교회 신자들을 보라. "그들이 사도의 가르침을 받아 서로 교제하고 떡을 떼며 오로지 **기도하기**를 힘쓰니라"(행 2:42).

● 우리는 직장에서 어떻게 우리의 믿음과 사명을 지킬 수 있을까? "**아무 것도** 염려하지 말고 다만 **모든 일에 기도**와 간구로, 너희 구

할 것을 감사함으로 하나님께 아뢰라"(빌 4:6). 식사하기 전만이 아니라 회의하기 전에도, 아침에 큐티할 때만이 아니라 다음 일정, 그 다음 일정을 하면서도, 주일 예배 때만이 아니라 화요일에 빨래를 돌리면서도 기도하라. 일하기 전에, 일하면서, 일을 마친 후에도 모든 것을 하나님께 기도로 가져가라.

● 우리가 죄를 극복하고 진정으로 변화되고 성장하기까지 받은 소망은 무엇인가? "이러므로 우리도 항상 너희를 위하여 **기도함은** 우리 하나님이 너희를 그 부르심에 합당한 자로 여기시고 모든 선을 기뻐함과 믿음의 역사를 능력으로 이루게 하시고"(살후 1:11). 우리는 열망과 다짐과 믿음을 가져가고 하나님은 능력을 가져오신다. 우리는 기도를 통해 하나님이 그분의 무한한 능력과 사랑과 창의력으로 우리 안에서 계속 일하시도록 초청한다.

원치 않는데도 미혼으로 지내는 기간은 특별히 더 길고 외롭고 혼란스러울 것이다. 20대 내내 나는 마치 결혼을 기다리기 위해 **태어난** 사람 같았다. 그 기다림의 시간 동안 결혼을 갈망하고 내가 왜 결혼을 못 하는지 궁금해하면서 배운 것이 있는데, 하나님은 자기 백성에게 건강이든 결혼이든 직업적 성공이든 자녀든 인생의 어떤 경험이든 미리 확신을 주지 않으신다는 사실이다. 왜냐하면 그분은 우리에게 가장 좋은 것을, '가장 좋은 때에', 가장 좋은 경우에 주시는 것에 완전히 전념하시기 때문이다. 절대로 그렇다(롬 8:28). 우리가 무엇을 얼마나 바라고 오래 기다리든, 하나님은 우리에게 약속하신 더 위대하고 좋은 선물을 주기를 절대 포기하지 않으신다(고후 12:7-10).

그러나 우리는 그분을 버리고 우리를 향한 그분의 계획을 포기하고픈 유혹을 받는다. 하나님보다 우리가 더 잘 안다고, 우리가 더 나은 선택을 할 수 있다고 확신한다. 우리를 구원하기 위해 이 땅에 오셔서 죽으심으로 무한한 비용을 지불하신 하나님보다도 더 말이다. 하지만 우리는 그럴 수 없다.

우리는 무시당하거나 잊혔다고 느낄 때, 우리를 향한 하나님의 사랑이 의심될 때, 그래서 하나님께 더 가까이 달려가야 할 때 오히려 하나님을 멀리한다. 그때 우리는 하나님과 멀어질 것이 아니라 무릎을 꿇고 기도해야 한다. 만약 어디서부터 기도를 시작해야 할지 모르겠다면, 어떻게 하나님과 매일 대화하는지 모르겠다면, 자신의 욕망과 경험을 어떻게 하나님 앞에 내려놓는지 모르겠다면, 여기 9가지 기도를 참고하라. 아직 결혼하지 않은 사람을 위한 이 기도는 당신의 갈망과 기다림을 하나님의 말씀으로 빚도록 도와줄 것이다.

기도 1. 저의 뜻이 아닌 하나님의 뜻이 이루어지게 하소서

"그들을 떠나 돌 던질 만큼 가서 무릎을 꿇고 기도하여 이르시되 아버지여 만일 아버지의 뜻이거든 이 잔을 내게서 옮기시옵소서 그러나 내 원대로 마시옵고 아버지의 원대로 되기를 원하나이다 하시니"(눅 22:41-42).

하늘에 계신 아버지, 이 말씀에 담긴 믿음으로
예수님이 저를 위해 십자가를 넉넉히 지셨다면,
저 또한 이 믿음으로 주님을 위해
이 땅에서 무엇이든 넉넉히 감당하겠습니다.
결혼이든 독신이든,
주님이 저를 위해 무엇을 선택하고 계획하셨든
제가 그 삶을 통해 많은 열매를 맺도록 준비시켜 주소서.
만약 제가 결혼하는 것이 주님의 뜻이 아니라면
저를 향한 하나님의 계획이 무엇인지
미혼으로서 저의 은사와 사역을 볼 수 있도록 도와주소서.
어떤 길을 가든 저의 마음을 주님께 단단히 고정하기 원합니다.

기도 2. 결혼하기 전에 하나님을 더욱 많이 알게 하소서

"내가 기도할 때에 기억하며 너희로 말미암아 감사하기를 그치지 아니하고 우리 주 예수 그리스도의 하나님, 영광의 아버지께서 지혜와 계시의 영을 너희에게 주사 하나님을 알게 하시고 너희 마음의 눈을 밝히사 그의 부르심의 소망이 무엇이며 성도 안에서 그 기업의 영광의 풍성함이 무엇이며 그의 힘의 위력으로 역사하심을 따라 믿는 우리에게 베푸신 능력의 지극히 크심이 어떠한 것을 너희로 알게 하시기를 구하노라"(엡 1:16-19).

아버지, 제게 당신을 더 보여 주시고
제 삶이 하나님의 영광을 드러내게 하소서.
인생이라는 거친 바다를 미혼으로 헤쳐 나가는 동안
저의 믿음이 주님께 고정되기를,
무엇보다도 강하고 믿을 수 있는 주님께
저의 눈이 고정되기를 원합니다.
결혼보다, 제가 지닌 그 어떤 꿈과 열망보다
주님이 얼마나 크고 아름다우신지 보여 주소서.

기도 3. 저를 온전히 만족케 하셔서 다른 어떤 행복을 구하지 않게 하소서

"아침에 주의 인자하심이 우리를 만족하게 하사 우리를 일생 동안
즐겁고 기쁘게 하소서"(시 90:14).

주님, 오직 주님만이 저를 진정으로 행복하게 하실 수 있습니다.
배우자도, 친구도, 직업도, 돈도
주님만이 채우도록 만들어진 제 안의 구멍을 메울 수 없습니다.
주님은 제게 충분하고도 넘치지만
제 마음은 여전히 쉽게 방황합니다.
무엇과도 비할 수 없는
주님의 가치와 아름다움만을 사랑하게 하시고
저의 눈과 마음이 주님이 아닌 다른 것에 사로잡히지 않게 하소서.

저의 마음을 붙드셔서
사탄의 모든 거짓말로부터 지켜 주소서.

기도 4. 미혼으로 사는 지금, 세상이 제가 누리는 기쁨과 자유를 보며 하나님을 알게 하소서

"누구든지 네 연소함을 업신여기지 못하게 하고 오직 말과 행실과 사랑과 믿음과 정절에 있어서 믿는 자에게 본이 되어"(딤전 4:12).

아버지, 이 세상에서 주님의 이름이 영광을 받도록
저와 저의 은사를 사용하소서.
주님이 우리에게 맡기신 사명에 저의 삶을 드리기 원합니다.
제가 아직 결혼하지 않은 동안에 그렇게 살기 원합니다.
주님의 영광을 위해
큰 꿈과 넘치는 창의력과 이타적인 마음으로
저를 채워 주소서.

기도 5. 고통과 실망 가운데 홀로 걸어갈 때에도 주님을 신뢰할 수 있는 믿음을 주소서

"여러 계시를 받은 것이 지극히 크므로 너무 자만하지 않게 하시려고 내 육체에 가시 곧 사탄의 사자를 주셨으니 이는 나를 쳐서 너

무 자만하지 않게 하려 하심이라 이것이 내게서 떠나가게 하기 위하여 내가 세 번 주께 간구하였더니 나에게 이르시기를 내 은혜가 네게 족하도다 이는 내 능력이 약한 데서 온전하여짐이라 하신지라 그러므로 도리어 크게 기뻐함으로 나의 여러 약한 것들에 대하여 자랑하리니 이는 그리스도의 능력이 내게 머물게 하려 함이라"(고후 12:7-9).

주님, 제가 겪는 모든 상실과 낙심의 순간,
모든 외로운 날들,
제가 이루지 못한 모든 꿈과 열망,
그리고 저의 모든 연약함이
주님이 저를 위해 예수님의 피로 사신
능력과 소망과 안식을
기억하고 누리는 기회가 되게 하소서,
주님이 이 모든 것을 합력하여
모든 방법으로 완전히
저를 위해 선을 이루고 계심을 기억하게 하소서.

기도 6. 함께 주님을 따를 사람들을 보내 주소서

"그가 어떤 사람은 사도로, 어떤 사람은 선지자로, 어떤 사람은 복음 전하는 자로, 어떤 사람은 목사와 교사로 삼으셨으니 이는 성도를 온전하게 하여 봉사의 일을 하게 하며 그리스도의 몸을 세우려 하심이라 우리가 다 하나님의 아들을 믿는 것과 아는 일에 하나가 되어 온전한 사람을 이루어 그리스도의 장성한 분량이 충만한 데까지 이르리니 이는 우리가 이제부터 어린 아이가 되지 아니하여 사람의 속임수와 간사한 유혹에 빠져 온갖 교훈의 풍조에 밀려 요동하지 않게 하려 함이라 오직 사랑 안에서 참된 것을 하여 범사에 그에게까지 자랄지라 그는 머리니 곧 그리스도라 그에게서 온 몸이 각 마디를 통하여 도움을 받음으로 연결되고 결합되어 각 지체의 분량대로 역사하여 그 몸을 자라게 하며 사랑 안에서 스스로 세우느니라"(엡 4:11-16).

아버지, 제가 혼자 지내는 날 동안
저를 사랑하고 하나님을 가장 사랑하는 사람들로
제 주변을 채워 주소서.
그들의 눈과 믿음과 성숙함, 말을 통해
제가 누구인지 알게 하소서.
제가 지역 교회에서
더욱 건강하고 열매 맺는 구성원이 되게 하소서.
저의 모든 역량을 다해 교회를 섬기고픈
깊고 변치 않는 열망이 날로 자라나게 하소서.
맹목적이고 자기중심적인 고립에 빠지지 않도록
저를 구해 주소서.

기도 7. 결혼을 기다리는 동안 일이 저의 우상이 되지 않도록 지켜 주소서

"무슨 일을 하든지 마음을 다하여 주께 하듯 하고 사람에게 하듯 하지 말라 이는 기업의 상을 주께 받을 줄 아나니 너희는 주 그리스도를 섬기느니라"(골 3:23-24).

주님, 제가 어떤 성공을 맛보거나 진급했을 때
그것이 주님이 제게 은혜를 베푸시는 증거임을 알게 하소서.
그리고 돈과 사람의 칭찬을 사랑하지 않게 하소서.
맡은 일에 짓눌리지 않게 하시고
저의 모든 업무, 회의, 허드렛일, 프로젝트가
예배가 되게 하소서.

기도 8. 제가 세상을 본받지 않도록 지키시고, 더욱 예수님을 닮게 하소서

"내가 기도하노라 너희 사랑을 지식과 모든 총명으로 점점 더 풍성하게 하사 너희로 지극히 선한 것을 분별하며 또 진실하여 허물 없이 그리스도의 날까지 이르고 예수 그리스도로 말미암아 의의 열매가 가득하여 하나님의 영광과 찬송이 되기를 원하노라"(빌 1:9-11).

아버지, 저를 통해 제 안에서 시작하신 일을 마치시고
제가 날마다 더 예수님을 닮게 하소서.

예수님의 죽으심을 값싸고 무의미하게 만드는 그 어떤 행동도
제가 하지 못하도록 도와주소서.
헤아릴 수 없는 대가를 통해 구원을 받고
세상이 알지 못했던 가장 위대한 소식을 맡은 자답게
생각하고 말하고 행동하게 하소서.

기도 9. 저를 결혼할 자로 부르셨다면, 세상과는 다르게 교제하게 하소서

"아무 일에든지 다툼이나 허영으로 하지 말고 오직 겸손한 마음으로 각각 자기보다 남을 낫게 여기고 각각 자기 일을 돌볼뿐더러 또한 각각 다른 사람들의 일을 돌보아 나의 기쁨을 충만하게 하라 너희 안에 이 마음을 품으라 곧 그리스도 예수의 마음이니 그는 근본 하나님의 본체시나 하나님과 동등됨을 취할 것으로 여기지 아니하시고 오히려 자기를 비워 종의 형체를 가지사 사람들과 같이 되셨고 사람의 모양으로 나타나사 자기를 낮추시고 죽기까지 복종하셨으니 곧 십자가에 죽으심이라"(빌 2:3-8).

아버지, 저를 결혼으로 이끌 계획이시라면
예수님과 그분의 십자가를 통해 보이신 사랑과 은혜로
배우자를 사랑하도록 저를 준비시켜 주소서.
순수하게 교제하게 하시고
모든 불결한 것들로부터 저를 보호하소서.

모든 관계와 만남과 대화와 걸음걸음마다
인내와 이타심과 겸손이 드러나게 하소서.
제가 결혼을 추구하는 모든 과정을 통해
하나님이 하나님이시며
저는 주님의 것임을 분명히 드러내소서.

모든 가장 중요한 일은 다른 사람들이 곁에서 지켜볼 때 일어난다고 생각하기 쉽다. 하지만 가장 중요한 한 걸음은 우리가 혼자 있을 때 일어난다고 예수님은 말씀하신다. "너는 기도할 때에 네 골방에 들어가 문을 닫고 은밀한 중에 계신 네 아버지께 기도하라 은밀한 중에 보시는 네 아버지께서 갚으시리라"(마 6:6).

당신은 아무도 보지 않을 때 그 한 걸음을 내디딜 준비가 되었는가? 하나님이 그곳에서 당신을 만나시고 그분을 더 많이 알게 하심으로 상 주실 것을 믿는가? 우리는 기도를 우선순위 맨 끝에 둘 수 없다. 우리는 기도 가운데 모든 우선순위를 정리해야 한다. 우리의 기다림과 바람은 기도로 빚어지고 채워져야 한다. 미혼으로서 목표와 방향을 찾는 일은 기도로 시작되어야 한다. 기쁨을 추구하는 이 여정을 우리는 기도로 가야 한다.

Not Yet Married

아직 결혼하지 않은 삶을 위한 당신의 기도문을 적어 보세요.

그래서 연애는 어떻게 하는 걸까?
최고의 연애 도서
결혼 말고 연애만 하면 안 될까?
정말 이 사람이 맞을까?
성: 욕망이 아닌 이타심, 관대함, 인내
안전한 연애를 위한 3가지 경계
당신을 아끼는 이들에게 들으라
결혼까지 이어지지 못한 관계들

Part 2

아직 결혼하지 않은 크리스천이 만날 때
: 우리가 알아야 할 건강한 연애

Chapter 9

그래서 연애는 어떻게 하는 걸까?

연애는 죽었다. 미디어는 그렇게들 말한다. 자매들이여, 형제들이 여러분의 마음을 얻고자 노력하리라 기대하지 말라. 당신을 1순위로 여길 누군가를 만나기를, 그가 당신에게 고백하기를, 심지어는 당신에게 전화하기를 기다리지 말라. 미래를 진지하게 고민하며 한 사람만을 생각하는 그런 관계는 이제 박물관에서나 볼 법한 오래전에 사라진 헛된 희망이다. 아니, 완전 틀렸다. 요즘 미혼들이 꼭 그렇지만은 않다거나 그 정도로 연애가 죽었다고 할 것은 아니라는 말이 아니라, 이런 사고방식은 그냥 틀렸다. 가장 중요한 과업인 평생의 짝을 찾는 일이 안타깝게도 메신저, 다이렉트메시지, 데이팅앱에서 한번 찔러보는 것으로 전락했다. 이것은 옳지 않다.

하나님은 살아계신다. 이 세상을 창조하고 지금도 다스리시는 하나님은 남자와 여자를 포함해 둘을 하나로 묶는 생물학적 끌림과 둘의 연합을 선포하는 제도를 만드시고 이것이 안전하고 거룩하도록 지키신다. 그러므로 오직 하나님만이 결혼의 목적과 한계와 의미를 정하실 수 있다.

만일 성적 자극만이 인생을 만족시킬 수 있다면, 혹은 다만 아기를 만드는 목적이 전부라면, "쓸데없는 절차는 생략하고 성관계부터 갖자."는 접근법은 일시적으로 욕구를 충족하거나 임신에 성공하는 데 부족함이 없을 것이다. 그러나 하나님은 성적 쾌락이나 심지어 임신보다도 남녀 사이 사랑을 훨씬 더 마음에 두셨다. 그러므로 우리도 그래야 한다. 세상 사람들은 연애하는 서로에 대한 기대가 점점 낮아지지만 하나님은 그렇지 않으시다. 우리는 결혼하지 않은 사람들 사이에서 결혼이 나타내고 제공해야 하는 것을 지키기 위해 노력해야 한다.

엄마, 결혼은 대체 어떻게 하는 거야?

나는 6학년 때 첫 번째 여자친구를 사귀고 그해 여름에 첫 번째 키스를 (다른 소녀와) 했다. 그리고 고등학교 때까지 거의 매년 새로운 여자친구를 사귀었다. 어릴 때부터 나는 하나님이 아닌 여자친구들로부터 애정과 안정감, 친밀감을 찾으려 했다. 나는 남들보다 일찍 더 많은 연애를 했다. 내가 10대 때 했던 연애는 나이에 비해 너무 심각했고 너무 오래 지속되었고 너무 고통스럽게 끝났다. 나는 "사랑해."라는 말을 너무 빨리 너무 많은 여자친구들에게 했다. 그런데 20대가 끝나도록 나는 미혼이었다. 이 사실은 내가 관계를 망쳤고 기회를 놓쳤고 무언가 잘못했다는 사실을 계속 상기시켰다.

어쩌면 당신도 나와 같은, 아니면 다른 여러 가지 이유로 연애가 힘들었을지 모른다. "바로 이 사람이야!"라고 확신했던 상대가 시간이 지날수록 점점 더 낯설게 느껴졌을 수 있고, 연애가 하고 싶고 누군가를 좋아했지만 만남을 시작할 기회 자체가 주어지지 않았을 수 있다. 혹은 주변 사람들이 좋은 의도로 던진 여러 가지 모호한 충고들에 혼란스러웠을 수 있다. "엄마, 결혼은 대체 어떻게 하는 거야?"라고 묻는 8세짜리 아이처럼 당신이 연애에 대해 궁금해하는 것도 당연하다.

성경이 보여 주는 결혼에 대한 비전은, 즉 죄인을 향한 하나님의 무한하고 변함없는 사랑에 대한 아름답고 본질적인 그림은 우리의 건강한 연애를 가치 있게 만든다. 결혼에 대한 세상의 접근 방식은 우리에게 재미, 성관계, 자녀, 어느 정도의 헌신과 안정을 줄 수 있겠지만, 결혼이 진정 가리키는 생명을 주시는 예수님께로 우리를 이끌지 못한다. '자유로운' 성관계를 즐기면 쾌락은 얻겠지만, 언약으로 맺어진 두 사람이 누리는 최고의 기쁨은 경험하지 못할 것이다.

육체적인 즐거움은 결혼에서 얻는 행복의 전부도 아니고 대부분도 아니다. 깊은 안정감, 있는 모습 그대로 사랑받고 받아들여지는 느낌, 조건 없이 상대를 기쁘게 해 주고픈 열정이 성관계에 함께해야 한다. 하나님이 설계하신 남녀 간의 성적인 유대는 그 행위 자체보다 훨씬 더 만족스러운 어떤 경험이다.

예수님도 없고 헌신도 없는 가벼운 연애 감정에 무모하게 자신을 던지는 사람들은 하나님이 의도하신 것보다 낮은 수준에 만족하게 된다. 그분이 우리를 구하시고 우리의 연애를 포함해 인생의 목적을 새롭게 하시고자 아들을 보내셔서 가능케 하신 것보다 훨씬 못 미치는 수준에 말이다. 그 이상의 행복, 그 이상의 안전, 그 이상의 목적 그리고 다른 그 이상의 것들을 우리는 예수님을 따르며 서로 신뢰할 때 경험할 수 있다. '그 이상의 것'들로 인해 우리는 우리를 주시하는 세상에 이렇게 선포할 수 있다. "인위적이고 얄팍한 충성과 애정과 안정감과 성적 탐닉에 만족하지 말라. 하나님은 크리스천이 연합할 때 훨씬 더 좋은 것을 주겠다고 약속하셨다."

연애의 9가지 원칙

당신도 나처럼 이타심과 인내심과 바른 판단보다 실수가 더 많은가? 그렇다면 하나님께 소망을 두라. 그분은 길을 잘못 들어선 우리에게도 진실로 놀랍도록 복을 주시고, 그 길에서 우리를 구하시고, 결혼을 향해 내딛는 우리의 걸음을 새롭고 순결하고 지혜롭고 거룩하게 하신다. 다음은 아직 결혼하지 않은 이들에게 필요한 몇 가지 원칙이다. 완벽하지도 않고 전부를 다룬 것도 아니지만, 내가 배운 이 교훈이 당신과 연인, 미래의 배우자에게 축복이 되기를 바란다.

원칙 1. 결혼이 왜 가치가 있는지 알아야 한다

최악의 상황에서도 우리는 작고 잘못된 목표를 추구한다. 당신은 이제 금요일 밤을 혼자 보내기 싫고, 누군가와 멋진 여행지에서 찍은 사진을 SNS에 올리고 싶고, 죄책감 없이 성관계를 즐기고 싶고, 당신을 멋지고 재미있고 똑똑하고 능력 있는 사람으로 생각하는 누군가를 만나고 싶다. 그러나 이것이 결혼이 제공하는 전부라면 결혼은 그다지 의미가 없을 것이다.

많은 사람들이 부인하려 하겠지만, 이혼 관련 통계를 보면 결혼은 우리가 결혼식 때 생각했던 것보다 훨씬 더 많은 것을 우리에게 요구한다. 나의 결혼한 친구들 이야기를 들으면, 결혼식장에서는 모든 것이 재미있고 예쁘고 영원할 것 같았는데 고작 며칠 만에 결혼 생활이 만만치 않음을 느꼈다는 것이다. 물론 누군가와 같이 사는 것은 여전히 좋고 아름답지만 이 작은 기쁨을 위해 너무 큰 비용을 치르는 것은 아닐까? 연애를 시작하기 전, 우리는 결혼이 왜 가치가 있는지 알아야 한다. 우리는 대체 왜 결혼이 하고 싶을까? 11장에서 더 알아보겠지만, 이 질문에 스스로 답을 찾는 것도 중요하다.

결혼이 가치가 있는 이유는 서로를 향한 평생의 헌신 가운데 하나님과 교제하게 되기 때문이다. 결혼은 하나님을 알고 예배하고 의지하며 하나님을 드러내고 그분을 닮아가는 것이다. 하나님은 '자신의 형상으로' 남자와 여자를 창조하고 한 몸이 되게 하셔서, 부족하지만 아름다운 연합으로 서로를 돌보는 특별한 책임을 맡기셨다. 결혼이 가치 있는 이유는 당신과 배우자, 주변 사람들이 예수 그리스도 안에서 하나님과 그분의 사랑을 더욱 많이 보게 되기 때문이다. 만약 당신과 연인이 이런 경험을 하고 있지 않다면 헤어지는 편이 좋다.

원칙 2. 조건은 단순하다

점점 더 늦게 결혼하고 점점 더 온라인 매칭에 의존하는 오늘날, 우리는 결혼이란 서로 맞는 사람을 찾는 것이 아니라 '헌신'에 대한 것임을 기억해야 한다. 거룩하신 하나님과 죄인인 그 신부보다 더 어울리지 않는 짝이 또 있을까? 그러나 이것이 우리가 결혼에서 지향하는 본이다.

성경에 배우자를 고르는 법에 대한 책이 없는 이유가 있다. 그것은 모든 역사의 주인이신 하나님이 21세기는 어떨지 예측할 수 없어서 실수로 빼먹으신 것이 아니다. 바로 배우자의 조건이 놀랍도록 명확하고 단순하기 때문이다. 우리의 배우자는 첫째, 하나님을 믿어야 한다. "너희는 믿지 않는 자와 멍에를 함께 메지 말라"(고후 6:14). 둘째, 반드시 이성이어야 한다. "이러므로 **남자가** 부모를 떠나 그의 **아내와** 합하여 둘이 한 몸을 이룰지로다"(창 2:24; 참조. 마 19:4-6; 엡 5:24-32).

우리가 연애하면서 무엇을 분별해야 하는지 명확해졌다. 물론 상대방에게 느끼는 매력과 어떤 끌림도 중요하지만, 성경은 남편과 아내의 역할을 분명히 한다. 남편은 아내를 보호하고 부양해야 한다(엡 5:25-29). 아내는 남편을 돕고 그에게 복종해야 한다(창 2:18; 엡 5:22-24). 아버지는 그 가족을 하나님의 말씀으로 이끌어야 한다(엡 6:4). 부모는 반드시 신앙으로 자녀를 사랑하고 양육해야 한다(신 6:7). 이것이

명백한 배우자의 조건이라면 우리는 소위 '예수님을 사랑하는 매력적인 이성' 그 이상의 사람을 찾아야 한다.

여기서 기억할 것이 있다. 하나님이 우리를 위해 예비하신 완벽한 배우자는 완벽하지 않다는 사실이다. 결혼하는 모두가 죄인이다. 그러므로 배우자를 찾는 일은 완벽을 추구하는 일이 아니다. 흠이 있는 두 사람이 예수님을 추구하는 일이다. 결혼은 믿음으로 만난 두 사람이 예수님을 닮아가고 서로에게 예수님을 알리려는 노력이다.

어떤 크리스천과 결혼하든 당신은 곧 생각했던 것보다 서로가 잘 맞지 않는다고 느낄 것이다. 하지만 감사하게도 하나님이 당신을 향해 그리스도 안에서 보이시는 사랑에 더욱 놀라게 될 것이다. 그리고 서로의 차이와 부족함에도 불구하고 평생 서로를 사랑하며 함께하는 일이 얼마나 큰 특권인지 감탄하게 될 것이다.

원칙 3. 친밀감보다 분명함을 추구하라

연애의 가장 큰 위험은 아직 결혼하지 않은 상대에게 우리 마음과 삶의 일부를 내준다는 것이다. 정말 심각한 위험이다. 실제로 많은 남녀가 연애 후 깊고 오래 가는 상처를 입는다. 끝까지 변치 않겠다는 헌신 없이 감정적, 육체적 친밀감을 즐기기 때문이다. 값싼 친밀감은 당장은 진짜인 듯 느껴지겠지만 결국 그 대가를 치르게 된다.

'결혼'의 가장 큰 상이 그리스도 중심의 친밀감이라면, '연애'의 가장 큰 상은 그리스도 중심의 분명함이다. 친밀감은 결혼했을 때 가장 안전하고, 결혼은 분명할 때 가장 안전하다. 우리가 연애하는 목적은 우리 두 사람이 결혼할지 분명히 하는 것이기에 우리는 여기에 집중해야 한다. 물론 우리가 분명함을 추구하는 동안 서로의 친밀감 또한 깊어질 것이다. 하지만 너무 빨리 순진하게 빠져들어서는 안 된다. 크리스천으로서 우리는 결혼 전 친밀감이 얼마나 위험한지, 그리고 분명함이 얼마나 중요한지 서로 확실하게 나누어야 한다. 이에 대해 12장에서 더 자세히 다룰 것이다.

원칙 4. 결혼할 수 있을 때 연애를 시작하라

연애의 목적이 결혼이라면, 우리는 왜 결혼할 수 없을 때에도 그렇게 많은 연애를 할까?[1] 나는 왜 14세에(그리고 15세, 16세, 17세에도) 여자친구가 필요했을까? 14세 때 나는 정말로 당시 여자친구와 결혼할 거라고 **믿었다**. 그러려면 적어도 대학을 졸업하기까지 8~10년은 기다려야 했는데도 말이다.

솔직히 말해 우리는 10대 때부터 결혼을 추구하지 않는다. 그보다는 관심과 애정, 중요한 존재가 되는 느낌, 안정감을 추구한다. 이런 것들을 하나님보다 더 추구하고 우선한다. (처음에는 은근슬쩍 그러나 점점 더 노골적으로) 아직 결혼할 시기가 되지 않아서 그 선한 목적대로 연애를 할 수 없을 때부터 우리는 연애로 인한 온갖 혼란과 혼돈, 상처와 유혹을 두 팔 벌려 받아들인다.

---

[1] 언제 연애를 시작하는 것이 좋을까? 이 문제를 나의 글 "Wait to Date Until You Can Marry"에서 다루었다. desiringGod 웹사이트 http://www.desiringgod.org/articles/wait-to-date-until-you-can-marry에서 볼 수 있다.

태어날 때부터 결혼을 꿈꾸는 사람도 있을 수 있다. 하지만 태어날 때부터 결혼이 준비된 사람은 아무도 없다. 법적으로 우리는 만 18세가 되기 전에는 결혼할 수 없다. 법적으로 가능한 나이라 하더라도 충분히 성숙하고 안정되었는지 진지하게 물어야 한다. 당신의 이성 친구는 앞으로 50년간 배우자로서 자신이 어떤 모습일지 그려 볼 만큼 성숙했는가? 당신은 어떠한가? 둘 중 한 명이, 혹은 둘이 함께 가족을 부양할 만한 경제력이 있는가? 또 예수님을 향한 상대방의 믿음이 진짜라고 확신할 수 있을 만큼 점검해 보았는가?

이런 말은 듣기 싫겠지만(나도 그랬다), 우리는 결혼을 할 수 있기까지 상당히 오랫동안 연애를 해야 할지 모른다. 물론 꼭 그래야 한다는 건 아니다. 그러나 결혼의 '결'자도 준비되지 않은 상태에서 결혼을 목적으로 한 연애를 하기란 불가능하다. 오래 결혼을 꿈꾸며 만났다고 해도 두 사람이 바로 결혼을 한다는 건 비현실적인 생각일지 모른다.

내가 옛날로 돌아가 다시 처음부터 시작할 수 있다면(정말 그럴 수 있다면 좋겠다), 나는 결혼할 수 있을 때까지 연애를 미룰 것이다. 받아들이든 말든 당신의 자유이지만 내 생각은 이렇다. 현실적으로 18개월 안에 결혼할 준비가 되면 그때 연애를 시작하라. 물론 만나는 사람과 반드시 18개월 안에 결혼하라는 뜻은 아니다. 중요한 것은, 그것이 당신을 향한 하나님의 뜻이고 그때가 하나님의 때임을 하나님이 분명히 하신다면, **당신은 결혼할 것이다.**

원칙 5. 가까운 곳에서 짝을 찾으라

결혼을 인생의 목표로 삼기보다 온 세상과 당신의 삶터에서 복음을 퍼뜨리시려는 하나님의 대의로 여기라. 그리고 같은 것을 추구하는 사람을 찾으라.

만약 예수님을 뜨겁게 사랑하고 그분을 드러내는 사람과 결혼하기 원한다면, 그 일에 헌신하는 사람들이 모인 공동체에 속하는 편이 좋다. 미혼인 크리스천들의 모임뿐 아니라 적극적으로 선교에 힘쓰는 소그룹에 참여하라. 지역 사회에서 전도하며 사람들을 교회로 인도하는 사역팀에 들어가라. 복음을 전하는 일에 초점을 맞추다 보면 분명 동역자를 만날 것이다.

이 말이 짝을 찾기 '위해' 봉사하라는 뜻은 아니다. 자기 자신을 위한 그런 식의 봉사에 하나님은 궁극적으로 영광 받지 않으신다. 다만 당신이 어떤 사람을 찾는다면, 그런 사람들이 모여 함께 봉사하며 예배를 드리는 선하고 안전하고 분별 가능한 모임을 찾으라는 뜻이다. 그런 공동체에 속하고 서로를 섬기면서 하나님이 연애를 위한 문을 열어 주시기를 기도하라.

원칙 6. 다른 것들이 준비되지 않았는데 마음이 먼저 그 사람과 결혼하지 않도록 하라

자매들이 흔히 그럴 거라고 생각하는데, 나는 이것이 자매들만의 문제가 아니라고 말할 수 있을 만큼 오래도록 미혼이었고 미혼 형제들 속에 있었다. 진정한 크리스천의 연애는 결혼을 향해 나아간다.

그러기에 우리의 꿈과 기대와 마음이 앞서 나간다는 사실이 놀랍지는 않다. 자녀가 태어나면 어떻게 생겼을지, 휴가는 어디에서 보낼지, 가족이 함께 무엇을 하며 여가를 보낼지, 어떤 집에 살지 상상하는 것은 자연스럽다. 그리고 성(性)과 마찬가지로 이 모두는 언약 안에서 정말 좋고 안전하고 아름다운 것들이다. 그런데 사탄은 아주 교묘하게 아직 결혼하지 않은 사람들이 결혼과 가정을 깨지기 쉬운 우상으로 삼게끔 한다.

"그가 나를 사랑한대."

"그녀는 나를 절대 떠나지 않겠다고 했어."

참으로 돈으로도 바꿀 수 없는 귀한 보석과도 같은 말들이다. 물론 그들은 좋은 뜻으로 그렇게 말했겠지만, 거기에 결혼반지는 없다. 그렇다면 상처로 끝날 게 뻔하지 않은가. 관계의 모든 측면(감정적, 영적, 육체적)에서 자신의 속도를 지키라. 지금 당신의 헌신이 앞질러 나가지 않도록 당신의 마음과 생각을 지키라.

원칙 7. 선을 지키며 서로에게 최고의 친구가 돼라

"결혼 전에 진도를 얼마나 나가면 선을 넘는 거야?" 연애가 궁금한 크리스천이 가장 많이 하는 질문이다. 이런 질문이 계속 나오는 이유는, 우리 모두 경계가 필요하다는 사실에는 동의하지만 그 선이 대부분 흐릿하기 때문이다. 당신이 결혼을 생각하며 상대방을 만나고 있고, 또 그 사람과의 결혼이 잘 진행되고 있다면 엄청난 유혹을 수시로 점점 더 강하게 경험할 것이다.

성적인 죄는 사탄이 크리스천의 관계를 타락시키려 할 때 가장 선호하는 무기이다. 만약 우리의 적을 모르고 싸운다면 곧 왜 그렇게 쉽게 패배했는지 의아해하는 자신을 발견할 것이다. 이 싸움이 무엇인지 아는 몇몇 친한 친구들에게 도움을 구하라. 당신이 순결을 지키도록 경계선이 되어 줄 것이다.

하이틴 영화에서처럼 즉흥적으로 친밀감에 몸을 던지는 일은 그 순간에는 너무 멋지고 날아갈 듯하겠지만, 그 끝에는 수치와 후회와 불신이 기다리고 있다. 스킨십을 하기 전에 스킨십에 대해 상대방과 대화하라. 성적인 자극을 신뢰와 분명함과 확신과 바꾸라. 스킨십을 하기 전에 계획을 가지고 충분히 기도하며 결정을 내리라.

경계선은 필요하다. 결혼과 그 완성으로 향하는 길에서 친밀감에 대한 우리의 욕구는 우리가 먹이를 주는 만큼 커지기 때문이다. 우리는 생물학적으로 그렇게 만들어졌다. 스킨십은 더 많은 스킨십을 불러온다. 특정한 환경에서 단 둘이 있는 것은 기꺼이 유혹에 넘어가겠다는 뜻이다. 심지어 둘이서만 기도하거나 몇 시간씩 통화하는 것도 건강하지 않은 과한 친밀감을 너무 *빠르게* 일으킬 수 있다.

솔직히 우리는 다음 진도까지 너무 오래 기다리는 실수를 하기보다 너무 깊게 사랑에 빠지는 실수를 하기를 훨씬 더 좋아한다. 하지만 결혼한 사람들에게 물어보라. 연애하는 동안 선을 더 지킬걸 하는 부부는 많아도, 선을 지킨 것을 후회하는 부부는 찾기 힘들다. 그리스도를 따르는 사람으로서 우리는 매우 주의 깊게 경계해야 한다. 선을 지키며 서로를 보호하고 신뢰를 쌓으라. 두 사람이 좁고 넓은 경계를 정하고 함께 지키기로 약속한다면, 그리고 하나님이 결혼으로 인도해 주신다면, 둘의 신뢰가 더욱 깊고 탄탄해져 서로 친밀감을 쌓고 약속을 지키고 결정을 내리는 데 도움을 줄 것이다.

여기에 다 담지 못한 이야기 중 성적 순결에 대해서는 13장에서, 경계선에 대해서는 14장에서 더 자세히 다루도록 하겠다.

원칙 8. 공동체의 도움을 받으라

연애는 이 사람과 결혼한다면 함께 하나님의 목적과 비전을 달성할 수 있을지 성실하게 살펴보는 과정이다. 당신이 최종 판단을 내리겠지만, 상대방의 모든 면을 분별하는 데는 아무래도 도움이 필요할 것이다.

신앙생활의 다른 영역도 그렇듯이, 우리는 누구와 어떻게 만나고 언제 결혼할지를 결정할 때도 그리스도의 몸이 필요하다. 빠르고 편리한 방법은 아니지만 우리를 알고 우리를 사랑하고 우리의 미래에 큰 소망을 품은 사람들의 조언을 듣는 일은 언제나 이롭다. 물론 대화가 힘들게 흘러가거나 상당한 의견 차이에 부딪히기도 할 것이다. 그러나 그 과정에서 이전에는 보지 못했던 문제들을 다시 생각하고 정리하게 될 것이다.

우리는 여러 조언자들과 함께 보다 안전한 길을 찾을 수 있다(잠 11:14). 당신의 관계를 살펴보도록 다른 사람들을 초대하라. 당신의 장점과 단점, 약점을 허물없이 나눌 수 있는 다양한 사람들과 시간을 보내라. 공동체와 책임에 대해서는 15장에서 더 다루도록 하겠다.

원칙 9. '선교적 연애'를 하라

믿지 않는 사람과의 교제를 격려하는 말이 아니다. 내가 말하는 '선교적 연애'는 예수님과 복음에 대한 신앙을 드러내고 알리는 연애, 우리를 지켜보는 세상 앞에서 복음을 따라 행하는 연애를 뜻한다.

나는 우리가 세상 방식과 쾌락이 아닌 희생과 이타심과 하나님의 의도를 추구하는, 세상과 구별된 연애를 하기 원한다. 그럴 때 우리는 연애를 통해 예수님의 제자를 얻을 것이다. 결국 세상은 우리의 연애를 보며 그때까지 알았던 덧없는 쾌락이 아닌, 우리의 삶과 관계 아래 놓인 훨씬 견고한 반석을 볼 것이다. 우리의 관계 사이에 있는 보다 깊고 강하고 의미 있는 무언가를 보게 될 것이다.

당신 주변의 사람들은 당신으로 인해 예수님을 더욱 알고 사랑하게 되는가? 그들은 당신과 함께하는 동안 당신의 삶과 관계 속에서 하나님의 은혜와 진리를 경험하는가? 지금 연애하고 있다면, 두 사람은 어떻게 하면 친구들과 가족에게 복을 끼치고 그들이 더욱 그리스도를 바라보게 할지 적극적으로 궁리하는가? 연애가 점점 더 세상 방식에 물드는 오늘날, 당신의 연애는 그리스도를 향한 당신의 신실함을 보여 주는 그림이 되고, 그리스도를 따르자는 외침이 될 수 있다.

결혼을 기다리며 연애하는 동안 결혼보다 예수님께 더 큰 소망을 두라. 이 소망을 먼저 이루라. 하나님이 당신을 위해 예수님 안에서 하신 모든 일로 인해 당신의 영혼이 만족케 되는 데 더 많은 시간을 보내라. 누군가 "요즘 만나는 사람 있어?", "두 사람 사귀는 거야?", "이 사람 어때?", "우리 처제 룸메이트한테 동생이 있는데 한번 만나

볼래?"라고 물으며 당신의 연애에 적극적인 관심을 보일 때 담대하게 이 소망에 대해 말하라.

물론 결혼한 사람들도 할 말이 있다. 우리가 살든지 죽든지, 아프든지 건강하든지, 결혼을 했든지 아직 짝을 찾고 있든지 그들과 나누는 모든 사소하고 가벼운 대화의 순간들을 우리 대신 값을 치르고 영원한 행복을 주신 우리의 신랑에 대해 이야기하는 기회로 삼으라.

다르게 연애할 기회

이렇게 연애하면 완전히 안전할까? 아니다. 이렇게 연애하면 상처받거나 실망하지 않을까? 아니다. 이렇게 연애하면 절대 헤어지지 않을까? 아니다. 하지만 이렇게 연애하면 하나님의 은혜가 우리를 보다 깊은 고통과 치명적인 실패로부터 지켜줄 것이다.

나는 다만 기도한다. 당신이 더욱 아름답고 감동적으로 복음의 진리와 능력을 나타내는 방식으로 이성친구 혹은 미래의 배우자를 사랑하는 데 이 원칙이 도움이 되기를. 당신이 나와 같다면 이미 여러 번 실패를 겪었을지 모른다. 아마 지금도 그러고 있을 것이다. 결혼을 온전히 추구하기 위한 크고 작은 어려운 결정들을 오늘 기꺼이 하라. 지금 만나는 그 사람과 결국 결혼을 하든 안 하든 (혹은 독신의 길을 가든) 서로에게 감사하게 될 것이다.

―――――――――― Not Yet Married ――――――――――

연애에 있어 당신의 과제는 무엇인가요? 이 장에서 소개한 원칙들을 당신에게 가장 필요한 순서대로 적어 보세요.

Chapter 10

최고의 연애 도서

매년 연애에 관한 책이 수없이 쏟아져 나온다. 그런데 가장 뛰어난 연애 도서는 올해나 작년, 혹은 지난 10년 안에 쓰인 책이 아니다. 그 책은 1,400여 년에 걸쳐 쓰였는데, 2천 년도 더 전에 처음 출판되었다. 사실 그 책은 '연애'는커녕 그와 비슷한 어떤 단어도 언급하지 않는다. 그래도 여전히 우리가 구할 수 있는 최고의 연애 도서이다.

아마도 당신은 스킨십을 어디까지 허용할지, 만나는 사람과 언제 헤어지면 좋을지 알려 주는 몇몇 구절만 딱 찾아 읽고 싶은 유혹을 느낄 것이다. 우리는 삶에 관한 간단하고 실용적인 가이드라인에 만족하려는 경향이 있다. 우리의 삶과 우리가 하는 모든 일에 대한 근본적인 원인을 꾸준히 탐색하기보다 우리가 무엇을 해야 하는지, 무엇을 언제 해야 하는지만을 알고 싶어 한다. 또 낮은 수준에서 만족하는 탓에 성경이 제공하는 대부분을 놓치고 만다.

성경은 주일학교를 마치고 돌아오면 한쪽에 엎어 놓는 교재가 아니다. 우리가 매일 새롭게 마셔야 하는 생명의 물이 솟는 샘이다. 예수님은 이렇게 말씀하셨다. "너희가 **내 말에 거하면** 참으로 내 제자가 되고"(요 8:31). 어떤 사람은 성경을 현실과 동떨어진 낡은 경전으로 생각하지만 "하나님의 말씀은 살아 있고 활력이 있어 좌우에 날선 어떤 검보다도 예리하여 혼과 영과 및 관절과 골수를 찔러 쪼개기까지 하며 또 마음의 생각과 뜻을 판단"(히 4:12)한다. 성경은 저 멀리 깊은 바다 밑에서 우리를 붙잡고 있는 무거운 닻이 아니다. 우리 곁에서 삶의 모든 결정과 순간들을 함께하는 살아 있고 친밀한 친구이다.

이 책을 포함해 남녀 관계와 연애에 관한 새로운 책이 매일 쏟아진다. 그러나 그 모든 책을 합쳐도 성경이 이미 말하는 것을 우리에게 줄 수 없다. 이를 믿는다면 당신의 삶과 독서와 연애가 극적으로 바뀔 것이다. 예를 들어, 인터넷 최신 기사보다 필리핀 사람들에 더 관심이 갈 것이다. 아니면 매일 밤 넷플릭스를 10분 더 보기보다 잠언을 10분 더 묵상하게 될 것이다. 그래서 매일 아침 조금 더 일찍 일어나 말씀을 묵상하도록 당신을 격려할 것이다.

많은 사람들이 성경을 일상생활과 상관없다고 생각하며 책상 위에 장식물처럼 올려놓는다. 이제는 시대도 상황도 바뀌었고 그래서 우리에게는 새로운 조언이 필요하다고 생각한다. 우리는 단지 같은 시간을 산다는 이유로 이 시대 저자들의 목소리가 우리에게 더 나은 관점과 더 나은 도움을 제시한다고 생각한다. 성경이 할 일은 끝났고, 우리는 성경이 한 일에 감사할 뿐이다.

우리는 이제 성경 2.0을 원한다. 아니 2,000번째 버전을 원하는지도 모르겠다. 하지만 올해 어떤 결정, 어떤 상황, 어떤 관계에 맞닥뜨리든 우리에게 정말 필요한 것은 유일하며 새로 쓰일 필요가 없는 처음 그대로의 하나님의 말씀뿐이다.

성경에 연애가 나온다고?

아마도 성경이 연애에 관해 가장 명확하게 말하는 부분은 바울이 디모데에게 쓴 편지에 나올 것이다.

"그러나 너는 배우고 확신한 일에 거하라 너는 네가 누구에게서 배운 것을 알며 또 어려서부터 성경을 알았나니 성경은 능히 너로 하여금 그리스도 예수 안에 있는 믿음으로 말미암아 구원에 이르는 지혜가 있게 하느니라 모든 성경은 하나님의 감동으로 된 것으로 교훈과 책망과 바르게 함과 의로 교육하기에 유익하니 이는 하나님의 사람으로 온전하게 하며 모든 선한 일을 행할 능력을 갖추게 하려 함이라"(딤후 3:14-17).

바울은 연애, 결혼, 심지어 우정에 대해서도 명확하게 말하지 않는다. 다만 성경이 지닌 강력한 무엇에 대해 말한다.

무엇보다 성경은 우리의 가장 중요한 문제를 해결하고 우리가 어떻게 살아야 하는지 알려 준다. 성경은 우리에게 "그리스도 예수 안에 있는 믿음으로 말미암아 구원에 이르는 지혜"(15절)를 주고 우리를 구원한다. 우리를 가장 위대한 소식으로 이끌어 우리의 가장 심각한 문제를 해결한다. 우리는 한때 허물과 죄로 **죽어** 그 가운데서 행했으나(참조. 엡 2:1-2) 이제는 아니다. 우리는 믿음으로 살아났다. 이 이야기를 수많은 방식으로 할 수 있겠지만, 하나님은 이렇게 말씀하신다. 우리는 그리스도의 말씀을 들음으로 구원을 얻는다(롬 10:17). 우리는 모두 하나님의 말씀을 통해 하나님께 구원을 얻었다.

하지만 단지 우리를 구하기 위해 하나님이 성경을 쓰신 것은 아니다. 바울은 또 이렇게 말한다. "**모든** 성경은 하나님의 감동으로 된 것으로 교훈과 책망과 바르게 함과 의로 교육하기에 유익하니 이는 하나님의 사람으로 온전하게 하며 모든 선한 일을 행할 능력을 갖추게 하려 함이라"(딤후 3:16-17). '모든' 성경에는 '모든' 선한 일(선한 결정과 자기부인과 그리스도를 닮은 사랑과 하나님의 영광을 위해 하는 모든 일)에 대한 하나님의 뜻이 담겼다(고전 10:31). 하나님은 우리가 오늘을 어떻게 살아야 하는지 알려 주고자 수천 년 전에 책을 쓰셨다. 다른 수많은 방법으로 그렇게 하실 수도 있었지만, 하나님은 책을 쓰기로 하셨다.

'연애'는 성경에서 찾을 수 있는 단어가 아니다. 예수님이 계시던 시절에 사람들은 연애를 하지 않았다. 신명기에도 시편에도 로마서에도 없다. 헬라어로도 히브리어로도 쓰이지 않았다. 만일 성경에서 연애라는 단어를 찾으려 한다면, 그런 말이 전혀 없다고 쉽게 결론지을 수 있을 것이다. 하지만 성경은 우리가 어떻게 교제해야 하는지, 특히 남자와 여자가 서로를 어떻게 대해야 하는지 '많은' 말을 한다.

베드로는 이렇게 말한다. "그의 신기한 능력으로 **생명과 경건에 속한 모든 것을** 우리에게 주셨으니 이는 자기의 영광과 덕으로써 우리를 부르신 이를 앎으로 말미암음이라 이로써 그 보배롭고 지극히 큰 약속을 우리에게 주사"(벧후 1:3-4). SNS로 정보를 검색하고 웹서핑을 하거나 책을 사기 전에 당신은 정말로 하나님이 이미 "생명과 경건에 속한 모든 것"(연애를 포함해)을 주셨다고 믿는가? 하나님은 그렇게 하셨다. 하나님은 그분에 대한 지식을 '통해', 곧 "우리를 부르신 이를 앎으로 말미암아" 그렇게 하셨는데, 여기에는 그분의 "보배롭고 지극히 큰 약속"이 담겨 있다. 하나님은 우리가 그분을 알고 그분의 약속에 관해 들을 수 있는 유일하고 명확하며 부인할 수 없는 방법, 즉 성경을 통해 그렇게 하셨다.

성경은 책 66권, 800,000자가 넘는 단어로 이루어졌지만, 이 세상 모든 역사 가운데 있는 크리스천들이 겪을 모든 일을 '구체적으로' 말하지는 못한다. 하지만 성경은 우리가 추구하는 결혼을 포함해 모든 것에 대해 의미 있는 약속을 준다.

하나님에 대한 연애 도서

바울은 말한다. "무엇이든지 전에 기록된 바는 우리의 교훈을 위하여 기록된 것이니 우리로 하여금 인내로 또는 성경의 위로로 소망을 가지게 함이니라"(롬 15:4; 참조. 고전 10:11). 그리스도께서 오시기 수백 년도 더 전 쓰인 구약의 책들은 '우리에게' 교훈을 주기 위해 쓰였다. 1세기에 쓰인 신약의 편지들은 '우리에게' 소망을 주기 위해 쓰였다. 시간이 흐르고 시대가 변함에 따라 해야 할 말은 점점 더 많아질 것이다. 만약 내가 이를 인정하지 않는다면 나 또한 이 책을 쓰지 않았을 것이다. 그럼에도 불구하고 내가 이 책에서 전하는 정말 의미 있고 유익한 모든 것들은 이미 성경이 한 말을 바탕으로 한다. 다시 말해 내가 하는 말 중에서 독창적이거나 새로운 것은 궁극적으로 하나도 없다. 하나님은 우리가 어떻게 살아가고 어떻게 사랑해야 하는지 말씀하셨다. 우리가 할 일은 그 말씀을 듣고 또 듣는 것이다. '그러고 나서' 그 말씀이 오늘날 무엇을 의미하는지 이해하려고 노력하는 것이다. 이렇게 성경을 읽는 사람은 세상에서 구별될 뿐 아니라, 연애를 할 때도 현명한 결정을 내릴 것이다.

성경은 하나님에 관한 연애 도서다. 아니면 하나님에 관한 비즈니스 도서이거나 혹은 하나님에 관한 생물학 도서다. 성경은 하나님에 관한 책이다. 하나님은 기린, 은하수, 결혼에 이르기까지 모든 것을 창조하셨고, 그분만이 자신이 창조한 모든 것에 합당한 의미와 목적을 부여하신다. 하나님은 이 세상(모든 생명체)의 저자이시자 성경의 저자이시고, 우리 믿음의 저자이시자 완성자(히 1:1-2; 12:2)이시다. 그 하나님이 그분의 말씀과 성령님을 통해 우리가 하나님의 뜻을 행하기 위해 필요한 모든 것을 우리에게 주셨다. 그러므로 성경은 하나님에 관한 '빈칸 채우기' 책이다.

그리고 성경은 모든 것에 관한 세계 최고의 책이다. 성경이 판단의 기준이며 성경으로 다른 모든 책을 판단할 수 있다. 나는 당신이 이 책의 내용이 사실인지 확인하기 위해 '성경에 견주어 따져 보면서' 읽기를 바란다(행 17:11 참조).

당신의 연애를 위한 '오래된' 조언들

성경의 유익을 제시하는 것과 이를 증명하는 것은 또 다른 일이다. 그래서 나는 성경의 아주 오래된 이야기 하나를 함께 본 다음, 그것이 21세기를 사는 우리의 연애에 어떤 말을 해 줄 수 있을지 알아보려 한다. 성경의 한 부분을 연애에 적용하는 것은 분명 다른 시도보다 어려운 일이지만, 나는 당신이 기도와 성령님의 도우심을 통해 이 어려운 일이 가능하며 가치가 있는 일임을 알게 되기 바란다.

이제 창세기 24장을 살펴보자. 결혼과 연애가 그 장의 주요 내용은 아니지만, 그렇다고 거기서 결혼과 연애에 대해 배울 수 없는 것은 아니다. 만약 시간이 있다면 창세기 24장을 먼저 한 번 읽어 보기를 권한다.

성경에서 오늘날의 연애와 그나마 비슷하다고 할 수 있는 장면은 아마도 이삭과 리브가의 결혼일 것이다. 이삭과 리브가 전에도 결혼한 사람들이 많았지만 그들이 '결혼하는 장면'은 나오지 않는다. 물론 에덴동산은 예외인데, 그 상황은 특별한 경우라고 모두가 동의하리라 생각한다.

창세기 24장에서 아브라함은 아들 이삭의 아내를 구하기 위해 고향으로 하인을 보낸다. 리브가는 그 하인의 낙타에게 물을 주고, 하인은 그녀에게 묵직한 팔찌 몇 개를 준다. 리브가의 가족은 결혼을 허락하고, 이삭과 리브가는 천막에서 처음 만나 결혼한다. 이것은 첫눈에 반한 사랑 이야기가 아니다. 첫눈에 맺은 평생의 언약 이야기이다. 결혼을 원하지만 마음처럼 잘 안 되는 사람이라면, 최소한 약간의 호기심과 소원을 가지고 창세기 24장을 읽을 것이다. 오늘날에는 이 모습이 약간 이상해 보이겠지만 말이다. 그런데 창세기 24장은 너무 쉽고 깔끔해 보인다. 나도 누군가와 만나고 헤어지기를 14년간 반복하며 그렇게 느꼈다. 아마 당신은 이 이야기를 21세기 크리스천과는 무관한 오래되고 구시대적인 이야기로 생각할지 모르겠다.

구약성경은 연애에 관해 직접적인 지침을 주지 않는 듯하지만, 분명 우리에게 유익하다. 그렇다고 낙타와 값비싼 팔찌를 준비하라는 뜻은 아니다. 물론 자매와 결혼해서도 안 된다(창세기 29장의 야곱, 레아, 라헬 이야기). 그러나 속도를 늦추고 충분히 기도한다면, 성경의 '오래된' 부분에서 오늘날 당신이 결혼에 이르는 데 적용할 만한 부분을 발견할 것이다. 다음은 내가 창세기 24장에서 발견한 5가지이다.

발견 1. 당신이 아닌 하나님이 짐을 지시도록 내드리라

아브라함이 이삭의 아내를 찾는 임무를 하인에게 맡기자 그 하인은 이같은 중매결혼을 위해 머나먼 곳까지 따라올 여자가 있을지 걱정한다. 아브라함은 그에게 이렇게 대답한다.

"하늘의 하나님 여호와께서 나를 내 아버지의 집과 내 고향 땅에서 떠나게 하시고 내게 말씀하시며 내게 맹세하여 이르시기를 이 땅을 네 씨에게 주리라 하셨으니 **그가 그 사자를 너보다 앞서 보내실지라** 네가 거기서 내 아들을 위하여 아내를 택할지니라"(7절).

결혼을 원하지만 뜻대로 되지 않는 시간이 길어지면 점점 자신에게 문제가 있다고 느껴지고, 그래서 어떤 변화나 새로운 것을 시도해야 한다고 생각하게 된다. 하나님은 이 시간을 통해 그것을 당신에게 깨닫게 하시려는 것일 수도 있고, 아니면 단지 '하나님이' 일하시는 동안 당신이 기다리기를 원하시는 것일 수도 있다.

오직 하나님 한 분만이 실제로 일하신다. 결혼에 있어서도 그렇다. 아브라함의 하인이 메소포타미아에서 한 여인을 찾기 위해 달려가는 동안, 하나님이 이삭과 리브가에게 필요한 진짜 일을 하시려 그 하인을 앞서가셨다. 모세는 이렇게 쓴다. "그 사람이 그[리브가]를 묵묵히 주목하며 여호와께서 과연 평탄한 길을 주신 여부를 알고자 하더니"(21절). 하나님은 부부를 맺으실 뿐 아니라(마 19:6) 그들을 서로에게로 인도하신다. 만약 당신이 결혼을 위해 자기 자신만 채찍질하고 있다면 엉뚱한 곳에 부담을 지운 것이다.

발견 2. 모든 가능성을 열고 그 사람을 추구하라

하인이 임무를 시작하기 전에 아브라함은 명확한 지시를 내리며 "만일 여자가 너를 따라오려고 하지 아니하면 나의 이 맹세가 너와 상관이 없나니"(8절)라고 말한다. 아브라함은 하나님이 이삭의 아내를 준비하실 거라고 믿었다. 하지만 여전히 하나님께 맡기며 '하나님이 허락하신다면' 내 아들은 아내를 얻을 것이며, 내 하인은 그의 여정에서 그 여인을 찾을 것이라고 말한다(참조. 약 4:15).

기억하라. 하나님은 당신이 꿈꾸는 것과는 다른 결혼 이야기를 쓰실 수도 있다. 그리고 그분의 지혜와 능력, 사랑으로 인해 우리는 하나님이 하시는 모든 일을 찬양하게 될 것이다.

발견 3. 기도하고, 기도하고, 기도하라

하인은 리브가를 만나기 전 "우리 주인 아브라함의 하나님 여호와여 원하건대 오늘 나에게 순조롭게 만나게 하사 내 주인 아브라함에게 은혜를 베푸시옵소서"(12절)라고 기도했다. 당신은 언제 배우자 기도를 시작했는가? 그리고 언제 멈추었는가? 우리는 24시간 안에 기도가 응답되기를 바란다. 그런데 하나님이 1년 동안 우리가 원하는 것을 보류하신다면? 아니 10년, 혹은 그보다 더 오래 보류하신다면?

하나님은 우리가 이 삶에서 무엇도 당연하게 여기지 않기를 바라신다. 우리의 배우자에 대해서도 마찬가지이다. 하나님은 우리에게 가장 좋은 것을 주실 때마다 그로 인해 모든 영광을 받기를 원하신다. 만약 우리가 결혼을 원한다면, 우리를 돌보시는 그분께 우리의 걱정과 불안과 간절함을 기꺼이 내드릴 수 있어야 한다(참조. 벧전 5:7; 빌 4:6-7). 기도 없이 연애를 시작하지 말라. 결혼을 기다리는 동안 기도를 멈추지 말라.

발견 4. 당신을 사랑하는 사람들에게 물으라

당신을 사랑하는 주변 사람들에게 그 사람이 정말 그 사람인지 확인을 받으라. 아브라함의 하인은 리브가의 아버지(브두엘)와 오빠(라반)에게 그동안 일어난 모든 일과 자신이 왜 그녀가 이삭과 결혼할 사람이라 믿는지 설명한다(34–49절). 그러자 라반과 브두엘이 대답한다.

> "이 일이 여호와께로 말미암았으니 우리는 가부를 말할 수 없노라 리브가가 당신 앞에 있으니 데리고 가서 여호와의 명령대로 그를 당신의 주인의 아들의 아내가 되게 하라"(50–51절).

만일 하나님이 두 사람을 함께하도록 부르셨다면, 당신 곁의 다른 믿는 자들에게도 분명히 보이실 것이다. 만약 당신을 사랑하는 다른 믿는 자들이 그 관계에 대해 심각한 의구심을 가진다면 '당신도' 진지하게 고민해야 한다. 그 사람이 하나님이 주신 사람이라는 확신을 갖는 데 자신의 본능(혹은 연애 상대의 본능)에만 의존하지 말라. 사랑에 빠진 두 사람은 다른 관계였다면 결코 놓치지 않았을 것들을 보지 못하고 듣지 못할 것이다. 당신이 하나님을 신뢰한다면, 당신 삶에 두신 다른 믿는 자들의 말을 경청하도록 하라.

발견 5. 결혼 그 이상을 위한 연애

미혼이며 결혼을 원하는 사람은 결혼을 인생의 목표나 오랫동안 기다린 약속된 땅처럼 느낄지 모른다. 다시 말해 우리는 연애를 하는 동안 결혼을 우상화하는 경향이 있고, 하나님보다는 그나 그녀에게 자신의 행복과 소망을 맡기는 경향이 있다. 하나님이 아브라함의 하인을 리브가에게 인도하셨을 때 그 하인은 어떻게 반응했는가?

"이에 그 사람이 머리를 숙여 여호와께 경배하고 이르되 나의 주인 아브라함의 하나님 여호와를 찬송하나이다 나의 주인에게 주의 사랑과 성실을 그치지 아니하셨사오며 여호와께서 길에서 나를 인도하사 내 주인의 동생 집에 이르게 하셨나이다 하니라"(26-27절).

하인은 리브가를 보고 하나님을 경배했다. 예배는 모든 크리스천이 연애하는 목적이다. 왜냐하면 예배가 크리스천의 삶의 목표이기 때문이다. 하나님은 우리를 결혼하게 하려고 만드신 것이 아니라 그분을 닮게 하려고 만드셨다. 결혼은 하나님을 알고 예배하고 의지하고 그분을 드러내고 하나님처럼 빚어지는 일에 관한 것이다. 하룻저녁 가벼운 식사든 10년 동안의 노력이든 연애가 예배가 아닌 결혼으로 끝난다면 결국 공허하고 불만족스러울 것이다. 우리는 결혼 그 이상을 위해 연애해야 한다.

창세기 24장 끝에서 우리는 결혼식 종소리를 들을 수 있다. "이삭이 리브가를 인도하여 그의 어머니 사라의 장막으로 들이고 그를 맞이하여 아내로 삼고 사랑하였으니 이삭이 그의 어머니를 장례한 후에 위로를 얻었더라"(67절). 하나님의 이름은 이 구절에서 등장하지 않지만 어쨌든 우리는 분명히 알 수 있다. 이것은 하나님이 하신 일이다. 하나님은 그 여자에게 그 남자를, 그 남자에게 그 여자를 주셨다. 처음부터 끝까지 그리고 그 사이 모든 곳에서 하나님이 일하셨고, 그분을 기다리는 이들에게 상을 주셨다(사 64:4).

이 모든 일은 창세기 24장에서 너무도 빠르게 지나가기 때문에 결혼을 수년간 기다린 오늘날의 우리는 이 이야기가 자신과 상관없다고 느낄 수 있다. 그러나 이 이야기는 응답이 얼마나 즉각적으로 이루어졌는지에 대한 이야기가 아니다. 하나님께로부터 그 해답과 결혼이 나옴을 보여 주는 이야기이다. 결혼을 추구하는 모든 단계에서 진정한 행복에 관한 모든 사람의 소망이며 모든 크리스천의 사랑 이야기의 저자이신 하나님을 바라보라.

하나님의 말씀을 되새기라

우리는 이삭과 리브가의 이야기에서 많은 것을 배울 수 있다. 하지만 성경에서 연애에 관한 조언을 찾을 수 있는 부분은 창세기 24장이 전부는 아니다.

우리는 라헬을 위해 7년을 기다리고 거기에 7년을 더 기다린 야곱에게서 인내를 배울 수 있다(창 29:20, 27-28). 사사기는 자기 생각에 좋은 것, 즉 당장 편한 일이나 세상 대세를 따른 결과가 무엇인지 보여 준다(삿 21:25). 다윗의 이야기는 죄, 특히 성적인 죄가 우리를 유혹하며(삼하 11:3) 그 죄는 자신뿐 아니라 관련된 모든 사람을 망하게 한다고 경고한다(삼하 11:17; 12:18). 잠언은 연애에 관한 지혜로 가득하다. 좋은 대화를 하고, 배우자를 고르고, 성적 유혹에 저항하는 것 등을 조언한다. 모두 예수님이 오시기 이전의 예시이다. 그리고 마침내 예수님이 오셔서 다른 이를 사랑하는 것이 무엇인지 완벽한 본을 보여 주셨다.

성경은 우리 생각보다 훨씬 더 우리를 위해 쓰인 책이다. 물론 성경을 읽고 연애에 적용하기란 쉽지 않겠지만, 그래도 그만한 가치가 있다. 하나님은 우리가 성경을 읽을 때 우리와 '함께하겠다'고 약속하셨다. 하지만 우리는 그분이 말씀하실 때까지, 시간이 걸리더라도 기꺼이 기다려야 한다. 바울은 말한다. "내가 말하는 것을 생각해 보라 **주께서** 범사에 네게 총명을 주시리라"(딤후 2:7). 우리가 속도를 늦추고 하나님의 말씀을 묵상할 때 그 의미가 무엇인지 하나님이 점점 더 드러내실 것이다.

이제 성경을 다시 읽고 싶은가? 지금 그 문제에 관한 성경의 조언을 얼마나 놓쳤을지 궁금한가? 부디 그렇기를 바란다. 성경을 읽는 일에 당신의 삶을 바친다면, 당신이 무엇을 얼마나 투자하든 훨씬 더 많은 보상을 받을 것이다.

—————————— Not Yet Married ——————————

당신이 외면하는 성경의 조언이 있나요? 그 이유는 무엇인가요? 그 마음을 기도로 하나님께 가져가 도움을 구해 보세요.

Chapter 11

결혼 말고 연애만 하면 안 될까?

그녀와의 첫 번째 데이트였다. 그녀도 데이트라고 생각했을지는 모르겠다. 우리는 지인의 결혼식에서 처음 만난 이후 일주일에 한 번 정도, 두어 달 동안 전화로 이야기를 나누었다. 그러다 내가 한번 만나자고 물었고 그녀는 승낙했다. 나는 타코 맛집을 예약하고, 그 근처에 있는 조용한 카페를 검색하고, 보드게임을 두어 개 샀다. 커피를 마시며 대화하면 적당히 진지하고 흥미로운 시간을 보낼 수 있을 것 같았고, 보드게임을 하면 함께 웃고 즐길 수 있을 것 같았다. 타코가 어떨지는 모르겠지만, 그냥 좋아할 것 같았다.

적어도 내 생각에는 멋진 데이트였다. 식당은 내가 바라던 것 그 자체였다. 활기찼지만 서로 이야기하고 친해질 수 있을 만큼 적당히 조용했다. 음식은 독특하고 맛있었으며 너무 부담스럽지도 않았다. 그녀는 감동했다. 우리는 오후 내내 카페에서 게임을 했다. 나는 그녀가 즐거운 시간을 보냈다고 확신할 만큼 일부러 져주기도 했다. 아니 사실은 예상보다 그녀가 더 많이 이겼다. 어느 쪽이든 우리는 즐거운 시간을 보냈다. 우리의 대화는 진지한 이야기와 재미있는 이야기, 좋은 질문들로 잘 버무려졌고 그 모두는 우리가 나눈 예수님에 대한 사랑으로 채워졌다. 그 몇 시간이 정말 빨리 지나갔다.

 헤어질 무렵, 나는 신이 나고 자신감에 차서 내 마음을 꺼내 놓았다. "오늘 정말 즐거웠어요. 그리고 지난 몇 달 동안 당신을 알아가는 것이 정말 좋았어요. 당신은 어땠는지 궁금해요." 그때 솔직히 말해 나는 그녀도 좋았을 거라고 확신했다. "앞으로 진지하게 만나며 서로를 더 알아 가면 어때요?"

 그녀가 미소를 지었다. 전날 새로 산 셔츠 밖으로 내 심장이 튀어나올 것 같았다. 그녀가 말했다. "저도 오늘 정말 즐거웠어요."

 '그래, 꽤 괜찮았지?' 나는 속으로 생각했다.

 "저도 당신을 알게 되어 정말 즐거웠어요."

 '그럴 줄 알았어.'

 "특히 대화하면서 제가 예수님을 향하게 되어 정말 좋았어요."

 '그렇다면 남자친구로 합격이지.'

 "정말 좋은 친구가 될 수 있을 것 같아요."

 '응?'

 "당신은 참 좋은 사람이에요……."

'잠깐만, 그게 무슨 말이지?'

"하지만…… 이성으로는 안 느껴져요."

길고 어색하고 불편한 정적이 이어졌다. "조금도요?"

"네, 조금도요."

"전혀 안 느껴진다는 거예요, 아니면 잘 모르겠다는 거예요?"

"전혀 안 느껴져요."

무엇이 잘못되었을까? 내가 무엇을 어떻게 다르게 해야 했을까? 모든 게 너무 편하고 신나고 옳고 확실해 보였다. 그러나 그 후 그녀는 아이스크림보다 더 차가워졌고, 나는 그저 한 명의 '좋은 사람'이 되었다. 이것이 나의 마지막 데이트가 될지도 모른다는 생각이 들었다. 물론 예전에도 첫 번째 데이트는 이런 느낌이었던 것 같다. 아무튼 나는 데이트 이전으로, 연애와 굉장히 멀어진 상태로 돌아왔다. 이런 롤러코스터를 타는 듯한 일이 반복되면서 나는 결혼을 포기하는 편이 낫겠다는 생각이 들었다.

결혼이 정말로 가치가 있을까?

"결혼은 어쩌면 그렇게 대단한 것은 아닐지도 몰라." 점점 이혼율이 높아지고, 주변에 유지되는 결혼들도 보면 상처투성이에 혼란스럽고 불행해 보인다. 그리고 결혼 말고도 다른 좋은 것들이 많다. 그래서인지 많은 20~30대 남녀들이 결혼을 포기하거나 적어도 미래를 계획하고 꿈꾸면서 결혼의 비중을 줄인다. 연애를 하려고 애쓰는 것도 지쳤고 혼란, 거절, 성적 실패, 이별, 또 다른 여러 가지가 우리의 관계를 괴롭힌다. 이런 온갖 고통과 실패와 갈등에도 불구하고, 결혼은 정말 할 만한 가치가 있을까? 결혼이 아니어도 사랑받고 친밀한 관계를 누리는 다른 방법들이 있지 않은가? 결혼은 행복의 필수 조건도 아니고, 또 내가 존재하는 데 그렇게 중요하지도 않다.

위의 마지막 문장은 진리이고 또 중요하다. 하지만 나는 우리 세대가 결혼이 진짜 무엇이고 왜 그런지에 대해 중요한 사실을 간과할까 봐 두렵다. 결혼은 항상 가치가 있다. 그 인내의 시간과 마음의 고통까지도 그렇다. 아직 결혼하지 않은 많은 사람들은 이것을 기억할 필요가 있다. 결혼은 아주 멋지고 우리 사회에 꼭 필요하다. 왜냐하면 바로 하나님께 속했기 때문이다. 결혼의 아름다움은 그 기능적, 사회적, 관계적, 심지어 성적 유익도 훨씬 뛰어넘는다. 예수님을 믿는 사람이 느끼는 결혼의 중요성과 매력은, 영적이며 선교적이며 영원한 깊이여야 한다.

2천 년 전에 사람들은 이미 결혼이 그럴 만한 가치가 있는지 물었다. 바울이 말했다. "어떤 사람들이 믿음에서 떠나 미혹하는 영과 귀신의 가르침을 따르리라 하셨으니"(딤전 4:1). 믿음을 떠난 사람들이 어떤 거짓말을 믿었을까? 사탄은 무엇이라 했을까? "**혼인을 금하고 어떤 음식물은 먹지 말라고 할 터이나 음식물은 하나님이 지으신 바니 믿는 자들과 진리를 아는 자들이 감사함으로 받을 것이니라**"(3절). 결혼의 선함과 아름다움을 잊는다면 우리는 하나님이 세상에서 행하시는 모든 선하고 아름다운 일들을 잊는 것이다. 왜일까? "**하나님께**

서 지으신 모든 것[결혼과 모든 음식을 포함해]이 선하매 감사함으로 받으면 버릴 것이 없나니"(4절). 하나님은 결혼을 만드셨으며, 많은 크리스천이 결혼하고 감사한 마음으로 결혼을 즐기기를 바라셨다. 하나님은 오늘날에도 여전히 결혼을 '선하다'고 하신다. 우리가 결혼에 관해 다르게 말한다면 하나님에 관해서도 다르게 말하는 것이다.

결혼이 더 이상 대단해 보이지 않아 포기한 사람이 있는가 하면, 그 무엇보다 결혼을 원했지만 애쓰다 지쳐서 포기하는 사람도 있다. 우리는 은밀히, 심지어는 무의식적으로 하나님보다 결혼을 더 우선시한다. 그래서 결혼 상대를 기다리는 동안 비참함에 빠지는 것이다. 그러나 자신의 행복과 그 의미, 올바른 소속감을 찾지 못했다면 결혼할 준비가 전혀 되지 않은 것이다.

심지어 크리스천의 이혼율도 높다. 왜인지 아는가? 그 하나는 너무나 많은 사람이 배우자에게서 궁극적인 행복이나 의미, 소속감을 찾으려고 애쓰기 때문이다. 몇 년, 몇 달, 심지어 몇 분 동안은 결혼이 해답처럼 보이지만 조금만 지나 보라. 그들은 결혼에 너무 과한 요구를 하는 줄도 모르고 심지어 더 바라고 요구하게 될 것이다. 결혼은 결코 우리의 가장 깊은 욕구를 충족시키기 위해 하는 것이 아니다. 하지만 이를 깨닫지 못하고 자신의 공허함, 외로움, 기쁨 없음을 결혼 탓으로 돌리는 사람이 많다. 결혼을 바라는 좋지 않은 이유가 많은데, 그중 가장 나쁜 이유는 오직 하나님만이 우리를 위해 하실 수 있는 일을 배우자가 할 수 있다고 기대하는 것이다.

결혼은 여전히 바랄 만한 가치가 있다

만약 결혼을 포기하고 연애만을 원한다면, 무언가 심각하게 잘못된 것이다. 연애에 대한 우리의 모든 욕구는 결혼이 무엇이고 왜 가치가 있는지에 관한 확실한 비전에서 생겨나야 한다. 누구와 연애를 하든 우리는 이 사람과의 연애가 마지막 연애일 수 있다고 염두에 두어야 한다.

오직 결혼만이 우리가 이 모든 위험을 감수하고 연애할 만큼 충분히 크고 충분히 강하고 충분히 가치 있다. 결혼을 그냥 포기하거나 혹은 별것 아니라고 생각하고 싶은가? 세상은 결혼을 완전하고 행복한 삶을 갖춘 다음에 추가하면 되는 사소하며 꼭 필요하지 않은 액세서리처럼 말하지만, 그 말에 속지 말라. 결혼 대신 경력이나 좋아하는 취미에 더 깊이 몰입하기 전에, 결혼이 당신에게 여전히 바랄 만한 가치가 있는지 이 5가지 이유를 한번 생각해 보라.

이유 1. 하나님이 세상을 창조하셨을 때, 결혼은 그분의 완벽한 창조에 있어 중요한 부분이었다

결혼이 모든 죄와 이기심으로부터 자유롭고 순전하고 더럽혀지지 않은 한 날, 혹은 몇 시간이 있었다. 사실 그때는 온 세상이 그랬다. 하나님이 자신의 창조물을 보셨고 모두 하나님 보시기에 좋았다. 완전하고 흠 없고 풍부했으며 생명으로 가득했다(창 1:31). 그리고 실로 이상적인 그 세계의 중심에 결혼이 있었다. 하나님이 계시하셨고, 하나님으로 충만하며, 하나님을 영광스럽게 하는 연합 안에서 남자와 여자는 하나가 되었다(27절). 결혼은 하나님의 목록에서 선택적이거나 부수적인 것이 아니었다. 이 새로운 서사시에서 가장 중요한 두 인물을 하나로 묶는 그 중심에 결혼이 있었다.

확실히 죄는 한때 선하고 순결했던 결혼을 깨뜨리고 망가뜨렸다. 그러나 바울은 창세기 2장(죄가 세상에 들어오기 전)을 인용하며 '처음부터' 결혼은 예수님과 교회의 관계를 나타내는 비밀이었다고 말한다. "그러므로 사람이 부모를 떠나 그의 아내와 합하여 그 둘이 한 육체가 될지니 이 비밀이 크도다 나는 그리스도와 교회에 대하여 말하노라"(엡 5:31-32). 이는 결혼에 대한 하나님의 계획에 있어 죄의 등장은 놀랄 일이 아니었다는 뜻이다. 이 일은 비극적이지만 실로 아름답게도 하나님이 결혼을 만드신 이유를 충족시켰다. 오늘날에도 결혼은 비록 흠이 있고 불완전하지만 하나님이 에덴동산에서부터 뜻하신 그 영광스러운 목적을 여전히 수행하고 있다.

이유 2. 크리스천의 결혼은 우리 사회의 무지하고 근시안적인 우선순위를 드러낸다

개인주의, 소비지상주의, 출세 제일주의는 지금까지 결혼의 가치와 중요성을 깎아내렸다. 오늘날 결혼은 자주 개인의 다른 꿈과 야망에 날개를 달아 줄 편리한 사회적 액세서리로 여겨지는 듯하다. 그리고 슬프게도 우리의 다른 기대에 얼마나 기여하는지에 따라 결혼의 가치가 평가되고 심지어 끝나기도 한다.

만약 결혼이 우리를 행복하게 하고 우리의 목표를 달성하는 데 도움이 된다면 그 결혼은 행복하다. 하지만 힘들고 지루하고 우리의 발을 묶거나 더 많은 수고를 요구한다면, 우리는 그냥 결혼을 중단하고 직접적이든 간접적이든 배우자와 아이들에게 책임을 물으며 결국은 거기서 빠져나와 피해를 줄인다. 물론 예수님이 결혼의 중심이자 지탱할 힘이 아니실 때 말이다.

결혼을 경험한 사람이라면 누구나 결혼이 힘들다고 말할 것이다. 모든 세대와 문화, 세계관에 걸쳐 사실이다. 결혼 생활 내내 편안함과 자기 성취를 추구한다면 결혼은 유지될 수 없고, 적어도 그런 결혼은 행복하지 않다. 결혼은 서로에 대한, 그리고 결혼보다 크고 강하며 영원히 존재하시는 하나님에 대한 변함없고 희생적인 상호 간의 헌신을 바탕으로 유지되고 성장한다.

그러므로 크리스천의 결혼은 세상에 무언가를, 더 바라기는 세상에 '누군가'를 보여 줄 기회이다. 바로 우리가 결혼을 유지할 만큼, 우리의 결혼을 믿을 수 없이 의미 있고 행복하게 만들 만큼 강한 그분을 말이다.

이유 3. 자녀들은 기적이다. 그리고 하나님은 우리가 결혼하여 자녀를 낳고 양육하기를 바라신다

자녀를 낳거나 입양하는 것만이 사람들을 예수 그리스도께로 인도하는 유일한 방법은 아니다. 하지만 이것이 역사상 가장 효과적인 방법 중 하나라는 사실은 반복적으로 증명되어 왔다.

당신은 하나님이 주신 특별한 권위와 영향력을 자연히 자녀에게 미칠 것이다. 결혼은 당신에게 자녀의 성장을 돕고 그들의 마음을 살찌우고 하나님의 소망과 사랑의 본을 보일 특별한 능력을 준다. 그리고 자녀는 하나하나 모두가 기적이다. 엄마의 배 속에 하나님이 지으시고 지키시는 모든 새로운 존재는 놀라운 기적이다(시 139:13).

자녀는 낳을 가치가 있는 기적이다. 그들을 위해 계획을 세우고 희생할 가치가 있는 기적이다. 이 세상과 교회, 이 지역은 이제 다음 세대들이 이끌 것이다. 다음 세대들은 자라서 어떤 사람이 될까? 그들은 어떤 가정에서 자랄까? 6세, 14세, 17세에 그들은 무엇을 배울까? 언제 예수님에 대해 듣게 될까? 누가 그들의 삶에서 크리스천의 본이 될까? 임신과 출산의 소중함을 이어가고 자녀가 하나님을 닮도록 키우는 일이 얼마나 중요한지 아무리 강조해도 지나치지 않다.

물론 다음 세대들을 양육하는 방법은 무수히 많다. 당신은 그들의 선생이 되거나 선배가 될 수도 있다. 아니면 다른 부모들을 지원할 수 있다. 그러나 그 무엇도 당신의 가정, 당신의 보호 아래서 자녀와 평생 매 순간을 함께하는 관계와 헌신과 책임을 대신할 수는 없다.

이유 4. 결혼은 우리가 예수님을 닮도록 하나님이 사용하시는 가장 효과적인 수단 중 하나이다

성경보다 개인적인 간증에서 더 많은 영감을 받은 말이기는 하지만, 상식적으로 수긍할 만한 결론이라는 데 동의할 것이다. 하나님을 경외하고 예수님을 따르는 죄인 두 사람을 언약으로 묶어 서로를 곁에 두고 떠나지 못하게 한다면, 분명 긴장과 갈등과 '바라건대' 변화가 있을 것이다.

아마도 하나님이 성령님을 통해 우리가 그분을 닮게 하고자 주신 가장 위대한 수단은 우리 곁에 두신 사람일 것이다. 우리의 이기심과 건강하지 못한 부분과 죄를 직면할 만큼 우리를 사랑하는 사람 말이다. 결혼은 그 사랑하는 사람을 바로 한 가족, 한 집, 한 재산, 한 약속 안에서 곁에 두는 것이다. 팀 켈러는 이렇게 말한다.

> 하나님이 우리를 사랑하신 이유는, 우리가 사랑스럽기 때문이 아니라 그분이 우리를 사랑스럽게 만들기 위해서다. 부부는 서로의 삶 가운데 예수님이 행하시는 위대한 일을 복음을 통해 볼 수 있어야 한다. 자신을 그 위대한 일의 통로로 내주고, 언젠가 서로가 흠이 없는 아름다움과 영광이 빛나는 모습으로 하나님 앞에 함께 설 날을 사모해야 한다. …… 로맨스, 성관계, 웃음소리, 단순한 즐거움은 이러한 성화, 연단, 영화의 과정에서 나오는 부산물일 뿐이다.[1]

이유 5. 다른 관계들도 그러하듯 결혼은 지속적으로 분명하게 복음을 전한다

결혼에 관한 하나님의 조언은 십자가다. 가장 아름답고 강력하며 만족스러운 결혼으로 가는 길은 갈보리 언덕으로 가는 길이다. 결혼

---

[1] Timothy Keller, *The Meaning of Marriage: Facing the Complexities of Commitment with the Wisdom of God* (New York: Dutton, 2011), 109, 120-21, 123.

언약에 따르는 행동과 흐름은 죄인을 향한 그리스도의 용서와 희생, 구속적 사랑의 전광판이라고 성경은 분명히 말한다. 바울은 에베소서 5장에서 남편과 아내에게 이를 여러 가지로 반복해서 말했다.

"이는 남편이 아내의 머리 됨이 그리스도께서 교회의 머리 됨과 같음이니 그가 바로 몸의 구주시니라"(23절).

"남편들아 아내 사랑하기를 그리스도께서 교회를 사랑하시고 그 교회를 위하여 자신을 주심 같이 하라"(25절).

"그러므로 사람이 부모를 떠나 그의 아내와 합하여 그 둘이 한 육체가 될지니 이 비밀이 크도다 나는 그리스도와 교회에 대하여 말하노라"(31-32절).

이 정도로 그리스도를 닮은 사랑은 다른 관계에서는 보기 힘들다. 왜냐하면 무엇도 결혼만큼 위험이 크지 않기 때문이다. 남편과 아내는 서로를 죽을 때까지 사랑하기로 '하나님' 앞에서 약속했다. 빠져나갈 출구나 비상구는 없다. 무섭게 들릴지도 모르겠지만, 우리는 이처럼 언약적이고 끝까지 지속되며 아끼지 않고 약속을 따르는 사랑을 위해 창조되었다. 이것이 하나님이 우리를 사랑하시는 방식이다. 그리고 받기만을 원하는 세상 앞에서 은혜와 희망과 용서의 복음을 분명하게 꾸준히 보여 주는 사랑의 모습이다.

결혼으로의 부르심을 받았는가?

모두가 결혼하는 것은 아니다. 성경은 이 문제를 놀랍도록 분명하게 말한다(참조. 고전 7:8). 하나님은 결혼하지 않은 많은 남녀를 사랑으로 특별히 부르시고 구별하시고 채우시고 세상에 보내셔서 예수님 한 분만으로 충분히 만족할 수 있음을, 결혼이 행복의 필수 조건이 아님을 평생을 다해 증명하게 하셨다. 하지만 독신의 은사를 받은 사람도 크리스천의 결혼을 기뻐할 이유가 있다. 결혼은 교회를 향한 그리스도의 사랑을 형상화한 생생하고 살아있고 믿을 수 있는 이미지이기 때문이다.

자신이 결혼으로 부르심을 받았는지 어떻게 알 수 있을까? 글쎄, 자신이 결혼할 그때까지 알 수 없다(적어도 확실하지는 않다). 많은 사람이 자신이 의사나 음악가, 농구 선수로 부르심을 받았다고 느끼지만, 정말로 자격증을 따거나 무대에 오르거나 계약을 맺기까지는 현실이 되지 않는다.

다음 몇 장에서 더 살펴보겠지만, 결혼에 대한 부르심은 우리 생각보다 더 복잡할 수도 있다. 이는 단순히 어릴 때부터 결혼을 원했는지에 대한 문제가 아니다. 결혼에 대한 깊은 욕구와 확실한 부르심을 느낀다 해도, 그것은 단지 퍼즐의 한 조각일 뿐이다. 그 부르심은 우리를 사랑하고 또 예수님을 사랑하는 믿는 자들과의 공동체에서 확증되어야 한다. 또한 이 부르심은 하나님이 누군가와 연애할 기회를 주시는지, 서로 각자의 마음에서, 그리고 자신이 속한 공동체에서도 같은 부르심이 있는지를 통해 확인될 수 있다. 이 모든 조각이 합쳐지기까지 우리는 결혼하라는 부르심을 받았다거나 독신으로의 부르심이 '없을' 거라고 가정해서는 안 된다. 결국 결혼하기 전에는 결혼에 대한 부르심을 확신할 수 없다.

그렇다면 미혼은 어떠한가? 결혼하기 전까지(만일 결혼을 한다면) 우리는 미혼으로 부르심을 받았다. 미혼으로의 부르심은 결혼으로의 부르심만큼이나 현실적이고 중요하다. 그냥 저절로 미혼이 되는 것이 아니다. 하나님은 그런 식으로 우리를 부르지 않으신다. 수동적으로 휩쓸려서 되는 것은 부르심이 아니다. 하나님은 각 개인을 의도를 가지고 부르신다. 그러나 결혼에 대한 부르심과 달리, 미혼에 대한 부르심은 바뀔 수 있다. 일단 결혼을 한다면, 그 부르심은 죽음이 서로를 갈라놓을 때까지 유지된다. 되돌리는 것도 교환하는 것도 불가능하다. 하지만 미혼으로의 부르심은 우리가 결혼하기까지 한동안(5년, 10년 혹은 50년)일 수도 있고, 평생 유지될 수도 있다.

사랑은 찾는 것이 아닌 선언하는 것이다

만약 하나님이 우리를 결혼으로 부르신다면, 우리는 사랑하는 법을 다시 배워야 할 것이다. 크리스천의 결혼이 지니는 아름다움과 기쁨은 서로 잘 맞는 두 사람이 만나는 데 있지 않다. 우리는 연애를 통해 희귀한 보석을 찾듯 그 사람을 찾지만, 우리의 관계와 결혼은 두 사람이 잘 맞는다고 해서 더 특별해지거나 오래 지속되지도 않는다.

크리스천의 결혼이 지니는 아름다움과 기쁨은 그리스도께 있다. 우리가 서로의 사랑을 받을 만한 자격이 없고 서로 함께하기 어려운 사람일 때에도 서로를 향한 기쁨 넘치고 변함이 없는 언약 안에서 밝게 빛나는 그리스도께 말이다. 팀 켈러는 이렇게 말한다. "결혼 서약은 현재의 사랑에 대한 선언이 아니라 상호 구속력 있는 미래의 사랑에 대한 약속이다."[2]

결혼은 본질적으로 사랑의 선언이지 사랑의 발견이 아니다. 결혼식이 어떤 날인지 이런 식으로 생각한 적 있는가? 당신이 하나님과 가족과 친구들 앞에서 맺을 서약은 당신이 연애하는 동안 경험하고 즐거워했던 것들과 거의 아무런 관련이 없다. 그보다는 당신이 확신할 수 없고 통제할 수 없는 앞으로의 시간들에 관한 것이 전부이다. 두 사람은 "당신을 정말 사랑해!"라고 말하기 위해 거기 함께 서 있는 것이 아니다. "당신을 정말로 사랑할 거야!"라고 말하기 위해 거기 함께 서 있는 것이다. 어떤 대가를 지불하더라도, 아무리 힘들어도, 무슨 일이 일어나도, 아무리 떠나고 싶어져도 말이다. 이와 같은 사랑은 이 세상에서 단연 돋보일 것이다. 이 세상 많은 사람이 결혼을 포기하고 떠난 후에도 오래도록 지속될 것이다.

최고의 결혼을 설명하기란 정말 어렵다. 모두가 너무 달라서가 아니라 불편과 갈등, 그 많은 희생의 시간을 겪고도 여전히 서로를 참을성 있게 희생적으로 열정적으로 사랑하는 것이기 때문이다. 그런

---

[2] 앞의 책, 87.

데 어떻게 그렇게 사랑할 수 있을까? 우리가 먼저 하나님께 그런 사랑을, 아니 그보다 더한 사랑을 받았기 때문이다.

바울은 이렇게 말한다. **"우리가 아직 연약할 때에** 기약대로 그리스도께서 경건하지 않은 자를 위하여 죽으셨도다…… **우리가 아직 죄인 되었을 때에** 그리스도께서 우리를 위하여 죽으심으로 하나님께서 우리에 대한 자기의 사랑을 확증하셨느니라"(롬 5:6-8). 그리스도께서는 일생의 사랑을 드디어 발견했기 때문에 우리를 위해 죽으신 것이 아니다. 그분이 우리를 만나셨을 때 우리는 결혼할 만한 대상이 아니었다. 아니, 그분은 우리가 사랑 받을 자격이 없음에도 불구하고 우리를 그분의 사랑으로 삼고자 죽으셨다. 이와 같은 사랑 때문에 결혼은 추구하고 지킬 만한 가치가 있다. 사랑은 찾는 것이 아니다. 선언하는 것이다.

당신의 모든 연애가 마지막 연애가 될 수 있음을 염두에 두라. 그때 나는 몰랐다. 나는 맛집과 근사한 카페와 보드 게임만을 염두에 두었다. 아이스크림처럼 차갑던 그녀는 서서히 따뜻해졌다. 그리고 몇 달이 지나 내 여자친구가 되었고, 2년 후에 내 아내가 되었다. 그 2년간 우리는 크고 신성하며 놀라운 결혼이라는 대상을 앞에 두고 시간을 보냈다. 우리가 결혼하게 될지 전혀 알 수 없었고, 그렇게 되리라고 가정하지도 않았다. 사실 우리는 서로를 우상화하거나 너무 빨리 앞서 나갈까 봐 일부러 다른 사람과 결혼할 것처럼 연애를 했다. 그러나 연애의 유일한 가치는 예수님의 사랑처럼 평생토록 목숨을 다해 사랑하는 '결혼'에 있음을 알았다.

결혼만이 우리가 누군가와 마음을 나누는 위험을 감수할 만한 가치가 있다. 다른 무엇도 우리가 너무 빨리 뛰어들거나 악화되는 상황을 빠져나오는 것에서 우리를 보호할 수 없다. 결혼보다 더 우리를 세상에서 돋보이게 하고 예수님을 특별하게 전하도록 하는 것이 없다. 우리는 연애를 잘하려고 준비하기 전에 결혼을 연애의 가장 크고 아름다운 목표로 삼아야 한다.

―――――――――――――― Not Yet Married ――――――――――――――

당신이 결혼을 바라거나 바라지 않는 이유는 무엇인가요? 당신이 정말 바라는 것은 무엇인가요?

Chapter 12

정말 이 사람이 맞을까?

어떤 면에서 나는 12장을 쓰기 위해 2부를 썼다고 해도 과언이 아니니다. 이 장이 가장 중요한 장은 아니지만, 내가 가장 쓰고 싶었던 장이기는 하다. (당신을 위한 장일 수도 있다.)

나는 연애에서 실수가 많았다. 너무 어릴 때부터 연애를 했고, 헤어짐과 동시에 또 다른 연애를 시작했으며, 나 자신과 타인에게 정직하지 못했다. 경계선을 정하지도 못했고, 친구와 가족의 말을 듣지도 않았으며, 순결함을 귀하게 여기지도 추구하지도 않았다. 이런 나의 과거를 돌아볼 때 한 가지가 떠오르는데, 바로 나의 연애는 분명함보다 친밀감을 추구했다는 것이다. 연애를 가장 괜찮게 했을 때도 분명함을 추구하긴 했지만 친밀감을 '통해서'였고, 솔직히 대부분이 어떤 대가를 치르든 그저 친밀감만을 원했다. 그러다 친밀감이 너무 심각해지면 그때 '결혼을 추구'했는데, 정말 결혼을 원해서가 아니라 그런 내 모습을 정당화하기 위해서였다. 그러나 친밀감을 '통해' 분명함을 추구하면 관계에서 중요한 것을 놓치고 퇴보하기 쉽다. 나는 분명함을 추구한 '다음' 친밀감을 추구했어야 했다. 그랬다면 온갖 슬픔과 상처, 후회들로부터 나와 과거 여자친구들을 구해 주었을 것이다.

우리 대부분은 친밀감을 원하기 때문에 연애를 한다. 우리는 누군가와 가까워지기 원한다. 나를 온전히 보여 주고, 깊이 사랑받기를 원한다. 우리는 성관계를 원한다. 내가 하는 일이나 중요하게 여기는 일에 함께 몰입할 수 있는 누군가와 삶을 나누기를 원한다. 올바른 마음과 올바른 척도, 적절한 시기라면 모두 좋은 욕구이다. 하나님은 많은 사람이 이러한 것을 원하도록 만드셨다.

가장 최근에 연애한 사람과의 첫 키스를 생각해 보라(이미 누군가와 키스를 했다면). 왜 키스를 했는가? 이것은 누군가에게 당신을 내주기에 가장 안전한 방법이 아니며, 위험을 감수하는 일임을 알았을 것이다. 당신의 입술이 상대방의 입술에 닿기 전, 그 짧은 순간에 당신을 이끈 것은 무엇인가? (아내를 제외하고) 내가 한 모든 첫 키스들은 나를 향한 하나님의 바람보다 나 자신의 욕망에 더 많이 이끌렸다. (아내와는 청혼을 한 후 첫 키스를 했다.)

아내를 만나기 전 나는 하나님이 무엇을 원하시는지, 내가 만나는 상대에 대한 최선이 무엇인지 알기보다 내가 원하는 것을 우선순위에 두었다. 나는 친밀감을 갈망했고, 그것을 결혼에서 찾을 수 있으리라 생각했다. 그래서 내비게이션에서 '결혼'을 도착지로 찍고는 고속도로를 타고 제한속도 없이 달렸다. 나는 목적지에 도착해 정서적, 성적 친밀감을 누리기를 기다리는 대신 갓길에 차를 세우고는 보다 빠르고 값싸게 얻을 수 있는 것을 샀다.

친밀감은(로맨틱하든 그렇지 않든) 하나님이 그분의 자녀에게 주신 아름답고 소중한 선물이다. 그러나 하나님이 주신 다른 많은 좋은 선물처럼 친밀감도 우리 죄로 인해 매우 위험해질 수 있다. 인간의 마음은 친밀감을 원하게끔 되어 있는데, 동시에 친밀감을 잘못된 방식이나 잘못된 때에 요구하거나 혹은 친밀감에 잘못된 기대를 하게끔 되어 있다. 다시 말해 죄인들 사이의 친밀감은 위험하다는 뜻이다.

우리는 선천적으로 서로를 해치기 쉽다. 우리는 서로를 보살피는 대신 자기 기분에 좋은 대로 하기 쉽고, 인내하고 신중히 말하는 대신 너무 빨리 너무 많은 약속을 하기 쉬우며, 우리의 소망과 정체성과 가치를 하나님이 아닌 서로에게서 찾기 쉽다. 친밀감은 우리를 약하게 만들고, 죄는 우리를 위험에 빠뜨린다. 두 사람이 언약 없이 함께하는 것은 연애에 있어 재앙으로 향하는 공식과 같다.

결혼과 연애가 주는 다른 보상들

결혼은 상대방이나 사랑이나 성관계나 우정이 아닌 하나님 때문에 할 만한 가치가 있다. 나이와 삶의 단계와 결혼 여부와 상관없이 하나님은 모든 믿는 자에게 큰 유익이시다. 그런데 결혼한 두 사람에게 주어지는 특별한 상이 있다. 바로 예수님을 중심으로 다른 믿는 자와 함께 누리는 정서적, 성적 친밀감이다.

하나님 앞에서 그리고 결혼 언약 안에서 두 생명과 두 마음, 두 몸은 하나가 된다. 남편과 아내는 이제 인생의 모든 것을 새로운 '한' 사람으로서 경험한다. '연인'이라는 표현은 더 이상 그들을 충분히 표현할 수 없다. 그들은 여전히 그들 자신이지만, 이제는 아주 가까워졌기에 다시는 헤어지지 않을 것이다(막 10:9). 하나님이 그들을 하나로 만드셨다. 그들의 것은 각자의 것이 아니다. 그들의 시간도 각자의 시간이 아니다. 심지어 그들의 몸도 각자의 것이 아니다(고전 7:4). 그들은 이제 '함께' 모든 것을 공유하고 즐긴다. 성관계는 그들의 새로운 연합을 나타내는 강렬한 경험이지만, 그들이 함께 즐기는 모든 친밀감 가운데 작은 조각 하나에 불과하다.

이 같은 친밀감은 결혼 관계의 선물이지 연인 관계의 선물이 아니다. 이런 친밀감은 언약 밖에서는 결코 안전하지 않기 때문이다. 로맨틱한 친밀감이 결혼 밖에서도 안전하다고 '느낄 만한' 경우가 많지만, 절대 그렇지 않다. 우리의 마음은 너무 쉽게 흔들린다. 결혼반지가 없기에 따르는 위험들도 너무나 많다. 하나님 앞에서 한 결혼 서약 없이 상대방과의 친밀감에 더 깊이 들어가는 것은, 스스로를 버려지고 배신당할 가능성에 더욱 노출시키는 것이다.

예수님을 중심으로 한 결혼에서는 이와 같은 위험이 존재하지 않는다. 아프든지 건강하든지, 평화롭든지 갈등이 있든지, 실망과 비극과 심지어 실패 가운데서도 죽음이 갈라놓기 전까지 우리는 함께한다. 하나님이 우리를 하나로 묶으신 이상 우리를 갈라놓을 만큼 강한 것은 죽음 밖에 없다. 곧 친밀감은 '결혼 안에서' 안전하고 적절한 경험이라는 뜻이다. 물론 완전하게 안전하지는 않다. 결혼한 사람도 여전히 죄인이다. 그들도 서로에게 상처를 입힐 수 있고 심지어 학대나 이혼에 이를 수도 있다. 그러나 신실한 기혼자들은 상대를 학대하거나 떠나지 않는다. 하나님이 그러지 않으시듯 말이다.

우리가 이처럼 예수님을 중심에 둔 친밀감을 소유하고 즐기기 원한다면, 결혼을 해야 한다. 그리고 결혼하고 싶다면, 결혼할 상대를 분명히 할 필요가 있다. 우리는 깊어지는 친밀감을 통해 분명함을 확인하려 해서는 안 된다. 올바른 분명함이 올바른 친밀감으로 나아가는 수단이지 그 반대가 아니다. 신중함과 기도와 많은 고민을 통한 분명함은 건강하고 지속적이며 열정적인 친밀감을 가져올 것이다. 친밀감을 얻으려는 다른 모든 방법은 오히려 친밀감을 얄팍하고 연약하며 믿을 수 없게 만들고, 결국 파괴할 것이다.

자전거와 비행기

우리가 연애에서 많은 상처와 혼란을 느끼는 이유는 대부분이 연애를 결혼을 위한 연습(친밀감을 통한 분명함의 추구)이라 여기기 때문이다. 그러나 연애는 결혼을 위한 분별(분명함을 통한 친밀감의 추구)이다.

연애할 때 우리는 마치 부부와도 같은 친밀감을 경험하다가 그 후에 결혼을 한다. 우리가 얼마나 결혼을 (혹은 결혼에 뒤따르는 모든 것을) 원하는지 생각하면, 그런 위험을 감수할 가치가 (심지어 필요가) 있는 듯 보이지만 이 위험은 감수할 가치도 없고 분명 필요하지도 않다. 하나님은 우리가 그렇게 큰 위험을 감수하며 결혼을 추구하도록 만들지 않으셨다. 물론 누군가를 점점 더 알아가고 관계가 발전되면 항상 어느 정도는 취약해질 수밖에 없다. 하지만 하나님은 우리가 거의 모든 친밀감을 사랑의 실험실이 아닌 언약의 관계 안에서 즐기기를 원하신다. 크리스천의 연애는 몸에 맞는 옷을 찾듯 한번 만나보는 것이 아니라, 결혼할 사람을 찾으려는 노력이다.

우리는 결혼이 자전거를 타는 것과 같기를 바란다. 하지만 하나님은 결혼을 비행기를 조종하는 것처럼 만드셨다. 비행기 조종사 면허를 취득하려면 먼저 학교에서 공기역학, 무선 통신, 항공기 시스템, 항법, 날씨, 항공 규정, 비행 계획, 비상절차 및 시나리오 등을 배워야 한다. 그리고 교관의 감독하에 비행 전 점검, 지상 주행, 이륙 전 점검, 바람 패턴, 다른 접근 및 착륙 기법, 오작동과 비상사태에 대처하는 방법을 이수해야 한다. 당신이 이륙과 착륙을 일관되게 하고 비행 조종에 확실히 능숙해지고 좋은 판단력을 보여 준다면 교관은 단독 비행을 허락할 것이다. 그때에도 처음에는 이착륙만 허용될 것이다. 그러나 더 있으면 지정된 연습 구역에서 비행할 수 있는 허가가 떨어지고, 더 많은 경험을 한 후에 공항에서 공항까지 비행이 승인될 것이다. 그러면 시험을 치르고 '마침내' 면허증을 딸 것이다.

연애에서 친밀감을 실험하는 우리의 모습은 마치 자전거를 몰 듯 비행기를 조종하려는 것과 같다. 우리는 훈련과 실기, 시험을 건너뛰고 그냥 날려고 한다. 왜 그렇게 무모하게 행동하는가? 왜냐하면 우리는 종종 결혼보다도 친밀감을 더 갈망하기 때문이다.

우리는 결혼이 자전거를 타는 것과 같기를 원한다. 우리에게 조언해 줄 누군가가 있으면 좋겠지만, 만약 없어도 상관없다. 그저 괜찮게 탈 수 있을 때까지 계속 시도하면 된다. 긁힌 무릎이나 멍든 팔이 아프기는 하지만, 그건 우리가 배우기 위해 지불해야 할 값이다. 그렇지 않은가? 아니다. 멍이 들고 마음에 상처 입기를 감수하면서까지 연습해서는 안 된다.

우리는 적절한 훈련용 자전거를 타고 있을 때에도 자신을 친밀감에 내주거나 깊이 빠져들 위험이 높다. 연애는 결혼을 위한 연습 경기가 아니다. 우리는 결혼을 준비하며 많은 것을 배우지만, 연애를 다소 축소된, 혹은 실험적인 형태의 결혼으로 여겨서는 위험하다. 우리는 결혼을 위한 실험 대신 결혼에 대한 분명함을 추구해야 한다.

어떻게 알 수 있을까?

대부분 연애를 할 때 혼자 속으로만 분명함을 가늠한다. '**나는** 이 사람을 어떻게 생각하지? **나는** 현재 관계에서 더 나아갈 준비가 되었을까? **나는** 이 사람과 결혼하고 싶은 것일까?' 하지만 분명함을 건강하게 (보다 높고 넓고 깊게) 추구하는 두 가지 기준이 있다. 하나는 '공동체'로부터의 확인이고, 다른 하나는 연애나 결혼을 위해 주어지는 '기회'이다.

공동체의 역할은 15장에서 더 구체적으로 살펴볼 것이다. 기회의 측면은 이 장의 후반부에서 다룰 텐데, 이에 앞서 우리 마음속에 형성되는 분명함을 이야기하려 한다. 당신은 그 사람이 바로 그 사람인지 어떻게 아는가? 간단히 말해 우리는 결혼할 수 있는 사람을 찾고 있다. 이 대답에 감동받을 사람은 없겠지만, 이 단순함에 담긴 의미는 생각보다 훨씬 더 중요하다. 그것이 무엇인지 지금까지 이 책에서 보았기를 바란다.

결혼은 단순히 성관계, 인생의 반쪽, 자녀, 세제 혜택에 관한 것이 아니다. 우리는 결혼(그리고 우리의 모든 삶)을 통해 예수님이 우리의 주인이자 구원자, 보물이심을 드러내기를 원한다. 우리는 결혼을 통해 복음과 하나님의 오래 참으심, 희생, 죄인을 위한 신실한 사랑 이야기가 끊임없이 아름답게 전해지기를 원한다. 우리는 결혼이 우리를 예수님처럼 만들기를, 즉 느리지만 확실하게 우리를 새롭고 구별된 거룩한 존재로 빚어 가기를 원한다. 우리는 결혼할 사람을 찾을 때 육체적 또는 재정적인 면이나, 그 사람과 함께하는 게 편안할지 혹은 재미있을지를 먼저 고려하지 않는다. 우리는 서로에게서 그리고 함께할 미래에서 하나님을 구한다.

우리가 마음에서 분별해야 할 한 가지 분명함은, 결혼으로의 부르심에 대한 개인적이고 주관적인 감각에 있다. 그러니까 이 사람과 결혼하고픈 열망이 하나님께 아직 구속받지 못하고 다듬어지지 못한 악한 열망이 아니라, 하나님이 우리 안에서 일하신 결과로 얻은 '선한' 열망이어야 한다. 자신의 마음을 잘 살펴보라. 그 사람과 결혼을 원하는 이유가 하나님과 더 가까워지지 위함인가? 아니면 그 사람과의 관계에 있어 하나님이 멀리 떨어져 계시는가?

다윗은 이렇게 말한다. "또 **여호와를** 기뻐하라 그가 네 마음의 소원을 네게 이루어 주시리로다"(시 37:4). 하나님이 우리의 가장 큰 기쁨, 곧 우리의 가장 큰 바람과 최우선이 되실 때 우리는 우리 마음의 욕구를 신뢰할 수 있다. 만약 하나님이 우리 마음에서 늘 두 번째, 세 번째 혹은 그 아래에 계신다면 자신의 욕구를 믿어서는 안 된다. 연애하는 동안 우리는 이 관계가 하나님께로부터 왔으며 이 결혼이 하나님을 위한 것이라는 확신과 확고한 부르심을 찾아야 한다.

그렇다면 그 사람이 그 사람인지 어떻게 아는가? 무엇보다 서로에게 '하나님'이 첫 번째인지 물어야 한다. 두 사람은 서로보다 하나님을 더 사랑하는가? 당신의 육신은 상대방의 마음에서 가장 중요한 존재가 되기를 간절히 '바라겠지만', 당신에게 필요한 사람은 그 마음에서 가장 중요한 자리를 당신에게 허락하지 않는 사람이다. 당신에게는 결혼하고 50년이 지나서도, 무덤에 가기까지 여전히 당신보다 예수님을 더 사랑할 남편 혹은 아내가 필요하다. 그런 사람만이 연애에서든 결혼에서든 당신을 온전히 사랑할 시각을 가질 것이다.

당신의 연인은 당신이 기분 좋도록 모든 일을 할 수 있다. 듣기 좋은 말을 하고 당신이 원하는 모든 것을 사줄 수 있다. 하지만 그가 당신을 가장 사랑한다면, 그는 결코 당신을 온전히 사랑할 수 없다. 그러나 당신을 향한 그의 사랑이 하나님에 대한 사랑의 표현이라면, 그는 결혼 생활에 찾아오는 모든 필요와 상황에서 자신의 능력을 초월해 당신을 사랑하려고 할 것이다. 이런 사람이 당신을 온전히 사랑하기에 충분히 준비된 사람이다.

육체적인 매력

그 사람이 바로 그 사람이 되려면, 하나님이 가장 중요한 분이 되셔야 한다. 그렇다면 육체적 매력은 분명함을 추구하는 데 얼마나 중요할까? 크리스천의 연애에 있어 외적인 모습은 과연 어떤 역할을 할까? 지난 수년간 많은 남성들이 이를 물어 왔는데, 그들은 영적으로 성숙한 여성을 존경하거나 존중하지만, 그런 여성에게 육체적으로 끌리지는 않는다고 말한다. 그들은 그녀가 자신의 타입이 아닌데도 계속 만나야 하는지 묻는다. 나는 보통 '아니'라고 대답한다. 적어도 아직은 아니다.

오늘날 교회를 포함한 우리 사회의 일반적인 전제와 관행을 고려할 때 나는 남자(또는 여자)가 육체적으로 끌리지 않는 누군가와 연애를 시작해야 한다고 생각하지 않는다. 만약 상대방의 다른 부분들을 동경한다면, 그 사람을 '친구로 만나면서' 우유부단하거나 치근대지 않는 방식으로 (주로 공동체 내에서) 안전하게 서로 알아가는 것에 전적으로 찬성한다. 나는 많은 경우 육체적 매력이 누군가를 사귈지 혹은 결혼할지를 판단하는 중요한 요소 중 하나라고 믿는다.

반복하자면, 나는 육체적 매력이 우리 생각보다 훨씬 더 깊고 역동적이며 심지어 영적인 것이라고 믿는다. 하지만 이것은 고정적이지도 객관적이지도 않다. 진실하고 의미 있고 지속되는 매력들이 육체적인 매력보다 훨씬 더 많다.

예를 들어, 외모는 그 사람을 멋지고 매력적이게 만드는 한 가지 역할만 담당한다. 그러니까 외모의 역할은 당신이 그 사람을 처음 보는 순간, 외모가 그 사람에 대해 아는 전부일 때, 그 사람의 이름을 알거나 목소리를 듣기 전까지만이다. 외모의 역할은 당신이 그 사람에 대해 더 많이 알수록 자연히 변할 것이다. 그 사람이 사는 방식을 보고 그 사람의 친구들에게 들으면서 더 많이 알게 된 후에는 처음 만났을 때의 그 사람으로 보이지 않을 것이다.

좋든 나쁘든 더 많이 알수록 그 사람의 외모는 그의 성격, 신념, 유머 감각, 믿음이 주는 새롭고 더 깊은 의미로 대체된다. 한때 너무도 아름다웠던 사람은 자신의 매력을 대부분 잃을 수도 있고, 별 관심을 받지 못하던 사람은 부인할 수 없이 아름다워질 수도 있다. 모두 이전과 똑같은 모습이지만 더 이상 그렇지 않다. 이제는 그들의 외모조차도 다르게 보인다.

육체적인 매력은 분명히 존재하지만 변하기도 한다. 하나님은 우리가 그분의 형상을 따라 아름다움을 알아보도록, 즉 이성에게 육체적으로 끌리도록 지으셨다. 이것은 우리가 결혼을 추구하고 언약 안에서 번성하는 데 있어 실제적이고 중요한 요소이다. 하나님은 우리를 위해 육체적 감각과 욕구를 주셨다.

그러나 예수 그리스도 안에서 갖는 서로 간의 신뢰야말로 가장 아름답고 매력적인 요소이다. "고운 것도 거짓되고 아름다운 것도 헛되나 오직 여호와를 경외하는 여자는 칭찬을 받을 것이라"(잠 31:30). 왜 솔로몬은 굳이 이런 말을 했을까? 우리의 마음은 육체적인 아름다움과 매력에 자연스럽게 끌리기 때문이다. 하지만 믿음이 없이는 모두 시들해지기 마련이다. 그것도 아주 빠르게.

크리스천은 다른 무엇보다도 신앙과 성품에 마음이 끌려야 한다. 경건한 남자와 여자로서 우리는 '거룩함'에 가장 매력을 느껴야 한다. 우리가 속한 세상은 외적인 아름다움이 전부라고 가르친다. 하지만 우리는 이미 그보다 더 나은 것을 알고 더 나은 것을 원한다. 우리는 이 세상 그 누구보다 더 육체적인 외모와 성적 자극의 종노릇에서 자유로워야 한다. 우리는 그리스도의 눈과 마음으로 모든 일시적이고 사라지는 것들 안에서 진정한 아름다움을 점점 더 발견해야 한다. 천국을 소망하고 예수님을 닮아가는 서로 안에서 발견되는 참된 가치를 말이다.[1]

하나님이 분명히 하신다

우리의 마음, 심지어 공동체라도 충분한 확신을 주지는 못한다. 하나님은 세 가지 방법으로 알려 주시는데, 우리의 마음(부르심)과 우리의 친구(공동체)와 기회를 통해 말씀하신다. 그중 세 번째 방법이 가장 분명할 때가 있다. 하지만 우리는 멈춰서 듣지 않는다.

---

[1] 육체적인 매력의 역할을 더 알고 싶다면 나의 글 "Isn't She Beautiful?"을 보라. desiringGod 웹사이트 http://www.desiringgod.org/articles/isn-t-she-beautiful에서 볼 수 있다.

당신이 누군가를 좋아하고, 친구들과 가족도 그 사람을 좋게 생각하지만 여전히 아무 일도 일어나지 않을 수 있다. 어쩌면 그 사람은 당신의 마음을 받아 줄 생각이 없거나, 당신을 싫어할지 모른다. 그냥 친구로 지내고 싶어 할 수도 있다. 어쩌면 그 사람은 다른 사람과 연애하고 결혼할지도 모른다. 학교나 일 때문에 이사를 해서 너무 멀어질 수도 있다.

하나님은 우리 마음을 통해 그분의 뜻을 분명하게 하시지만, 다른 방법으로도 그분의 뜻을 분명히 하신다. 하나님은 기회를 만드시고, 기회를 가져가신다. 주님은 주시고, 주님은 거두신다(욥 1:21). 잔인하게 들리는가? 왜 하나님은 우리가 어떤 대상(또는 어떤 사람)을 열망하게 하시고 정작 그 대상을 주지 않으실까? 이 질문에 대한 대답은 천 가지나 된다. 그리고 이것이 우리가 예수님을 따르는 것이 무엇인지 배울 때 가장 중요한 한 가지다. 하나님이 우리에게 좋은 것을 주기 보류하시는 이유는, 우리에게 아픔을 주시기 위해서가 아니다(롬 8:28). 절대 아니다. 그 이유는 하나님이 우리에게 가장 좋은 것을 주기 원하시기 때문이다.

좋은 친구들이 인정한 좋은 욕구라 해서 당신에게 반드시 좋을 것이라 믿지 말라. 하나님을 온전히 믿으라. 하나님은 모든 것을 아시며 당신을 끝없이 사랑하신다. 당신의 모든 것을 아시고 당신을 변함없이 사랑하시는 하나님을 믿으라. 그리고 결혼으로 내달리기 전에 하나님이 당신을 향한 그분의 뜻을 분명히 깨닫게 하시도록 자신을 내드리라.

서로 확인해야 할 질문들

분명함을 추구하고 친밀감을 미루는 모습은 실제로 어떻게 나타날까? 당신이 무엇을 추구하는지 어떻게 알 수 있을까? 당신이 연애를 하며 무엇을 질문하는지 살펴보라. 친밀감보다 분명함을 더 추구할 때 우리는 다른 질문을 한다.

당신은 이렇게 질문하는가?

- 관계가 어디까지 갈 것인가?
- 얼마나 늦게까지 데이트를 할 것인가?
- 스킨십은 어느 정도까지 가능한가?
- 그 사람은 연애할 만큼 '충분히' 크리스천인가?

아니면, 이렇게 질문하는가?

- 그 사람은 나보다 예수님을 더 사랑하는가?
- 그 사람은 자기가 한 약속을 지키는가?
- 그 사람은 스스로 절제하는가, 아니면 적당히 타협하는가?
- 그 사람은 내가 틀렸을 때 기꺼이 사랑으로 알려 주는가?

건강한 관계에서도 앞에 있는 질문들을 할 필요가 있지만, 우선순위에서 한참 나중일 것이다. 분명함 없이 친밀감을 추구할 때 우리는 종종 앞에 있는 질문들을 묻고, 뒤에 있는 질문들은 무시하거나 축소한다. 하지만 분명함을 추구할 때 우리는 새로운 질문을 하게 될 것이다. 다음은 분명함을 추구하는 두 사람이 확인할 만한 질문들이다.

- 최근에 서로에 대해 더 알게 된 새로운 사실은 무엇이 있는가?
- 교제를 시작한 후 예수님과 함께하는 가운데 각자가 어떻게 성장했는가?
- 두 사람 모두 성적 음란함을 절제할 의향이 있는가?
- 다른 사람들은 둘의 관계에 어떤 조언을 하는가?
- 무엇이 두 사람의 결혼을 막는가?
- 두 사람은 각자 자신의 열망에 의해 이끌리는가, 아니면 두 사람을 향한 하나님의 열망에 의해 움직이는가?
- 둘의 관계는 다른 세상 사람들의 관계와 어떻게 다른가?

이런 질문들은 우리가 연애를 통해 진정 무엇을 원하는지, 혹은 예수님을 어디쯤 두고 있는지 드러낸다. 이 질문들은 우리가 잘못된 길에 빠지거나 조급해지지 않고 순결을 지키게 하는 범퍼이다. 그리고 동시에 진정한 사랑의 도구이다. 이 질문들은 우리가 모는 차가 결혼으로 향하는 길에서 잘 달리도록 도울 것이다. 우리가 어디로 향하는지, 무엇이 정말 중요한지 집중하게 할 것이다.

———————————— Not Yet Married ————————————

당신의 연애는 분명함과 친밀감 중 무엇이 더 우선인가요? 당신의 연애를 분명하게 하기 위해 무엇을 더 확인하면 좋을지 적어 보세요.

Chapter 13

성: 욕망이 아닌 이타심, 관대함, 인내

결혼하기 전에 나는 이미 성경험이 있었다. 주변 사람들은 내가 혼전 순결을 지켰을 거라 생각했고, 사실 그랬어야 했지만 나는 그러지 못했다.

나는 독실한, 성경 중심의 가정에서 태어나 부모님께 충분한 사랑과 지지를 받으며 자랐다. 부모님은 예수님을 믿고 따르는 것, 옳고 그름을 분별하는 것, 인내와 절제를 가르쳐 주셨다. 내 주변에는 예수님과 동행하며 서로를 격려하고 권면할 크리스천 친구들이 있었다. 나는 혼전 순결을 위한 서약도 했다. 그럼에도 나는 고등학교를 졸업하기 전에 성관계를 가졌다. 그 후 2년이 넘도록 이 사실에 대해 나와 그녀 그리고 하나님을 제외하고는 아무도 몰랐다.

나는 한 친구가 사랑으로 권면했던 날을, 나의 죄의 어두운 이기심을 드러내고 내가 용서와 자유의 길을 걷도록 도와준 그날을 아직도 기억한다. 그 후 몇 년간 순결을 위한 끝없는 싸움에서 나는 승리의 기쁨과 패배의 슬픔을 계속 번갈아 맛보았다. 어떤 날은 잘 싸우며 여자친구를 사랑했지만, 또 다른 날에는 예수님께 복종하지 못하고 그리스도 안에서 자매 된 그녀를 존중하지 못했다.

나는 결혼 전에 했던 성경험들을 싫어한다. 결혼 생활을 하면서도 항상 후회하고 있다. 아드레날린에 굴복해 허우적대며 사랑과 친밀감을 갈급해하던 그 순간들로 다시 돌아가 내가 안긴 모든 상처들을 지울 수만 있다면 얼마나 좋을까. 예수님이 살아계시고 신뢰할 만한 분이시고 우리를 만족케 하시는 분임을 드러내는 연애를 했다면 얼마나 좋을까. 지금 내 아내를 위해 과거로 돌아가 나 자신을 구할 수 있다면 좋겠다. 아내가 나에게 준 그 소중하고 고귀한 선물을 나도 아내에게 주고 싶다. 처음부터 다시 시작할 수 있으면 좋겠다.

하지만 이상하고 아름답게도 아내는 내 과거의 어떤 경험도 바꾸고 싶지 않다고 말한다. 이것은 어쩌면 아내가 경험한 그 어떤 상처보다 더 아내를 아프게 할지 모른다. 그러나 우리는 다른 어떤 길보다 '이 길'을 함께 걸으며 예수님을 더 많이 알고 경험했다고 믿는다. 복음은 이렇게 이상하고도 아름다우며 강력하다. 이 장은 성적인 이기심과 관대함, 인내심에 대한 강력한 외침이다. 성경험이 한 번도 없든지 아니면 셀 수 없이 많든지, 오늘 당신은 정말로 성적 순결함 가운데 하나님의 은혜를 누리고 미래의 배우자를 사랑할 수 있다.

이타적인 관대함

내가 가장 좋아하는 성에 관한 구절은 성에 관한 구절이 아니다. 바울의 말을 들어보자.

"그러므로 그리스도 안에 무슨 권면이나 사랑의 무슨 위로나 성령의 무슨 교제나 긍휼이나 자비가 있거든 마음을 같이하여 같은 사랑을 가지고 뜻을 합하며 한마음을 품어 아무 일에든지 다툼이나 허영으로 하지 말고 오직 겸손한 마음으로 각각 자기보다 남을 낫게 여기고 각각 자기 일을 돌볼뿐더러 또한 각각 다른 사람들의 일을 돌보아 나의 기쁨을 충만하게 하라"(빌 2:1-4).

하나님이 의도하신 성관계는 이타적이다. 오직 남편이나 아내에게만 줄 수 있는 선물이다. 바울은 "남편은 그 아내에 대한 의무를 다하고 아내도 그 남편에게 그렇게 할지라"(고전 7:3)고 말한다. 남편은 아내에게, 아내는 남편에게 자신을 **내준다**. 서로가 자신의 유익뿐 아니라 상대방의 유익에도 관심을 가진다. 둘 중 누구도 받으려 하지 않는다.

바울은 분명 그들의 권리를 언급하지만 무엇을 요구하라고 말하지는 않는다. 바울은 성관계에 있어서 이타적인, 성적인 관대함을 권장한다. 특별히 그리고 오직 남편과 아내에게만 주어지는 성관계는 자기 자신이 아닌 서로를 즐겁게 하기 위한 것이다.

성관계가 자기 만족이 아닌 이타적인 것일 때 우리는 지금 만나는 사람과 미래의 배우자를 위해 최선을 행할 수 있다. 그것은 남자친구나 여자친구의 성적 친밀감에 대한 조급한 욕구를 거부하는 것으로도 표현된다. 우리는 스스로를 '자기' 욕망의 노예로 내주는 것이 아니라, 사랑 안에서 서로를 섬기도록 자기 욕망으로부터 해방되어야 한다.

당신도 그렇게 생각하는가? 만약 당신이 대중매체와 상업 영화를 보며 자랐다면 아마 그렇지 않을 것이다. 성관계는 재미있고 가치도 '있지만', 이기적이고 즉흥적이라는 메시지가 우리가 이 세상에서 보고 듣는 가르침이다.

할리우드가 보여 주는 성적이고 애타는 '사랑'에는 유혹, 스캔들, 열망이 한데 섞여 있다. 그런 이미지는 우리에게 '최고의' 사랑은 금지된 사랑에서, 그리고 가능한 한 많은 연인과 함께할 때 가능하다고 말한다. "당신의 몫을 취해라. 당신은 그것이 필요하고 가질 자격이 있다. 하지만 아무도 믿지는 마라. 그리고 그가 원하는 것을 얻고 나서 당신을 떠나간다고 해도 놀라지 마라. 그저 아무렇지 않게 원래의 일상을 살라."

미디어는 남성에게는 어디서든 반드시 충족시켜야 하는, 스스로 통제할 수 없는 성적 욕망이 있다고 말한다. 여성은 그러한 욕망의 무력한 대상이 되기도 하고, 아니면 남성에게 자신의 힘과 영향력을 행사하는 도구로써 성을 이용하기도 한다. 우리가 세상에서 받는 일반적인 성교육은 성에 대해 타락하고 이기적인 개념을 갖게 한다. 그러한 잘못된 개념은 옳지 않은 결정을 하게 만들고, 옳지 않은 결정은 나쁜 습관을 낳고, 나쁜 습관은 수치심, 죄책감, 절망감을 가져온다. 성관계는 원래 그런 것들을 가져오는 것이 아니다. 사실 성관계는 하나님이 디자인하시고 결혼을 통해 즐기도록 우리에게 주신 선물로서 '생명'과 소망, 예수님에 대한 사랑을 가져온다. 참되지 않은 성관계, 즉 왜곡된 성관계, 허가받지 않은 성관계, 자기 만족을 위한 성관계는 원래 의도된 생명과 기쁨을 빼앗아간다.

바울이 빌립보서 2장에서 계속 말하듯이 복음은 우리의 삶, 심지어 우리의 성생활에도 또 다른 그림을 제시한다.

"너희 안에 이 마음을 품으라 곧 그리스도 예수의 마음이니 그는 근본 하나님의 본체시나 하나님과 동등됨을 취할 것으로 여기지 아니하시고 오히려 자기를 비워 종의 형체를 가지사 사람들과 같이 되셨고 사람의 모양으로 나타나사 자기를 낮추시고 죽기까지 복종하셨으니 곧 십자가에 죽으심이라"(5-8절).

만약 우리가 연인(그리고 미래의 배우자)을 이 같은 방식으로 사랑한다면 어떨까? 바울은 크리스천의 사랑을 묘사하면서 십자가를 이야기한다. 우리가 어떻게 연애해야 할지, 성적인 경계를 어떻게 정해야 할지 궁금하다면 십자가를 떠올리라. 십자가는 이 세상에 알려진 가장 고귀한 사랑의 행위이자 표현이며, 우리와 관계와 성적 순결을 위한 본이다.

혹시 서로를 향한 사랑이 이기적으로 느껴지는가? 그 사랑은 주기보다 받기를 원하는 사랑인가? 그렇다면 사랑이 아니다. 만약 우리가 예수님이 십자가를 통해 보여 주신 것과 같은 사랑을 추구한다면, 우리의 연애 가운데 너무도 흔해진 성적 음란과 혼란, 마음의 상처를 피하게 될 것이다. 우리는 거절하는 만큼 충분히 서로를 사랑하게 될 것이다.

만약 우리의 사랑이 정말 '강해져서' 당장 이기적으로 욕구를 충족시키는 것이나 너무 빨리 서로에게서 무언가를 취하는 것에서 우리를 자유롭게 한다면 어떨까? 가장 순수하고 충만하고 즐거운 사랑인 진정한 사랑은 하나님이 우리의 선을 위해 디자인하셨고 십자가에서 나타내셨다. 바로 결혼에서 우리에게 필요한 사랑(곧 성적인 이타심, 관대함, 인내심)이 이것이며, 이런 사랑이야말로 우리가 연애를 통해 찾고 기다려야 할 사랑이다.

성관계는 항상 전쟁이다

성관계는 창조적이며 관대하신 하나님이 우리에게 주신 소중한 선물이다. "그러므로 사람이 부모를 떠나 그의 아내와 합하여 그 둘이 한 육체가 될지니 이 비밀이 크도다 나는 그리스도와 교회에 대하여 말하노라"(엡 5:31-32). 결혼을 통해 두 사람이 하나가 되는 성관계는, 그리스도를 통해 경험하는 하나님의 사랑과 친밀감과 신뢰를 우리에게 알리고자 하나님이 주신 것이다.

하나님과 우리의 관계는 성적이지 않지만, 결혼 안에서의 성관계
(두 사람이 인생에서 함께 누릴 수 있는 가장 깊고, 경계가 없고, 가장 신성한 행위)는
우리를 향한 하나님의 높고 길고 넓고 깊은 사랑을 너무도 아름답게
보여 준다. 이것은 선물이다. 팀 켈러는 말한다. "기독교가 가르치는
성관계는 무엇보다도 하나님을 아는 한 방법이다. 우리가 개인의 만
족이 아닌 이를 위해 성관계를 사용한다면 우리의 상상보다 훨씬 '더'
큰 만족감을 얻을 것이다."[1]

하지만 성관계를 선물로만 생각한다면, 자칫 너무 당연하게 받아
들이거나 너무 조급하게 열 수 있다. 우리는 성관계가 전쟁이라는 사
실 또한 알아야 한다. 이것은 우리와 성관계의 전투가 아니라, 선과
악의 전쟁이다. 바울은 다음과 같이 쓴다.

"음행을 피하기 위하여 남자마다 자기 아내를 두고 여자마다 자기
남편을 두라 남편은 그 아내에 대한 의무를 다하고 아내도 그 남편
에게 그렇게 할지라 아내는 자기 몸을 주장하지 못하고 오직 그 남
편이 하며 남편도 그와 같이 자기 몸을 주장하지 못하고 오직 그 아
내가 하나니 서로 분방하지 말라 다만 기도할 틈을 얻기 위하여 합
의상 얼마 동안은 하되 다시 합하라 이는 너희가 절제 못함으로 말
미암아 사탄이 너희를 시험하지 못하게 하려 함이라"(고전 7:2-5).

1] Keller, *Meaning od Marriage*, 222.

결혼하면 좋은 이유 한 가지는, 성적 음란에 관한 사탄의 거짓말을 물리치고 성적 욕구와 친밀감에 대한 욕구를 그리스도를 기뻐하는 건강한 방식으로 만족시킨다는 것이다. 이것이 곧 결혼을 해야 하는 좋은 이유이며 동시에 결혼한 후에도 계속 성관계를 가질 좋은 이유이다.

결혼 안에서 이루어지는 성관계는 멋진 영적 전쟁이다. 그러나 결혼 밖에서 이루어지는 모든 성적 행위는 적군을 돕는 행위이다. 사탄은 성을 훔치고 왜곡시켜 흉측하고 위험한 것으로 만들었다. 사탄이 파는 성관계는 위조품이다. 진짜를 본떠 만들었지만 녹아 없어지는 밀랍 인형과 같다. 사탄은 성관계를 통해 하나님의 아름다움과 영광을 드러내는 대신, 하나님을 대적하는 위험과 그분의 좋은 은사를 부패시키는 위험을 드러낸다.

하나님을 거부하는 성관계는 '그 자체가 갖는' 선(善)을 거부하는 것이다. 이러한 성관계는 성관계의 진정한 의미와 기쁨을 완전히 놓치고 있다.

사탄은 성적인 죄를 재미있고 무해한 것으로 보이게 바꾸었다. 우리 사회는 악과 악한 행위를 대단치 않게 여기고 심지어 미화시키기에 우리는 규칙적으로 죄의 위험성을 상기해야 한다. 길에서 발견한 바늘을 장난감으로 생각하는 아이처럼, 우리는 성적 음란함의 심각성에 대해 위험할 정도로 순진하게 반응할 수 있다. 죄는 치명적인 중독을 일으키고 그 희생자를 죽음으로 이끈다. 그것은 사소해 보이지만 결코 그렇지 않다. 우리의 가장 취약하며 오래 지속되는 부분에

소리 없이 깊은 구멍을 낸다. 낭만, 유희, 문화, 무엇으로 포장되었든 결코 안전하지 않다.

죄는 즐거움을 약속하면서 우리 모르게 파괴적인 상처를 입힌다. "다른 신에게 예물을 드리는 자는 괴로움이 더할 것이라"(시 16:4). 당신이 솔직해진다면, 이 말을 이해하고 받아들이기가 어렵지 않을 것이다. 누구든지 한 번이라도 죄에 자신을 내준 적 있다면, 죄가 거짓되고 신뢰할 수 없는 주인임을 깨달았을 것이다.

죄는 종종 만족을 주고 신뢰할 만하고 오래 지속되는 것처럼 보인다. 하지만 죄는 우리 영혼의 갈망을 진정시키기는커녕 오히려 더욱 키운다. 죄는 행복을 약속하지만 사실은 고통, 슬픔, 후회, 수치심을 만들고 배가 되게 할 뿐이다. 죄는 즐거움을 주는 듯하지만 사실은 훨씬 더 강렬한 만족을 주는 무언가를 흉내 내는 보잘것없는 그림자에 불과하다. "내가 여호와를 항상 내 앞에 모심이여 그가 나의 오른쪽에 계시므로 내가 흔들리지 아니하리로다 이러므로 나의 마음이 기쁘고 나의 영도 즐거워하며…… 주의 앞에는 충만한 기쁨이 있고 주의 오른쪽에는 영원한 즐거움이 있나이다"(8-11절).

우리가 만약 성관계를 통해 육체의 욕망을 만족시키려 한다면 우리는 어떤 자극, 심지어는 즐거움까지도 느낄 것이다. 그러나 그렇게 하지 않는다면, 죄는 우리를 지배하지 못할 것이다. 죄가 주는 쾌락은 하나님 안에서 누릴 영원한 기쁨에 비하면 짧고 한심하다. 그런데 우리는 이 사실을 너무나 자주 잊거나 거부한다.

값비싼 은혜와 값싼 성관계

성적 이타심, 관대함, 인내는 예수님이 십자가에서 우리를 향해 보여 주신 사랑과 닮았다. 그리고 사랑과 희생을 통해 그 강력한 소망과 보상을 기대하게 한다. 바울은 말한다. "음행을 피하라…… 너희 몸은 너희가 하나님께로부터 받은 바 너희 가운데 계신 성령의 전인 줄을 알지 못하느냐 너희는 너희 자신의 것이 아니라 값으로 산 것이 되었으니 그런즉 너희 몸으로 하나님께 영광을 돌리라"(고전 6:18-20).

점점 유혹을 감당하기 어렵고 그 욕구들이 속에서 끓어오른다면, 당신은 예수님의 피를 대가로 지불하고 구원받은 자라는 사실을 기억하라. 안타깝게도 많은 사람이 무한한 대가를 지불해 얻은 은혜로 더 많은 죄를 정당화한다. 예수님이 또 용서하실 것이라 생각한다. 하지만 십자가는 정확히 그 반대로 하도록 우리를 부른다.

하나님은 우리 죄를 용서하기 위해서만이 아니라, 우리를 죄에서 벗어나게 하고자 죄가 없으신 하나뿐인 아들 예수님의 피를 흘리셨다. 하나님은 우리가 예수님이 쓰신 가시 면류관과 갈기갈기 찢긴 살점과 손목에 박힌 못을 보고 죄로부터 필사적으로 도망치기를 원하셨다. 예수님의 찢긴 상처, 예수님이 겪으신 극도의 고통, 예수님의 마지막 숨결에서 드러난 충만한 사랑을 우리는 결코 모두 이해할 수 없다. 이 사실을 깨닫는다면 그분이 치르신 대가를 값싸게 보이도록 만드는 그 어떤 행위도 하기가 두려울 것이다. 성적 음란은 십자가를 싸구려처럼 보이게 한다. 마치 구원을 떨이로 샀다는 듯 말이다.

우리가 순결을 추구하고 성관계를 미루기로 결심할 때 예수님의 희생은 값진 것, 우리의 가장 귀하고 소중한 보물로 보일 것이다. 우리가 선을 지킬 때 우리는 예수님이 받으신 그 모든 상처가 값을 매길 수 없이 소중하다고 선포하는 것이다. 우리가 옷을 벗지 않고, 손으로 아무데나 더듬지 않을 때 우리는 예수님이 등이 찢기기까지 채찍에 맞아 우리에게 주신 측량할 수 없는 자비를 기념하는 것이다. 우리가 연애하는 동안 인내한다면, 예수님이 정말로 죽은 자들 가운데서 살아나셔서 하늘에서 다스리고 계심을 다시 선언하는 것이다. 우리의 성적 순결은 십자가를 살아있고 가치 있는 것으로 드러낸다.

단번의 희생으로 우리의 죄를 모두 사하신 예수님께 우리의 눈을 기쁨으로 고정한다면, 미혼이든 기혼이든 우리의 육신을 통해 예수님이 점점 더 영광을 받으실 것이다. 예수님이 우리를 소유하고자 지불하신 모든 것을 볼 때 우리는 그 은혜로 인해 하나님을 신뢰할 수 있다. 그때 우리는 그분의 이름을 욕되게 하고 십자가를 가치 없게 만드는 모든 욕구에 저항할 용기를 얻는다.

그리고 그때, 하나님께 받은 은혜로 충만한 우리 몸을 사용해 그분을 높일 것이다. 그때 우리는 하나님께 영광 돌리며 다른 이들이 그분의 아름다운 능력과 지혜와 사랑과 충만함을 보도록 도울 것이다. 이기적인 성적 욕구를 부인하는 매 순간마다 우리는 자신보다 하나님을 더 신뢰한다고 말하는 것이며, 오로지 주님 한 분만으로 충분하다고 말하는 것이다.

당신이 하나님을 아는 대로 연애하라

간단히 말해, 우리는 하나님을 아는 사람처럼 연애해야 한다. 바울은 이렇게 말한다. "하나님의 뜻은 이것이니 너희의 거룩함이라 곧 음란을 버리고 각각 거룩함과 존귀함으로 자기의 아내 대할 줄을 알고 **하나님을 모르는** 이방인과 같이 색욕을 따르지 말고"(살전 4:3-5).

그리스도가 아닌 이 세상에 속한 사람들은 온갖 종류의 비상식적인 성적 문제에 빠져 있다. 그들은 하나님을 모르는 탓에 이 모두를 상식으로 여긴다. 그들은 클럽에서 처음 만난 사람을 유혹하거나, 한 달 동안 여러 사람과 잠자리를 갖거나, 연인과 동거하는 등 너무도 쉽고 빠르게 진도를 나간다. 하나님을 뺀다면, 성관계는 다른 많은 것처럼 우상이 되기 딱 좋다. 이 우상은 그들을 영원히 망하게 하겠지만, 그들은 예수님도 죄도 천국과 지옥도 믿지 않기 때문에 별로 문제라 여기지 않는다. 그들은 '지금'만을 믿는다. 그들은 이 땅에서 가능한 한 많이, 가능한 한 오래 살기 원한다.

하지만 우리는 잘 알고 있다. 죄와 사망과 지옥은 우리 머리 위에 있는 천장이나 지난달 휴대전화 요금만큼이나 실재한다. 철학 시간에 다루는 비현실적인 개념이 아니다. 우리 삶의 모든 장면에 반영되어 있는 실제이다. 그리고 우리의 성생활에도 반영되어 있다.

우리는 매 순간을, 우리의 모든 생각과 행동을 아시는 진정한 창조자이자 진정한 심판자이신 하나님의 그늘 아래서 살아간다. 우리는 우리 죄로 인해 무엇도 받을 자격이 없고, 우리의 의도적이고 지속적이고 피할 수 없는 죄로 인해 망할 수밖에 없음을 안다. "너희도 정녕 이것을 알거니와 음행하는 자나…… 다 그리스도와 하나님의 나라에서 기업을 얻지 못하리니"(엡 5:5). 그리고 우리는 예수님이 죽기 위해 오셨음을 안다. 가시로 만든 면류관, 뾰족한 돌 조각이 박힌 채찍, 손과 발에 박힌 못, 무서운 하나님의 진노! 그분은 '우리' 죄를 위하여, 우리를 죄에서 구원하고자 오셨다.

'하나님이' 우리 각각을 만드시고 성관계를 만드셨다. 그런데 우리는 왜 하나님보다 더 잘 아는 듯 행동할까? '하나님은' 성적 음란은 오직 고통과 수치와 얽매임, 그리고 궁극적으로 심판으로 이어지리라고 경고하신다. 그런데도 당장 약간의 쾌락을 위해 이 커다란 위험을 감수하겠는가? '하나님은' 우리의 죄 사함과 자유와 순결을 자기 아들의 피로 사셨다. 무한한 비용을 지불하신 것이다. 그런데 우리는 왜 예수님의 어깨에 더 많은 죄를 쌓는 것도 모자라 더 깊이 못을 박으려는 것일까? '하나님은' 우리가 영원한 평화와 행복의 여정으로 들어오기를 두 팔을 벌려 환영하며 기다리고 계신다. 그런데 우리는 왜 이것을 불과 순식간의 만족에 팔아버리려는 것일까? 슬프게도 우리 중 몇몇은 여전히 그러고 있다. 유혹은 우리가 취약해지는 순간에 우리를 삼킨다.

그런데 바울은 우리가 하나님에 관해 이미 알고 있는 사실만으로도 우리가 성적인 죄를 범하지 않기에 충분하다고 말한다. 그분의 주권적인 능력, 놀라운 자비, 희생적인 사랑, 충만한 우정 등 하나님을 아는 것이야말로 성적으로 문란한 사회에서 성적 순결함을 지키는 핵심이다. 우리가 눈과 마음을 하나님께 고정할 때 "그리스도의 사랑이 우리를 강권"(고후 5:14)하신다. 우리는 더욱 "각각 거룩함과 존귀함으로 자기의 아내 대할 줄을 알고 하나님을 모르는 이방인과 같이 색욕을 따르지 않고"(살전 4:4-5) 살아갈 것이다. 우리는 성적 이타심, 관대함, 인내로 옷 입고 있다.

성적으로 실패한 당신에게

어떤 사람은 이 장의 내용을 이미 추구하고 훈련하고 있을 것이다. 그러나 어떤 사람은 이미 범한 죄로 인해 이 장을 읽기가 괴로웠을 것이다. 그리고 이제, 그 어느 때보다도 더, 그것이 잘못된 행동이었음을 알게 되었다. 바로 나에게 해당되는 말이다. 나는 이 장을 쓰는 동안 너무도 고통스러웠다. 나는 아내에게 온전한 성적 인내와 순결을 선물할 수 없었다. 나는 아내와의 첫 번째 성관계를 기대하는 대신, 나는 이미 경험이 있다고 고백해야만 했다. 아내가 내게 처음이 아니라는 사실을 말해야 했다.

아내에게 나의 과거를 말했던 그날을 정확히 기억한다. 우리는 5월 1일에 연애를 시작했는데 거의 정확하게 1년 후인 이듬해 5월 2일, 우리는 그때까지 나눈 대화 중 가장 힘든 대화를 했다. 그때 나는 해변에서 엄청난 바람에 맞서 파라솔을 세우느라 30분 이상을 고군분투하다가 결국 바람에 항복하고 바닥에 뻗었다. 나는 그날 아내가 입은 옷도 기억이 난다. 아이언맨이 그려진 민소매 티셔츠였다.

내가 5월 2일을 기억하는 한 가지 이유는 내가 고백해야 했던 죄의 끔찍함 때문이다. 나는 그때까지 내가 지은 모든 죄가 그렇게 무거운 것인 줄 몰랐다. 나는 아내를 사랑했다. 아내가 나를 사랑하고 나와 결혼해 주기를 바랐다. 하지만 그때까지 아내는 나의 모든 모습을 보지 못했고, 나는 그녀가 이 모든 것에 어떻게 반응할지 몰랐다. 나는 아내가 미래의 남편을 위해 자신을 지켜왔다는 사실을 알았다. 나는 아내와 헤어지게 될지도 모른다는 각오를 하고 있었다.

그런데 내가 5월 2일을 잊지 못하는 가장 큰 이유는, 나의 과거에 대한 아내의 반응 때문이다. 내가 저지른 죄의 무게는 아내를 짓눌렀다. 아내는 슬퍼했고, 심지어 마음이 찢어질 듯 괴로워했다. 하지만 하나님이 거기 계셨다. 시간이 지나고 아내가 그때를 회상하며 말하기를, 이전까지 한 번도 경험하지 못한 은혜의 파도가 그 순간 자신을 덮쳤다고 했다. 아내는 예상하지 못한, 부인할 수 없는 하나님의 임재를 느꼈다.

아내는 나의 과거를 듣고 슬퍼했다. 그리고 나를 위해 '예수님에 대한' 흔들리지 않는 소망을 간결하고 따뜻하게 전했다. 복음은 오랫동안 나에게 현실이었지만, 이토록 엄청난 현실로 다가온 적은 없었다. 아내의 마음과 말은 내가 복음을 새롭게 느끼게 했다. 마치 평생 바다를 바라보기만 하며, 그 푸른 빛깔과 때때로 잔잔하고 거칠게 일렁이는 파도와 이따금 발견되는 돌고래와 범선을 즐거워하던 내가 갑자기 신선한 바다의 냄새를 '맡게' 되고 공기 중의 소금기를 '느끼게' 되고 파도가 부딪히는 소리를 '듣게' 된 것이다.

나는 이미 복음을 알았고 복음을 믿었으며 심지어 복음을 '사랑하고' 있었다. 하지만 이제 나는 복음에 깊이 잠겨 있다. 나의 가장 좋은 친구이자 미래의 신랑 되시는 그분께 더 깊이 빠져 가고 있다.

만일 당신이 성적으로 넘어졌다면(다른 죄의 경우에도), 남자친구나 여자친구가 어떻게 반응하든 상관없이 하나님은 여전히 당신을 은혜로 깨끗케 하실 수 있다. 은혜는 우리가 이미 지은 죄를 돌이키지 않는다. 은혜는 우리를 구원하고 우리의 선을 이룬다. 은혜는 결코 성적인 죄를 간과하거나 용납하지 않는다(롬 6:1-2). 그러나 은혜는 모든 용서받은 죄를 덮고, 그 죄를 바다 가장 깊은 곳에 던진다(미 7:19).

당신이 과거에 저지른 성적인 죄는 예수님이 십자가에서 당신을 위해 보여 주신 주권적인 사랑을 결코 이길 수 없다. 순수하고 흠잡을 데 없고 영원한 기쁨으로부터 당신을 떨어뜨릴 수 없다. 당신을 위해 당신의 죄를 대신 맡으신 분을 믿는가? 당신이 진정으로 회개하고 그분의 은혜와 능력을 의지해 그분의 순결함을 추구한다면, 성적인 죄에서 구원을 얻어 영원한 기쁨을 누릴 것이다.

• Not Yet Married •

당신은 성(性)을 어떻게 생각하나요? 하나님은 성을 어떻게 생각하시나요? 성에 있어 당신은 어떤 도움이 필요한가요? 어디에서 그 도움을 얻을 수 있을까요?

Chapter 14

안전한 연애를 위한 3가지 경계

아내와 나는 해변을 좋아한다. 눈 덮인 미네소타로 이사 오기 전까지 아내는 로스앤젤레스 외곽에 있는 아름다운 해변 가까이 살았다. 지금 사는 미니애폴리스에도 물이 있기는 하지만 1년 중 거의 절반이 꽁꽁 얼어 있다. 해변을 즐길 때 중요한 건 캘리포니아의 따뜻한 햇살이다. 물론 여기에도 파란 하늘, 뜨거운 햇살, 선선한 바람이 있지만 1년에 2~3주 정도만 그렇다.

해변을 제대로 즐기려면 해변이 큰 바다 가까이 있어야 한다. 파도에 발을 담그고 저 먼 곳에서부터 끊임없이 밀려오는 파도를 바라보고 있노라면, 내면 깊은 곳에서부터 무언가 뭉클한 느낌이 든다. 면적이 1억 6,524만 제곱킬로미터도 넘는 태평양은 깊이가 거의 11km

나 되는 곳도 있다. 그리고 여기 뉴포트 해변에서 우리는 그 무한한 힘과 신비 안에서 별다른 걱정 없이 헤엄치며 노는 것이다. 바다처럼 그렇게 거대한 존재가 어떻게 우리에게 안전할 수 있을까? 바로 하나님이 말씀으로 잠잠케 하셨기 때문이다.

"바다가 그 모태에서 터져 나올 때에 문으로 그것을 가둔 자가 누구냐 그 때에 내가 구름으로 그 옷을 만들고 흑암으로 그 강보를 만들고 한계를 정하여 문빗장을 지르고 이르기를 네가 여기까지 오고 더 넘어가지 못하리니 네 높은 파도가 여기서 그칠지니라 하였노라"(욥 38:8-11).

하나님은 그 능력의 작은 일부를 우리에게 보여 주시고자 바다처럼 크고 거대한 무언가를 창조하셨다. 하나님은 '자신의' 크고 위대하심을 우리가 알기 바라셨다. 하나님은 모래 위에 선을 긋고 파도가 그 선을 넘어오지 못하도록 명령하셨다. "그가 위로 구름 하늘을 견고하게 하시며 바다의 샘들을 힘 있게 하시며 바다의 한계를 정하여 물이 명령을 거스르지 못하게 하시며 또 땅의 기초를 정하실 때에"(잠 8:28-29). 하나님은 물의 경계를 정해 파도가 그분의 것이며 그분이 파도를 다스리시고 그분은 창조적이며 지혜롭고 신뢰할 만한 분임을 보여 주셨다.

하나님은 결혼과 연애에서도 이 같은 일을 하신다. 결혼에 다가갈수록 우리는 자신보다 훨씬 큰 무언가에 끌리는 듯한 느낌을 받는다.

그러한 사랑은 힘이 있고 신비롭다. 하나님이 자기 아들을 보내면서 우리에게 보여 주신, 태평양보다 더 넓고 깊고 강렬한 사랑의 한 모습이다. 하나님은 우리를 향한 '그분의' 사랑은 감히 헤아릴 수 없음을 알게 하시려고, 결혼 안에 태평양 같은 사랑을 설계하셨다. 우리는 결코 그 사랑의 크기와 깊이를 온전히 알 수 없다. 이 언약 안에서의 사랑은 너무나 크고 강렬하고 매혹적이어서 하나님은 경계를 정해 우리가 결혼 안에서 안전과 가장 큰 행복을 누리게 하셨다.

연애의 올바른 경계를 정하는 일은 하나님이 결혼에 두신 분명한 경계를 인정하고 감사하는 데서 시작한다. 당신의 아내가 아닌 여자는 당신의 아내가 아니다. 당신의 남편이 아닌 남자는 당신의 남편이 아니다. "음행을 피하기 위하여 남자마다 자기 아내를 두고 여자마다 자기 남편을 두라"(고전 7:2). 남편이나 마찬가지인 남자친구, 아내와 마찬가지인 여자친구는 없다. 하나님은 결혼 약속을 통해 '한' 남자가 '한' 여자와 하나가 되게 하셨다. 그리고 하나님은 부부간의 친밀감과 기쁨, 특히 성적인 친밀감과 기쁨을 오직 이 약속 안에서만 누리게 하셨다. 성관계는 결혼이라는 깊은 바다에서 누리도록 구별된 것이지, 결코 연애라는 얕은 물가에서 즐기도록 만들어진 것이 아니다.

그런데 사탄은 에덴동산에서 아담과 하와를 속일 때 했던 똑같은 거짓말을 지금도 하고 있다. 하나님은 아담에게 말씀하셨다. "동산 각종 나무의 열매는 네가 임의로 먹되 선악을 알게 하는 나무의 열매는 먹지 말라 네가 먹는 날에는 반드시 죽으리라"(창 2:16-17). 우리에게는 단 하나의 나무만 빼고 '모든' 나무의 열매를 먹을 자유가 있다.

하지만 사탄은 무한한 창조성과 너그러움을 지니신 하나님을 인색한 분처럼 보이게 했다. "뱀이 여자에게 물어 이르되 하나님이 참으로 너희에게 동산 모든 나무의 열매를 먹지 말라 하시더냐"(창 3:1).

자유를 마치 속박처럼 보이게 한 사탄의 간교와 속임수를 알겠는가? 왜 하나님은 그들에게 한 나무의 열매만은 먹지 말라고 하셨을까? "네가 먹는 날에는 반드시 **죽으리라** 하시니라"(창 2:17). 하나님은 그들에게서 빼앗으시려던 것이 아니다. 오히려 그들을 구하려고 하셨다. 사탄은 아버지의 무한한 지혜와 사랑을 가리고 그분을 과잉보호하는 분처럼 만들었다. "뱀이 여자에게 이르되 너희가 결코 죽지 아니하리라"(창 3:4). 뱀은 스스로를 죽이는 행위를 무해하게 보이도록 속였다. 그리고 그 뱀은 오늘날 연애에 관해서도 같은 거짓말을 한다. 올바른 경계 안에서 누리는 지혜와 사랑을 가리고 그것을 인색하고 과하며 심지어 불필요한 것처럼 보이게 한다.

경계선 다시 설정하기

연애에서 (혹은 평생) 우리는 정말로 무엇을 추구하는가? 우리는 이 관계에서 무엇을 얻고 누리기 원하는가? 그것이 애정과 친밀감이라면, 아무리 많은 경계선을 두더라도 우리를 완벽하게 지켜줄 수 없다. 울타리를 얼마든 세울 수는 있겠지만, 우리 안에 이미 숨어든 결핍은 우리를 공격하기 위해 우리가 가장 연약한 상태가 되기만을 호시탐탐 노릴 것이다.

연애와 결혼에 있어 예수님을 더욱 따르기 원하는가? 그렇다면 한때는 너무 낡고 지루하고 구식처럼 보였던 그 경계선이 이제는 당신과 함께 싸우는 가장 좋은 친구로 바뀔 것이다. 경계선은 예수님을 더욱 찾기 원하는 두 사람이 함께 내딛는 담대하고 믿음에 찬 발걸음이다. 사탄의 가장 심한 공격을 함께 맞서 싸워 이기는 전투이다.

우리는 연애에 대해 상당히 방어적인 태도를 취하게 된다. 늘 악에 '맞서' 경계하고 유혹에 '맞서' 싸워야 한다고 생각한다. 그런데 우리가 지키려는 경계선이 사실은 우리가 무언가를 '위해' 싸우도록 돕고 있는 것이라면? 울타리를 치는 것이 아니라 사실은 사랑의 전쟁을 치르는 행위라면?

경계선을 지키기란 결코 쉽지 않다. 사탄은 '크리스천다운 연애'를 하면 희생만 할 뿐 얻는 게 없다고, 거기에는 노예처럼 자유가 없다고 말한다. 그러나 예수님은 우리를 자유롭게 하려고 오셨다. "그리스도께서 우리를 자유롭게 하려고 자유를 주셨으니 그러므로 굳건하게 서서 다시는 종의 멍에를 메지 말라"(갈 5:1). 예수님 안에서의 삶은 자유의 삶이다. 이 관계에는 희생이 따르지만 우리가 받을 보상에 비하면 아무것도 아니다. 인내와 절제가 필요하지만 사랑을 식히지는 못한다. 희생과 인내와 절제는 오히려 우리가 진정으로 갈망하는 사랑에 양분을 주고 힘을 더한다.

경계선을 지키는 이 영적 전투는 우리에게서 아무것도 빼앗아 가지 않는다. 경계선은 마치 우리가 예수님과 함께 달리는 가장 빠르고 자유로운 고속도로와 같다. 삶과 연애에 있어 모든 순종의 행위는 사탄의 계략과 거짓말을 대적하는 자유로운 행위이다. 우리는 단지 사탄으로부터 자신을 '지키는' 것이 아니다. 그에게 빼앗긴 영역을 '되찾는' 것이다.

3가지 영적 전투

연애에 필요한 3가지 경계선, 즉 관계에서 치러야 할 3가지 영적 전투를 살펴보자. 이 3가지 경계선은 우리가 세상의 방식이 아닌 복음을 따라 연애하기 원한다면 꼭 지켜져야 하는 것들이다.

경계선 1. 상대에게 의존하지 않도록 서로 독립심을 기르라

우리는 대개 손을 잡는 것이나 포옹, 키스 등 신체 접촉에 관한 경계선을 정하는 데서 시작한다. 하지만 관계의 가장 큰 위험 요소는 이것이 아니다. 우리는 신체 접촉에 관한 경계를 무너뜨릴 때 쉽게 죄책감을 느끼지만, 사실 우리의 첫 번째 전쟁터는 바로 감정이다. 그것도 우리가 가장 쉽게 포기하는 전쟁터 가운데 하나다. 우리가 신체적으로 얼마나 떨어져야 충분한지에 집중하는 동안 우리의 마음은 가장 중요한 하나님과의 거리를 조금씩 벌린다.

관계에 대한 우리의 상상과 감정을 실제 관계보다 훨씬 더 앞서 나가게 할 것인가, 아니면 우리의 마음을 지킬 것인가? 우리는 오직 배우자에게만 허락되는 방식으로 자신을 다른 누군가에게 감정적 혹은 정신적으로 매이게 할 것인가? 그런데 마음이 그런 것도 잘못일까?

마음은 우리가 억지로 움직이는 게 아니라 자연스럽게 움직이는 것 아닌가? 무엇이 틀렸다는 것일까?

"만물보다 거짓되고 심히 부패한 것은 마음이라"(렘 17:9). 특히 사랑에 완전히 빠졌을 때 더욱 그렇다. 우리가 구원을 받았다고 해도 우리는 자신의 감정을 신뢰할 수 없다. 이것이 우리 마음의 어려운 현실이다. 감정적 경계선은 본질적으로 덜 객관적이다. 스스로 자기 마음에 긋는 선이기 때문이다. 당신의 감정과 정서는 실제 관계와 복음과 같이 가는가? 아니면 감정이 앞서 나가 모든 것을 지배하는가? 감정적, 정신적 경계선은 신체적 경계선만큼 구체적이지 않기 때문에 어떤 면에서 훨씬 더 많은 노력과 규제가 필요하다.

가장 가까운 친구들을 의지하고 가능한 한 정직하라. 당신의 마음이 어디에 있는지, 당신이 무엇을 가장 소중하게 생각하고, 당신이 연애 관계에서 무엇을 기대하고, 당신이 얼마나 기꺼이 타협할 것인지 등을 나누라. 좋은 친구들은 당신이 연애를 통해 예수님과 더 가까워졌는지 아니면 멀어졌는지 말해 줄 것이다. 그리고 당신이 건강하지 않은 방식으로 이성친구에게 의존하는지도 알려 줄 것이다.

결혼하기 전까지 우리는 연애 관계에서 건강한 독립심을 형성하고 유지해야 한다. 하나님의 계획이 우리의 계획과 다를 수 있음에 대비해야 한다. 결혼식장에 들어가기 전까지는 하나님이 지금의 관계를 어떻게 하실지 전혀 알 수 없다. "모든 지킬 만한 것 중에 더욱 네 마음을 지키라 생명의 근원이 이에서 남이니라"(잠 4:23). 당신의 몸 그리고 마음을 지키라.

경계선 2. 시간을 내서 대화에 관해 대화하라

우리 대부분은 대화에도 경계선이 필요하다는 사실을 생각해 본 적 없을 것이다.

여자친구와 교제한 지 두어 달 지났을 무렵, 여자친구의 아버지가 물었다. "결혼에 대해 둘이 이야기한 적 있는가?"

그때 나는 준비되어 있지 않았고 한동안 어색한 정적이 흘렀다.

"음, 네…… 한 번쯤 이야기한 것 같습니다."

"자네가 결혼 이야기를 꺼낸 것은 적절치 않았다고 보네. 나는 자네가 지금은 내 딸을 더 잘 보살펴 주기를 바라네."

완전히 허를 찔렸다. 나는 어떤 주제는 대화하기에 부적절하거나 위험하다고 생각조차 한 적이 없었다. 연애의 목적이 궁극적으로 결혼을 추구하는 것이라면 결혼에 관한 이야기를 마다할 이유가 무엇이겠는가?

그렇다. 우리는 결혼에 관해 이야기해야 한다. 하지만 조심스럽게, 그리고 적절한 시기에 해야 한다. 어떤 사람에게는 결혼에 관한 이야기가 키스만큼이나 은밀하게 느껴질 수 있고, 그 이상일 수도 있다. 결혼에 있어 신뢰는 다만 침실에 대한 것이 아니다. 평생에 대한 것이다.

우리는 '거의 배우자나 마찬가지'인 연인들 서너 명과 반복적으로 미래의 삶에 관한 구체적인 그림을 그리도록 창조되지 않았다. 우리가 어떤 계절에 결혼할지, 자녀는 몇 명을 낳을지, 어디에서 휴가를 보낼지, 어떤 종류의 사역을 함께 감당할지 이야기하는 것은 분명 신나고 흥분되는 일지만, 이것은 성적 음란함만큼이나 영적으로 위험할 수 있다. 언젠가는 이런 대화를 해야 할 시점이 오겠지만 너무 성급하게 시작하지는 말라. 그런 대화를 하게 될 때가 온다면 조심하고 자제하도록 하라. 결혼한 후에는 둘이서 함께 미래를 그리는 즐거움을 두고두고 누릴 것이다. 아무런 죄책감이나 위험에 대한 걱정 없이 안전하게 말이다.

이성친구와 대화할 때 고려해야 할 두 가지가 있다.

첫째, 당신이 연인과 얼마나 많은 이야기를 하고 얼마나 많은 시간을 함께 보내는지 점검하라. 우리가 마음과 생각을 지키고, 건강한 독립심을 발전시키고, 서로가 아닌 예수님께 소망과 기쁨을 두기 원한다면, 우리는 상대방에게 집중하는 시간의 양이 적절한지 더 신경 써야 한다.

연인과 하루 종일 대화하고 싶은 마음에 저항해야 한다니 우스꽝스럽고 불필요한 이야기로 들릴지 모르겠다. 우리는 서로가 너무 궁금하고, 대화하는 게 너무 재미있고, 함께 시간을 보낼 준비도 되어 있다. 하지만 이를 통제하는 것이 그 사람과 결혼을 하든 안 하든 상관없이 앞으로 커다란 도움이 될 것이다.

아내와 나는 장거리 연애를 했는데 처음에는 일주일에 한 번, 얼마 후부터는 일주일에 두어 번 이야기를 나누었다. 6개월 정도 지나서는 거의 매일 대화했다. 하지만 밤마다 몇 시간씩 이야기하는 습관을 들이지는 않았다. 그렇게 하지 않은 것을 우리는 지금도 후회하지 않는다. 결혼하고 나서 우리는 놓친 시간을 만회할 충분한 기회를 얻었다. 나는 당신을 통제하려는 것이 아니다. 스스로 의식을 갖고 절제하고 인내하기를 권하는 것이다. 어느 정도가 당신에게 건강하고 적절할지 이야기하고 친구들과 가족도 그렇게 생각하는지 물어보라. 이런 일은 저절로 일어나지 않으니, 당신의 대화에 관해 이야기하기를 두려워하지 말고 시작하라.

둘째, 대화할 때 당신이 '무슨' 말을 하는지 점검하라. 대화 시간을 제한한다면 대화에 더욱 집중하게 될 것이다. 적어도 우리는 그랬다. 3~4시간을 40분과 바꾼다는 것은 대화의 내용을 더욱 신중하게 결정해야 했다는 뜻이다. 만난 지 3번 만에 앞으로 함께 할 미래에 대해 모든 것을 알아낼 필요는 없다. 대화할 때마다 당신의 관계에 관해 말할 필요도 없다. 왜 서로를 좋아하는지 15분마다 상기시킬 필요도 없다. 결혼이 당신에게 실제로 합리적인 생각이 되기까지 굳이 결혼에 관해 많은 이야기를 할 필요가 없다. 당신이 타협하고 있다고 느끼지 않더라도, 대화는 타협의 장이 될 수 있다. 스킨십 없이 친밀감에 대한 욕망을 채울 수 있다.

서로에게 얼마나 자주 연락할지 대화를 나누라. 언제 결혼에 관해 이야기하는 게 좋을지 미리 이야기하라. 둘의 관계에 대해 지속적으로 판단하고 그에 대한 당신의 감정과 의도를 분명하게 전달하라. 그러나 하나님이 각자에게 무엇을 가르쳐 주시는지, 당신이 신앙 안에서 어떻게 성장하고 있는지, 당신의 에너지와 은사를 다른 사람들을 위해 어떻게 쓰고 있는지에 관해서는 훨씬 더 많은 시간을 들여 이야기하라.

경계선 3. 스킨십보다 신뢰에 더 가치를 두라

몇 년 전, 알고 지내는 목사님께 연애 중 스킨십에 대한 경계선을 정하는 문제를 물었다. 그 목사님은 이렇게 말씀하셨다. "지난 25년간 100번이 넘는 결혼식 주례를 했고, 그 부부들 대부분과 결혼 전 상담을 가졌습니다. 그들 중 누구도 사귀는 동안 경계선을 정하고 지킨 것을 후회하지 않았지요. 오히려 거의 대부분이 경계선을 더 많이 정했어야 했다고 후회했습니다."

그 목사님은 경계선을 구체적으로 알려 주지 않으셨고, 그럴 필요도 없었다. 대신 그분은 확신에 찬 목소리로 연애하며 선을 지킨 것을 절대 후회하지 않을 거라고, 선을 지키지 못한다면 '결국' 서로와 결혼한다 해도 후회할 거라고 말씀하셨다. 그분은 상담한 모든 예비부부에게 이미 '서로와' 육체적 접촉을 많이 하지 않았기를, 결혼 후 모든 것을 처음으로 함께 즐길 수 있기를 바란다고 조언했다.

왜 그래야 할까? 하나님은 우리가 분명함을 가진 '다음' 친밀감을 누리기를 원하시기 때문이다. 결혼을 '한 후'에 성적인 관계를 갖는 것이다. 이는 우리가 '스킨십'보다 '신뢰'를 더 가치 있게 여겨야 한다는 뜻이다. 단순히 성적 음란만을 '피하면' 되는 것이 아니다. 인내와 절제, 신뢰를 '추구해야' 한다. 지금 당신이 연인과 경계선을 정하고 지키는 모든 시간에 대해 결혼 후 그 안에서 누릴 행복과 자유를 극대화하는 중이라고 생각하라.

스킨십은 하면 할수록 더 많이 원하게 된다. 그러다 태평양의 강력한 물살처럼 관계를 위험에 빠뜨리기도 한다. 만일 해변으로부터 저

만치 쓸려나간 적 있다면 파도가 집어 삼킨다는 것이 무엇인지 알 것이다. 처음 손을 잡거나 포옹한 후부터 당신은 더 자주, 더 친밀하게 스킨십을 하고픈 충동을 느낄 것이다. 당신은 그것을 통제할 수 있다고, 언제든지 침착하게 물살을 가르며 해변으로 돌아올 수 있다고 생각하며 조금씩 더 멀리 헤엄쳐 나간다. 그러다 갑자기 파도에 휩쓸리고, 당신은 빠져나오려고 숨을 헐떡이며 필사적으로 허우적댈 것이다. 처음부터 경계선을 넘으려 했던 것은 아닌데 어느 순간 이미 넘고 있고, 어떻게 멈추는지 모르겠다. 그러므로 우리는 자신을 내주고 휩쓸리는 대신 싸우고 기다려야 한다.

나는 아내와 사귄 지 4개월이 지난 후 손을 잡아도 되냐고 물어보았다. 15개월 후에는 뉴포트 해변의 부둣가에서 아내에게 청혼했고, 아내가 결혼을 승낙한 다음 첫 키스를 했다. 우리는 키스하지 않고 19개월 동안 매우 행복하게 연애를 했다. 나의 경험을 어떤 표준으로 제시하려는 것은 아니지만, 우리는 연애하며 스킨십하지 않은 것을 후회하지 않는다. 실제로 하나님은 우리의 인내와 절제를 결혼 안에서 서로에 대한 더 깊은 기쁨으로 보상해 주셨다.

아내와 연애할 때 누군가 나에게 스킨십의 경계에 관해 가장 정곡을 찌르면서 도움이 되는 질문을 했다. "당신은 여자친구가 앞으로 결혼할 사람에게 미안해하기를 원합니까?" 만약 당신이 지금 만나는 그 사람과 결혼하지 않는다면(그럴 가능성은 충분하다), 그리고 언젠가 그 사람이 미래의 배우자와 함께 있는 모습을 본다면, 당신은 지금 그 사람을 대하는 방식들(말이나 스킨십 같은)에 당당할 수 있는가? 아니면 부끄럽거나 죄책감을 느낄 것 같은가? 솔직히 대답해 보라. 그 대답은 연애에 관한 당신의 많은 잘못된 생각과 욕구와 행동들을 드러낼 것이다. 연애를 하되, 연애의 모든 영역에서 당신이 훗날 어떠한 후회나 수치심 없이 자유롭고 기쁘게 하나님 앞에 설 수 있는 그런 연애를 하라.

분명히 말하고 솔선수범하라

남편들은 자기 아내를 이끌고 섬기도록 부르심을 받았다(엡 5:23). 연애 안의 관계도 어떤 면에서는 비슷하다. 남자들은 자기 여자친구를 이타적으로 이끌고 보호하도록 부르심을 받았다. 남자친구는 남편이 아니기에 남편처럼 행동하지 않아야 하지만, 남자답게 행동해야 한다. 이 세상 남성들은 대개 경계를 깨뜨리자고 보채는 존재로 알려져 있다. 만약 교회 안의 남성들이 경계를 지키기 위해 싸우는 존재로 알려진다면 어떨까? 죄의 위험성을 분명히 선포하고, 유혹을 느끼기 시작하면 즉시 멈추고, 온전한 순결함 안에서 여성과 함께하는 모습, 한마디로 예수님이 우리를 대하시듯 여성을 대한다면 말이다(엡 5:25-27).

그런 이타적인 리더십은 연애에서 어떤 모습으로 나타날까? 바로 소통에서부터 시작된다. 소통은 대부분 남성들의 주요 약점 중 하나로 알려져 있다. 우리는 의도를 분명히 밝히고, 서두르지 말고, 진행되는 상황에 대해 대화를 나누어야 한다. 경계와 순결에 관한 어려운 대화들을 먼저 시도할 수 있어야 한다. 당장은 그런 대화를 하는 것이 편하거나 낭만적이지 않겠지만, 훗날(바라기는 지금도) 여자친구는 그로 인해 당신을 더욱 사랑할 것이다. 만날 때마다 기자회견을 하듯 둘의 관계에 관해 이야기할 필요는 없다(그렇게 하고픈 유혹이 들 수도 있겠지만). 하지만 현재 관계가 어디를 향하고 있는지, 당신은 어떻게 생각하는지 이야기를 나누라. 당신이 모든 사람과 의미 없는 말을 하는 사람이라 해도, 적어도 당신의 여자친구는 현재의 관계에 대해 당신이 무슨 생각을 하고 무엇을 원하고 느끼는지 알아야 한다. 모호함은 연애에서 사용되는 아주 교묘한 무기지만, 결혼을 향해 나아가는 방법은 아니다.

혹시 상대방이 경계선을 넘도록 밀어붙이지는 않는가? 유혹을 느낄 때 다시 경계선을 세울 만큼 용감해야 한다. 여자친구가 거절하기를 기다리지 말라. 여자친구가 선을 그어야 할 상황을 만들지 말라. 그럴 일이 없을 만큼 그녀를 사랑하라.

그렇다고 여성에게는 경계를 지킬 책임이 없다는 말이 아니다. 당신의 남자친구는 '분명' 책임을 지고 당신을 보호해야 한다. 그가 그렇게 하지 않는다면, 당신은 그가 결혼을 추구하고 당신을 아내로 사랑할 준비가 되었는지 물어야 한다. 그는 재미있고 멋지고 매력적이다. 그런데 정말 당신을 위해 자신의 이익과 욕구를 내려놓을 수 있을까? 만약 그가 당신이 정한 경계선을 지킬 마음이 없거나 지킬 수 없다고 한다면, 당신이 지켜야 한다. 당신이 예수님 안에서 발견한 기쁨과 소망은 신속하고 단호하게 거절할 자유를 줄 것이다. 만일 불편한 것이 있다면 즉시 그에게 말하라. 경계선이나 그의 행동, 당신과의 관계에 관해 의문이 든다면 그에게 물어보라.

선을 긋거나 그와 맞서거나 '불편한' 질문을 하면 그를 잃을까 두려운 마음이 들 수 있다. 그러나 그가 당신에게 정직할 준비 그리고 적극적으로 순결을 추구할 준비가 되지 않았다면, 오히려 당신은 그와 헤어지지 못할까 두려워해야 한다. 당신에게는 그와 이 연애 관계가 필요하지 않다. 경계선을 넘어서 얻을 수치나 후회는 더더군다나 필요하지 않다. 그에게 싫다고 말하라. 거절한다면 그와 헤어지라.

사탄은 생명과 기쁨을 얻으려면 경계선을 넘어야 한다고 우리를 속인다. 사탄은 우리가 욕구로 넘실대는 바다에 들어가 조금씩 더 멀리 나가기 위해 모든 위험을 무릅쓰는 모습을 보기 원한다. 그러나 진정한 생명과 기쁨을 맛본 사람은 하나님이 우리를 위해 정하신 해안선 안에서 기다리는 안전과 기쁨을 분명히 알고 있다.

── Not Yet Married ──

3가지 경계선 중 어떤 경계선이 가장 지켜지지 않나요? 왜 그럴까요? 당신의 마음이 흔들릴 때 당신의 마음을 붙잡아 줄 말씀과 친구들을 찾아보세요.

Chapter 15

당신을 아끼는 이들에게 들으라

우리 모두가 아는 한 가지는, 우리는 인생에 관해 충분히 모른다는 사실이다. 우리는 살아가려면 다른 사람들의 지식과 경험이 필요하다. 당신은 아닌가? 그렇다면 당신의 인터넷 검색 목록을 보라. 우리는 지금까지 존재한 그 누구보다도 자신이 얼마나 모르는지 잘 알고 있다. 다행히도 우리는 모든 것을 알 필요가 없다. 우리는 말 그대로 답을 기다릴 필요가 없는 시대를 산다. 답이 있다면 우리는 단 몇 초 만에 알아낼 수 있다. 24시간 언제든 구글이 대기 중이다. 두 번 물을 필요도 없다.

실제로 우리는 주변 사람에게 묻기보다 온라인에 도움을 청할 확률이 훨씬 더 높다. 왜 그럴까? 아무래도 구글이 그 누구보다도 훨씬 더 많이 알기 때문이다. 하지만 우리가 곧바로 구글을 찾는 중요한 이유는, 구글은 필요할 때마다 언제든 이용할 수 있고 우리에게 아무 것도 요구하지 않는 저렴한 무선 상담가이자 친구이기 때문이다. 우리의 손끝에서 조작되는 이 빨강, 노랑, 초록, 파랑의 신(구글 심볼을 구성하는 4가지 색깔-역주)은 우리 눈에 보이고, 우리가 제어할 수 있고, 즉각적으로 반응하고, 다 아는 것 같다. 적어도 우리에게는 충분할 만큼 전지하다. 구글은 끝없는 의견과 조언이 늘어선 뷔페처럼 모든 것에 관해 무언가를 말하는 동시에 우리가 원하는 대답을 선택하게 한다. 특히 연애에 대해서도 그렇다.

- 결혼 전에 스킨십 진도를 어디까지 나가면 될까?
- 헤어지고 나서 얼마 후에 새로운 사람을 만나야 할까?
- 결혼 전에 남자는 어떤 조건을 갖춰야 할까?
- 여자는 어떤 남자를 좋아할까?
- 결혼 전에 동거해도 좋을까?

관계에 대한 어떤 질문이든 쉽게 답을 찾을 수 있다. 그러나 무서운 사실은 그것이 옳든 그르든, 안전하든 위험하든, 현명하든 어리석든 우리는 원하는 답을 정당화하기 위해 온라인에서 답을 검색한다는 것이다. 우리가 고른 답은 학술 논문에 나온 것일 수 있고, 중학생이 블로그나 인스타그램에서 찾은 것일 수 있다. 우리가 생각하고 원했던 답이라면 누가 그 답을 썼는지는 전혀 중요하지 않다.

우리는 인터넷에서 정보를 들여다보며 다른 사람을 의지한다고 생각하기 쉽다. 하지만 사실 우리는 자신의 갈망과 무지를 따르기로 선택한다. 우리는 병원의 안전함을 떠나 편의점의 자유로움과 편리함을 선택한다. 우리는 주변 사람들을 만나 우리에게 절실히 필요한 올바른 관점과 방향을 얻기보다 가장 좋아하는 초콜릿 과자와 탄산음료로 저녁을 때우며 그들을 떠난다.

책임감 있는 진정한 친구는 늘 충분한 정보나 조언을 주지 못할 수 있고 당신이 듣기 싫은 말을 할 수도 있다. 하지만 아주 새롭고 중요한 관점에서 당신의 연애를 볼 수 있는데, 바로 당신을 안다는 것이다. 구글은 당신에 관해 많은 정보를 가졌을 수 있지만 전혀 당신을 모르고 결코 그 정보를 당신을 사랑하는 방식으로 쓸 수 없다. 구글은 당신을 더 나은 사람이 되게 하거나 연애에서 더 나은 결정을 하도록 돕는 데 관심이 없다. 구글은 우리가 성장하기를 원하는 것이 아니라 클릭하기를 원한다. 구글은 우리에게 필요한 것이 아니라 우리가 원하는 것을 준다. 그러나 우리는 연애에서든 삶에서든 우리를 정말 잘 알고, 우리를 사랑하고, 우리가 잘되기를 바라는 사람들이 필요하다. 비록 우리가 원하지 않더라도 말이다.

홀로 지는 짐

내가 가장 첫 번째로 외운 성경 구절은 갈라디아서 6장 2절 말씀, "너희가 짐을 서로 지라 그리하여 그리스도의 법을 성취하라"이다.

고등학교 1학년 때 다른 남학생들과 이 구절을 외웠다. 당시 리더가 예수님을 따르려면 서로가 필요하다는 사실을 가르쳐 주려고 이 구절을 외우게 했는데, 덕분에 우리는 믿음도 각자이고 예수님과의 관계도 각자이지만 결코 혼자 걸어가지 않음을 알게 되었다. 우리는 다른 사람의 짐을 지는 법을 배워야 했고, (어쩌면 더 어려운 일이었지만) 다른 사람이 기꺼이 우리의 짐을 지도록 허락해야 했다.

그럼에도 나는 여전히 여기 나오는 '짐'을 어쩌다 한 번씩 특별히 심각한 도움이 필요한 경우를 말하는 거라고 생각하고 싶다. "혹시 도움이 필요해지면 내가 여기 있다는 것을 잊지 마." 이런 말은 가족이 사망했거나 갑자기 큰돈이 필요하거나 큰 병에 걸렸거나 실직했을 때와 같은 갑작스럽고 압도적인 위기 상황을 위한 안전장치다. 그러나 우리는 정말로 서로가 필요하게 되기를 기대하지 않는다. 아니, 적어도 자주 필요하지는 않을 거라고 생각한다. 이와 같은 개인주의와 독립심은 기독교적이라기보다 서구 문화의 특징이다.

서로 짐을 지라는 바울의 말은 사실 우리 마음의 일을, 그러니까 우리 외부가 아닌 '내부에서' 일어나는 일을 가리킨 것이다. 그리고 바울이 의미한 짐은 비범하기보다 평범한 짐이다. 극단적으로 힘든 시련 가운데 서로의 평안과 온전한 마음을 지키기 위해서라기보다는 일상적인 좌절과 유혹 가운데 예수님께 신실하도록 서로를 도우라고 우리를 하나로 묶으신 것이다.

내 말을 못 믿겠는가? 갈라디아서 6장 2절 바로 앞 구절들을 보라. 우리가 대개 '짐'이라고 생각하는 질병이나 가난, 심지어 박해에 관한 내용이 아니다. 바울은 성령님을 따르는 것을 이야기한다. 편함과 쾌락을 추구하는 세상의 길 대신 생명의 길을 선택하라는 내용이다. "내가 이르노니 너희는 성령을 따라 행하라 그리하면 육체의 욕심을 이루지 아니하리라"(갈 5:16). 바울은 우리를 불만이나 불편이 아닌 죄로부터, 즉 "음행과 더러운 것과 호색과 우상숭배와 주술과 원수 맺는 것과 분쟁과 시기와 분냄과 당 짓는 것과 분열함과 이단과 투기와 술 취함과 방탕함과 또 그와 같은 것들"(19-21절)로부터 구하기 원한다. '육체적' 필요가 아닌 우리의 영적인 필요, 즉 "사랑과 희락과 화평과 오래 참음과 자비와 양선과 충성과 온유와 절제"(22-23절)를 채우는 일을 말하고 있다.

바울은 5장을 마무리하며 "만일 우리가 성령으로 살면 또한 성령으로 행할지니"(25절)라고 말한다. 그리고 6장을 시작하며 서로 짐을 지라고, 예수님을 위해 한 걸음 한 걸음 열정적이고 신실하게 사는 삶이 짐을 지라고 말한다.

진실로 알려지고 깊이 사랑받는

이 장에서는 '책임 의식'(accountability)이 있는 연애, 즉 결혼을 추구하는 가운데 서로의 짐을 지는 것을 말하려 한다. 어쩌면 당신에게 '책임 의식'이라는 개념은 구시대적 유물처럼 느껴질지 모른다.

책임 의식이 있다는 것은, 죄와 실수로부터 당신을 지켜줄 만큼 충분히 당신을 마음 쓰는 누군가에게 진실하게 깊게 지속적으로 당신을 알리는 것이다. 성경은 우리의 모든 열망과 필요와 결정을 우리가 예수님을 따르도록 돕고 우리를 사랑하는 가족과 함께하라고 경고한다. 하나님은 당신이 믿음과 은사와 경험으로 다른 믿는 자들에게 유익을 끼치고 격려하도록(살전 5:14), 그들을 도전하고 가르치도록(골 3:16) 그리고 그들을 세우도록(살전 5:11) 당신을 그들의 삶에 보내셨다. 때로는 불편하고 불필요하고 도움이 안 되고 심지어 불쾌하기도 하겠지만, 하나님은 또한 '당신의' 유익을 위해 재능 있고 경험 많고 그리스도를 사랑하는 형제자매를 당신의 삶에 보내셨다. 이들을 우리 삶에 보내신 하나님은 우리에게 무엇이 필요한지 우리보다 훨씬 더 잘 아시는 분이다.

 내가 연애하는 동안 나의 가장 친한 친구들이 책임 의식을 갖고 나를 잡아 주었다. 이들은 기꺼이 내 삶에 간섭하고 불편한 질문을 던지고 원치 않는 조언을 하는 내가 가장 존경하고 존중하는 이들이다. 이들은 내가 여자친구와 너무 많은 시간을 보내거나 삶의 다른 중요한 부분들을 소홀히 여길 때 나를 그냥 두지 않았다. 나의 관계가 건강해 보이지 않으면 바로 경고를 했다. 내가 전에 어디서 성적 순결에 실패했는지 알기에 나를 보호하고자 주저 없이 그 문제를 물었다. 그들은 내가 지속적으로 예수님을 바라보도록 돕고, 관계에 소망을 두어서는 안 된다고 인내와 순결을 추구하고 대화를 잘 이끌어야 한다고 상기시켰다. 물론 이 친구들이 나를 실수나 실패로부터 완벽하게 보호하지는 못했지만 내가 남자로서 또 남편으로서 성장하는 데 큰 도움을 주었다.

위험하고 음침한 연애의 물가를 걸을 때 우리 모두에게는 담대하고 끈질기며 소망이 넘치는 친구들과 조언자가 필요하다.

4가지 눈과 마음

우리 삶에는 우리의 연애에 대해 각각 특별한 역할을 하는 다양한 관계들이 있다. 바로 교회 가족, 부모님, 친구들 그리고 예수님이시다. 이 4가지 관계들은 4가지 차원에서 책임을 지고 있다.

관계 1. 교회 가족: 연애 때문에 교회 공동체를 떠나지 말라

우리는 보통 교회 가족을 우리가 추구하는 결혼의 일부로 생각하지 않는다. 아마도 많은 이들이 교회 가족이 관여하는 것 자체를 싫어할 것이다. 누군가와 진지한 만남을 시작할 때 우리는 그 사람에게 모든 시간과 에너지를 집중하면서 다른 이들과 거리를 두려는 경향이 있다. 그러나 하나님은 우리가 지역 교회를 가장 우선적으로 그리고 마지막까지 책임을 지게 하셨다(마 18:15-17).

하나님은 교회가 럼블 스트립(졸음운전 등을 예방하기 위해 도로 표면을 거칠게 만들어 놓은 장치-편집자주)이 되어 우리가 인생이라는 고속도로를 달리고 연애를 할 때 깨어 있도록 경고하게 하셨다. 만약 우리가 교회 가족을 우리의 일상과 인간관계 안에 들이지 않는다면 쉽게 도랑에 빠질 것이다. 우리는 럼블 스트립이 필요해지기 전에는 달리기를 멈추거나 하나님께 감사하지 않지만, 운전대 앞에서 졸음이 쏟아지면 곧 감사하게 된다. 교회는 이와 같은 체계와 방향과 안전을 우리에게 준다.

교회는 다른 연령, 다른 직업, 다른 취미와 생활 방식, 다른 인종, 다른 삶의 단계 등 다양한 사람들로 이루어진다. 그리고 우리는 자신과 혹은 친구들과는 전혀 다른 사람들과 교제하며 최고의 책임 의식을 배울 것이다. 우리는 자주 생각과 삶과 심지어는 외모가 어울리는 사람들과 함께하고 싶은 유혹을 느낀다. 우리는 자연스럽게 비슷한 배경(대학, 미혼, 직장, 결혼, 자녀)을 가진 사람에게 끌린다. 그런데 교회는 우리가 전혀 다른 사람들과 가족이 되도록 함께 둔다. 이러한 다양성은 우리가 매주 겪어야 할 고통이 아니라 놀라운 선물과 특권이다. 물론 광고 시간에 일어나 모든 교인에게 당신의 연애에 관해 알릴 필요는 없다. 다만 당신보다 나이가 많고 보다 성숙한 몇 사람을 찾아 그들에게 의지하라. 당신이 주말에 같이 놀지 않을 것 같은 사람들에게 당신의 연애에 관한 조언을 구하라.

혹시 지역 교회에 등록하지 않았는가? 여러 이유가 있겠지만, 당신은 아예 교회에 다닐 생각이 없거나 아니면 결혼하고 가정을 꾸릴 때까지 등록을 미루는 것일 수 있다. 문제는, 당신은 지금 당장 교회가 필요하고 교회도 당신이 필요하다는 사실이다. 바울은 "너희는 그리스도의 몸이요 지체의 각 부분이라"(고전 12:27)고 말하고 "이제 하나님이 그 원하시는 대로 지체를 각각 몸에 두셨으니"(18절)라고 말한다. 정말 예수님을 믿는다면 우리는 그분의 몸의 일부이다. 손과 발과 귀, 신장처럼 말이다. 여기서 또 다른 문제는 건강한 구성원이 될 것인가 아니면 절름발이, 문제아, 쓸모없는 구성원이 될 것인가이다. 바울은 또 말한다. "오직 하나님이 몸을 고르게 하여 부족한 지체에게 귀중함을 더하사 몸 가운데서 분쟁이 없고 오직 여러 지체가 서로 같이 돌보게 하셨느니라 만일 한 지체가 고통을 받으면 모든 지체가 함께 고통을 받고 한 지체가 영광을 얻으면 모든 지체가 함께 즐거워 하느니라"(24-26절).

교회를 떠난 사람은 이 같은 보살핌과 기쁨의 경험을 몸 된 교회로부터 빼앗는 것이다. 물론 그 자신 또한 이런 경험을 할 기회를 잃게 된다. 지역 교회에 책임 의식을 가지라. 그곳에 몸을 담고 구성원들에게 당신을 드러내며 당신과 다른 사람들을 찾고 그들을 당신의 연애 생활에 끌어들이라.

관계 2. 부모: 당신을 낳고 기른 그 사랑에 귀를 기울이라

"네 아버지와 어머니를 공경하라"(엡 6:2; 출 20:12). 매우 간단하면서도 어려운 말씀이다. 심지어 오늘날에는 고리타분한 소리 같기도 하고 그리 적절해 보이지도 않는다. 우리가 일단 연애를 하기로 결정했다면, 부모님은 그저 형식적인 존재로 남을 뿐이다. 물론 우리가 세상과 구별되는 방식으로 연애를 하고, 예수님을 세상에 알리는 방식으로 결혼을 추구하지 않을 때 말이다.

연애 과정에서 부모님의 존재를 인정하고 존중하기란 별로 인기 있는 생각도 아니고 또 쉬운 일도 아니다. 일단 부모님의 의견이 당신과 다를 수 있다. 혹은 당신의 부모님은 크리스천이 아닐 수 있다.

아니면 부모님이 이혼했을 수 있고, 그래서 당신이 무엇을 해야 하는지 서로 다른 의견을 낼 수 있다. 부모님 중 한 분, 혹은 두 분 다 당신의 연애에 관심이 없을지도 모른다.

부모님이 우리에게 마음을 쓰거나 서로 마음을 맞추도록 강요할 수는 없다. 그러나 우리는 여전히 부모님을 존중할 수 있고, 우리의 관계에 참여하기를 권하고 부모님의 의견과 충고를 구하는 창조적인 방법을 생각할 수 있다. 비록 부모님의 입장에 동의하지 않더라도 귀담아 들으라. 만약 부모님이 걱정하거나 크게 실망한다면, 왜 그런지 이해하기 위해 최선을 다하라. 부모님이 완전히 틀렸을 수도 있지만 대개 의도적으로 우리에게 해를 끼치거나 행복을 막으려는 부모님은 없다. 빨리 포기하고 떠나버리기는 쉽다. 하지만 우리는 부모님의 생각에 동의하지 않을 때에도 더욱 의지와 기쁨, 사랑으로 부모님을 대하여 다른 사람들을 놀라게 할 수 있다.

여자친구의 아버지는 어떻게 대해야 할까? 아버지가 딸의 연애에 관여하는 일이 점점 줄어들고 있다. 하지만 현명한 남자친구는 여자친구의 아버지를 적극적으로 만날 것이다. 가장 큰 책임 의식을 가지고 그녀를 돌보았던 그에게 여자친구에 관해 가능한 한 많이 배우려 할 것이다. 우리는 자주 여자친구의 아버지를 결혼하기 전에 만나는 사람으로 여긴다. 하지만 하나님은 아버지들이 지혜와 울타리를 제공하는 존재로서 자녀에게 적극적인 역할을 하기를 기대하신다. 물론 아버지들이 경찰처럼 굴어야 한다는 말은 아니다. 어리석은 아버지들은 무장한 터프가이 역할을 즐긴다. 반면 현명한 아버지들은 자기 딸을 평생 돌볼지도 모를 남자와 진실하고 세련되면서도 절제된 관계를 발전시키기를 즐거워할 것이다. 만약 아버지들이 딸의 남자친구를 '심사하는 것'에서 그치지 않고, 그를 위해 더 '수고하고' 그가 딸과 연애하는 동안 예수님을 더욱 찾게 하는 일에 책임 의식을 갖는다면 어떨까? 남자친구들이 그녀의 아버지와 함께 예수님의 제자 되는 관계를 추구하며 시도할 만큼 용감하다면?[1]

이 이야기에 매우 낙심했을지도 모르겠다. 이 세상에는 아버지가 없거나, 아버지가 이런 역할을 할 수 없는 자녀들이 많다. 어렸을 때 아버지가 돌아가셨을 수도 있고 혹은 질병이나 사고나 중독, 폭력 등 아버지로 인해 어려움을 겪었을 수 있다. 그래서 당신은 여전히 아프고 괴롭다. 그러나 우리 하나님은 아버지가 있는 사람만을 위한 하나님이 아니시다. 그분은 세상 누구보다 고아를 사랑하신다. 부모에게서 실제로 버려진 사람뿐 아니라 영적으로 홀로 남겨진 사람도 말이다. 그리고 하나님은 육신의 아버지가 역할을 할 수 없거나 하지 않을 때, 그 역할을 대신 할 다른 사람들을 보내 주신다. 일반적으로 교회들, 즉 성경을 사랑하는 복음주의 교회에는 당신이 관계 문제를 잘 헤쳐 나가도록 도울 수 있는, 예수님을 따르는 신실한 남자 성도들이 있다. 그들은 당신과 당신이 만나는 사람을 사랑으로 대하며 두 사람의 관계가 안전한 방향으로 나아가도록 이끌어 줄 것이다.

---

[1] 아버지의 역할에 대해 더 알고 싶다면 나의 글, "Dads, Date Your Daughter's Boyfriend"를 보라. desiringGod 웹사이트 http://www.desiringgod.org/articles/dads-date-your-daughter-s-boyfriend에서 볼 수 있다.

관계 3. 친구: 당신의 관계를 진정한 친구들과 나누라

연애의 다음 방어선은 당신을 알고, 당신이 만나는 사람을 알고, 당신의 연애를 가장 잘 알고, 당신이 책임 의식을 갖게 할 만큼 당신을 사랑하고 예수님을 사랑하는 친구들이다. 그저 가벼운 친구들이 아니다. 모든 사람에게 친구가 있지만, 우리에게는 우리를 충분히 잘 알고 우리와 지속적으로 적극적으로 관계를 맺는 '진짜' 친구가 필요하다.

우리 스스로는 연애를 통해 예수님께 영광을 돌리는 데 필요한 관점과 지혜를 가질 수 없다. 자신이 모든 것을 알고 통제한다고 생각할지 모르지만, 성경은 우리가 결코 그렇게 살아서는(연애해서는) 안 된다고 분명하게 말한다. 잠언은 "의논이 없으면 경영이 무너지고 지략이 많으면 경영이 성립하느니라"(잠 15,22)고 말하고, 히브리서는 "형제들아 너희는 삼가 혹 너희 중에 누가 믿지 아니하는 악한 마음을 품고 살아 계신 하나님에게서 떨어질까 조심할 것이요 오직 오늘이라 일컫는 동안에 매일 피차 권면하여 너희 중에 누구든지 죄의 유혹으로 완고하게 되지 않도록 하라"(히 3:12-13)고 말한다.

매일, 인생의 모든 계절 그리고 모든 관계 가운데 우리는 언제나 죄성으로 가득한 자신의 본성을 의심하며 다른 사람의 의견에 귀를 기울여야 한다. 하나님이 우리를 죄에서 구하시고, 구덩이에서 건지시고, 그분의 영을 우리 안에 두신 후에도 우리는 여전히 마음속에 남은 죄와 싸우고 여전히 스스로 죄를 이길 수 없다. 우리에게는 우리의 잘못되고 연약한 부분을 찾는 싸움을 함께할 친구가 필요하다.

당신이 어떻게 지내는지 친구가 묻기를 기다리지 말라. 소수정예의 친구를 찾아가 허물없이 나누라. 친구들이 그저 편안한 안부만을 묻도록 만들지 말라. 당신의 불안과 부족함을 인정하고 실패를 고백할 준비를 하라. 고백은 은혜의 통로이지 판단의 통로가 아니다. 야고보는 "그러므로 너희 죄를 서로 고백하며 **병이 낫기를 위하여** 서로 기도하라"(약 5:16)고 말했다.

만약 당신이 친구의 연애에 관해 무엇을 물어야 할지 모르겠거나 친구들이 당신에게 물었으면 하는 질문을 찾는다면, 여기 중요한 질문 몇 가지가 있다.

- 둘이서 무엇에 관해 이야기를 하니? 주로 어떤 대화를 나눠?
- 스킨십은 어디까지 나갔어? 언제 가장 큰 유혹을 느껴?
- 둘이 경계선을 정했어? 지킬 수 있을 것 같아?
- 상대방에 관해 무엇을 더 알게 되었어? 그 사람이 결혼 상대로 확신이 드니?
- 연애하면서 예수님과의 관계는 어때? 기도 생활, 성경 읽기, 지역 교회 활동, 봉사 활동 등에 영향을 받니?

관계 4. 예수님: 그분 앞에서 당신 자신을 살피라

만일 우리가 하나님에 대한 우리의 책임(responsibility)에 진지하지 않다면, 우리는 다른 사람들에 대한 우리의 책임 의식(accountability)에도 결코 진지하지 않을 것이다.

이 땅에 사는 동안 우리에게 가장 필요한 친구는, 하나님은 '정말로' 살아계시며 우리의 모든 것을 절대적으로 아신다는 확신을 공유하는 사람들이다. 우리가 믿지 않고 회개하지 않는다면, 죄는 우리를 '정말로' 지옥에 보낼 것이다. 예수님은 '정말로' 우리를 구하기 위해 십자가에서 피 흘리며 돌아가셨다. 우리는 우리 안에 여전히 남은 죄를 스스로는 '결코' 볼 수 없다. 이 같은 확신이 없다면 우리는 그저 교회 놀이를 하고 있을 뿐이다. 안전하고 의미 있고 기독교적인 대화를 하는 듯 보이지만, 우리가 가야 할 그곳에 갈 수 있을 만큼 정말로 예수님을, 그리고 서로를 신뢰하는 것은 아니다.

우리가 다른 사람에게 가져야 할 책임 의식은 언제나 우리 자신과 '하나님을 향한' 우리의 책임 의식을 감지하는 데서 시작한다. "너희는 믿음 안에 있는가 너희 자신을 시험하고 너희 자신을 확증하라 예수 그리스도께서 너희 안에 계신 줄을 너희가 스스로 알지 못하느냐 그렇지 않으면 너희는 버림 받은 자니라"(고후 13:5). 이 세상에는 당신보다 당신을 더 아는 사람도 없고 당신만큼 당신의 삶과 미래를 책임질 사람도 없다. 다시 말해, 우리는 다른 누구보다도 자신의 신앙과 신실함을 신경 써야 한다. 자신이 그리스도와 그분의 은혜로 인해 열매를 맺는 진실한 신자인지 스스로에게 증명해야 한다.

바울은 우리에게 '서로' 짐을 지라고 말한 후 이렇게 말한다. "**각각 자기의 일을 살피라** 그리하면 자랑할 것이 자기에게는 있어도 남에게는 있지 아니하리니 각각 자기의 짐을 질 것이라"(갈 6:4-5). 무슨 뜻인가? 서로를 책임지는 것은 중요하지만("서로 짐을 지라"), 심판대에는 각자 설 것이다. 우리에 대한 다른 누군가의 믿음이나 사랑, 구원에 관한 염려는 아무 효력이 없을 것이다. 오직 자신의 믿음과 자신의 삶에 나타난 은혜의 증거만이 반영될 것이다. 그러므로 우리는 다른 사람만이 아니라 각자 자신의 일, 곧 자신의 태도와 결정과 행동을 점검해야 한다.

당신은 "그리스도의 복음에 합당하게"(빌 1:27) 연애하고 있는가, 아니면 세상과 전혀 다를 바 없는 저렴한 '기독교적' 연애에 만족하는가? 친구든 부모님이든 혹은 목사님이든, 이 질문에 대한 그 누구의 답보다 자기 자신의 대답에 훨씬 더 신경 써야 한다.

은혜 안에서 쉬고 믿음으로 싸우라

연애를 포함해 우리가 책임 의식을 지닌 모든 관계에는 두 가지 약속이 있다.

첫째, "그리스도 예수 안에 있는 자에게는 결코 정죄함이 없나니"(롬 8:1). 복음에 근거한 합당한 책임 의식은 비판이 아니라 담대함을 낳는다. 이것은 우리가 그리스도 안에서 믿음으로 말미암아 오직 은혜로 구원받았음을 상기시킨다. 우리의 무엇도 하나님의 사랑과 보호를 받기에 충분하지 않다. 그러나 우리가 그리스도 안에 있다면 그 무엇도 우리를 그분의 사랑에서 떨어뜨릴 수 없다. 우리가 아무리 하나님으로부터 도망치더라도 복음은 우리의 모든 죄를 덮고 또 연애에서의 어떤 실수나 실패로부터 우리를 구원할 수 있을 만큼 크다.

둘째, "너희가 육신대로 살면 반드시 죽을 것이로되 영으로써 몸의 행실을 죽이면 살리니"(롬 8:13). 우리가 하는 모든 일에 죽고 사는 문제가 달렸다. 우리는 자기 자신과 죄로 가득한 욕망을 만족시키기 위해 사는가, 아니면 죄가 발견되는 대로 죽이는가? 우리는 다른 사람들을 우리의 연애로 초대한다. 왜냐하면 우리는 삶과 관계와 결혼이 그리스도만 위하기를 바라기 때문이다. 그리고 우리 마음 어느 구석에서든 죄가 지속되고 자라나기를 허용했을 때 맞이할 파괴적인 결과를 감당할 수 없기 때문이다.

―――――――――――――― **Not Yet Married** ――――――――――――――

연애 관계에 어려움이 생길 때 누구에게 도움을 구하나요? 올바르고 균형잡힌 도움을 얻기 위해 당신에게 필요한 관계는 무엇인가요? 그 관계를 어디에서 찾고 발전시킬 수 있을까요?

Chapter 16

결혼까지 이어지지 못한 관계들

당신은 언제 휴대폰을 처음 샀는가? 내 친구들은 중학생이 되자 휴대폰을 갖기 시작했다. 나도 휴대폰이 갖고 싶었다. 아니, 나도 휴대폰이 '필요'했다. 그래서 나는 부모님께 호소했다. 15세나 되었는데 어떻게 휴대폰도 없이 이 세상을 살 수 있겠는가? 나에게는 연락해야 할 온갖 중요한 일이 많았다. "만약 곤란한 상황이 생겨서 부모님께 급하게 연락해야 하면 그때는 어떡해요?" 이것은 더 이상 내 호소가 통하지 않을 때 절박한 마음으로 종종 사용한 마지막 시도였다. 하지만 부모님은 원칙을 포기하지 않으셨다. 내가 18세가 되고 운전할 나이가 되면 휴대폰을 사주겠다고 약속하셨고, 그전까지 휴대폰은 결코 허락되지 않았다.

고립되고 외로웠던 3년간 나는 집 전화기와 거의 한 몸이었다. 그리고 드디어 18세 생일이 왔다. 정확히 그날은 내 생일을 딱 한 달 앞둔 크리스마스였다. 나는 거실에 있는 크리스마스트리 밑에 쌓인 선물 상자를 훑어보다가 내게 자유를 줄 휴대폰이 저기 어딘가에 있음을 금세 알 수 있었다. 형들과 나는 선물을 풀기 시작했다. 엄마와 아빠는 내게 상자 하나를 건네셨다. 바로 이거다! 드디어 내가 남자가 되는 순간이었다. 나는 포장지를 순식간에 뜯고 나의 첫 번째 휴대폰을 손에 쥐었다.

나는 한참 동안 그것을, 내가 지난 '몇 년간' 기다리고 애원했던 그것을 쳐다보았다. 그것은 기대했던 모델이 아니었다. 구형 '플립폰'이었다. 친구들이 쓰는 스마트폰보다 훨씬 컸다. 전혀 멋지지 않았고 아무 게임도 없었다. 나는 무시당하는 느낌이 들었다. 형들이 나보다 더 많은, 더 좋은 선물을 받는 것 같았다. 부모님이 나를 벌주시는 것처럼 느껴졌다. "마셜, 이거 노아한테 좀 줄래?" "이건 캠에게 줘." 형들은 골프 가방, 오디오 세트, 상품권, 양말을 받았다. 나는 양말, 속옷 그리고 엄마 스타일의 스웨터를 받았다. 울음이 터지기 직전이었다. 내 나이 18세에 서운하다고 징징거리며 신세 한탄을 해야 하나.

형들이 마지막 선물 상자까지 모두 열었다. 엄마가 아침 식사를 준비하는 동안 우리는 포장지를 치웠다. 나는 실망한 채 선물로 받은 속옷들을 정리했다. 그리고 온 가족이 식탁에 앉았다. 아빠는 차 트렁크에 무언가를 두고 왔다며 나에게 가져다 달라고 했다. '뭐라고요? 나에게 이런 걸 주고 심부름을 시킨다고요?'

"네, 갔다 올게요." 차고로 가서 트렁크를 열었는데 아무것도 없었다. '이게 뭐야, 장난하는 것도 아니고.' 화가 나서 트렁크를 쾅 닫으려는데 뒤에서 차고 문이 열렸다. 돌아서니 아주 커다란 빨간 리본이 달린 빛나는 은색 폭스바겐 제타(Volkswagen Jetta)가 있었다! 하마터면 기절할 뻔했다. 휴대폰은 잊었다. 나는 즉시 아빠와 함께 차에 올라탔다. 나는 그때 소가 그려진 슬리퍼를 신고 있었다. 맞다. 18세에 소 슬리퍼, 그런데 알게 뭐람. 나는 아빠와 20분 동안 차를 몰고 다녔다. 오하이오주가 허락하는 최고 속력인 시속 100km로 고속도로를 달렸는데, 그날 아침 고속도로에는 우리밖에 없었다.

나는 그렇게 차를 몰던 그 모든 순간, 방향을 꺾을 때마다, 심지어 신호등의 모든 빨간불에도 웃음이 났다. 나는 지난 3년을 집 전화기에 붙어 휴대폰을 갈구하며 보냈는데 그동안 부모님은 나 몰래 차를 준비하고 계셨다.

깨어진 사랑, 하나님의 사랑

크리스마스 아침에 벌어진 이 감정의 롤러코스터는 여기서는 경쾌하게 그려졌지만, 사실 현실에서는 늘 재밌지만은 않다. 하나님은 우리에게 훨씬 더 좋은 것을 주시기 위해 종종 우리에게서 무언가를 보류하거나 심지어 빼앗기도 하신다. 하늘에 계신 우리 아버지는 우리의 모든 필요를 아시며 우리는 결코 상상도 못 할 계획을 세우시고 우리의 유익을 위해 온 우주를 움직이신다.

하지만 하나님이 우리에게 가장 좋은 일을 하실 때에도 우리는 종종 고통이나 불편을 먼저 겪게 된다. 충치를 치료하기 위해 드릴로 치아에 구멍을 내거나 틀어진 뼈를 다시 맞추는 일처럼 말이다. 하나님의 사랑은 잠시 잠깐 불편하거나 심지어 고통스러울 수도 있지만, 늘 우리가 어두운 골짜기를 통과하고 비길 데 없는 생명과 기쁨을 경험하도록 이끈다. 그리고 앞으로 겪을 온갖 슬픔과 고통에서 우리를 구해 준다.

고통은 하나님이 우리를 잊으셨다거나 더는 신경 쓰지 않으신다는 증거가 아니다. 하나님은 우리에게 이렇게 약속하셨다. "두려워하지 말라 내가 너와 함께 함이라 놀라지 말라 나는 네 하나님이 됨이라 내가 너를 굳세게 하리라 참으로 너를 도와 주리라 참으로 나의 의로운 오른손으로 너를 붙들리라"(사 41:10). 만약 하나님이 당신에게 힘들고 어려운 고통의 시간(예를 들어 이별 같은)을 통과하게 하신다면 이것을 기억하라. 그때에도 하나님은 당신과 함께하신다. 하나님은 결국 당신이 모든 고통을 작게 느끼게 할 선물을 앞서 준비하고 계신다. 마음에 안 드는 구형 휴대폰이 새 차로 바뀐 것처럼 말이다. 바울은 이렇게 말한다. "우리가 잠시 받는 환난의 경한 것이 지극히 크고 영원한 영광의 중한 것을 우리에게 이루게 함이니"(고후 4:17).

사람들은 종종 이별을 통해 하나님의 그와 같은 사랑을 처음 맛보기도 한다. 물론 우리 대부분은 그런 경험을 단 1초도 원하지 않는다. 결혼하지 않은 사람에게 이별한 다음날만큼 힘겨운 날이 또 있을까? 당신은 마음을 주는 위험을 감수했다. 당신의 삶을 나누었다. '함께' 선물을 사고 추억을 만들고 미래를 꿈꾸었다. 그런데 모두 산산조각 났다. 당신은 결혼을 향한 모험에서 다시 출발점으로 돌아왔다. 처음보다 더 외롭다. 당신이 소진하고 상실한 모든 것을 생각하니 결혼에서 더 멀어진 느낌이다. '앞으로 모든 관계도 이렇게 끝나면 어떡하지? 나만 결혼하지 못하는 것 아닐까?'

주님은 마음이 상한 자들과 두려움에 사로잡힌 자들에게 말씀하신다. "야곱아 너를 창조하신 여호와께서 지금 말씀하시느니라 이스라엘아 너를 지으신 이가 말씀하시느니라 너는 두려워하지 말라 내가 너를 구속하였고 내가 너를 지명하여 불렀나니 너는 내 것이라 네가 물 가운데로 지날 때에 내가 너와 함께 할 것이라 강을 건널 때에 물이 너를 침몰하지 못할 것이며 네가 불 가운데로 지날 때에 타지도 아니할 것이요 불꽃이 너를 사르지도 못하리니"(사 43:1-2). 이별은 종종 아직 결혼하지 않은 삶에서 가장 깊은 물이며 가장 뜨거운 불이다. 그러나 우리가 하나님을 신뢰하고 우리의 슬픔과 혼란 가운데 그분께 달려간다면, 그 물과 불 가운데서도 우리는 하나님의 함께하심과 사랑을 어느 때보다 분명히 경험할 것이다.

이별한 크리스천을 위한 7가지 교훈

현실은 이렇다. 선하고 그리스도를 높이는 관계들도 자주 결혼까지 이어지지 못한다. 다시는 그 낭만이 회복되지 못하기도 한다. 그 상처가 깊고 오래 지속된다. 특히 교회 안에서 만나다 헤어졌다면 더욱 고통스럽고 불편하다. 많은 크리스천이 이 어둡고 외로운 길을 걸었거나, 언젠가 걸을 것이다. 다음은 이별한 크리스천이 다시 소망을 품고 다른 이를 사랑하기 위한 7가지 교훈이다.

교훈 1. 우는 건 괜찮다. 아니 울어야 한다

이별은 대부분 고통스럽다. 상대방이 갑자기 당신을 떠나겠다고 했고, 아마도 당신은 예상하지 못했을 것이다. 아니면 당신이 오래전부터 관계를 그만두어야겠다고 생각했지만 상대방에게 말하기가 너무나 괴롭다. 그래서 어쩌면 그 상태에서 이 관계를 상당히 오랫동안 지속해 왔을지 모른다. 혹은 상대방의 가족이나 친구들과 너무 친해져서 결혼하지도 않았는데 마치 이혼한 듯한 느낌이 든다.

그렇게 느껴지는 이유가 있다. 당신은 이런 불행을 경험하도록 지음 받지 않았기 때문이다. 하나님은 우리가 신뢰와 신실함 안에서 연애하도록 만드셨다. 연애는 결혼을 위한 수단이다. 그래서 하나님이 결혼을 어떻게 설계하셨는지 보면, 그분이 연애를 어떻게 설계하셨는지도 알 수 있다. 다시 말해 너무 빨리 그리고 너무 깊이 빠져들거나 너무 쉽게 끝내는 연애는 하나님의 의도가 반영되지 않은 연애이다. 이 말이 모든 연애가 결혼으로 연결되어야 한다는 뜻은 아니다. 다만 그래서 이별이 고통스럽다는 뜻이다.

하나님은 신부를 향한 그리스도의 영원한 사랑처럼 지속되는 사랑을 누리며 성숙해지도록 우리를 창조하셨다. 그러니 마음껏 슬퍼하며, 그 고통이 가리키는 하나님과 당신을 향한 그분의 영원한 사랑의 아름다움을 보라. 이별했는데 아프지 않다면, 아파야 한다. 고통이나 후회 없이 관계를 시작하고 그만두는 게 가능하다면 무언가 문제가 있다고 생각해야 한다. 이 말이 우리가 헤어질 때마다 망가져야 한다는 뜻은 아니다. 다만 이별을 관계의 자연스러운 끝으로 생각하면 안 된다는 뜻이다. 마음은 잠시 빌리고 빌려주는 것이 아니다. 하나님은 어떤 이들에게 실패한 관계의 무게를 경험하게 하시는데 그들이 하나님과 교회를 향한 그분의 사랑을 잘못 드러내기 때문이다.

교훈 2. 다시 시작하기를 서두르지 말라

결혼과 연애가 영원히 지속되기를 바라신 하나님의 계획을 알고 받아들인다면, 우리의 감정을 적절히 다루고 또 우리가 건강한 단계들을 밟으며 결혼을 추구하는 데 도움이 될 것이다. 가장 나쁘고 흔한 실수 중 하나는 너무 빨리 다음 사람을 만나는 것이다. 특히 온라인 데이트와 SNS의 시대를 사는 우리는 다른 연애 상대를 찾는 데 많은 노력이 필요하지 않다.

연애 감정은 중독적일 수 있다. 데이트를 하고 손을 잡고 미소를 짓고 문자를 주고받으며 연인의 관심과 사랑을 확인하는 달콤한 말들을 경험했다면 연애를 더 원할 수밖에 없다. 그리고 그것을 가장 쉽게 얻는 방법은 바로 만남을 다시 시작하는 것이다. 그러나 우리가 하나님과 주변 사람들, 헤어진 상대방, 미래의 배우자에 대해 진지하다면 우리는 인내하며 신중하게 기다리고 기도하고 만남을 가질 것이다. 우리는 짝을 찾는 과정에서 누군가에게 상처 주기 쉽다.

"결혼을 추구한다면 지금 당장 누군가를 만나야 한다."는 말은 거짓말이다. 때로 우리가 미래의 배우자를 위해 할 수 있는 최선의 일은 데이트가 아니다. 그동안 연속적으로 이 사람 저 사람을 만났다면 한동안 연애를 멈출 필요가 있다. 그러면서 자신을 재정비하고 성장하고 다음 연애를 위한 새로운 리듬을 발견할 것이다.

교훈 3. 헤어진 당신이 이전보다 더 나은 당신이다

이별할 때만 경험하는 수치심과 상심이 있다.

우리는 교회 안에서의 교제와 사랑을 더 축하하는 경향이 있다. 우리가 결혼을 기뻐하기 때문이다. 그러나 이 같은 확신은 자주 이별을 불편한 주제로 만든다. 교회 안에서 이별을 했는가? 그래서 당황스러운 상황에 처하는가? 그렇다면 그나마 다행이다. 최악의 경우 우리는 수치심과 굴욕감을 느낀다. 하나님 보시기에, 그리고 다른 사람들 눈에 자신이 마치 망가지고 흠집 난 상품처럼 보일 것 같다.

믿기 힘들겠지만, 아름다운 진실은 헤어진 당신이 이전보다 더 나은 당신이라는 사실이다. 당신이 비통함 가운데 주님을 찾고 관계 속에서 지은 죄를 회개할 때, 자신이 예전과 마찬가지로 하늘 아버지께 여전히 소중한 존재임을 알게 될 것이다. 하나님은 당신을 처음 만드신 그 모습으로 회복시키기 위해 당신이 하나님으로 인해 더욱 기쁨을 누리도록 당신의 모든 아픔과 실패와 후회를 사용하실 것이다.

우리는 가진 것을 잃고 나면 감사하게도 예수님과 그분이 피로 사서 주신 복을 떠나서는 스스로 가진 것이 얼마나 없는지 깨닫게 된다. 그분은 우리를 위해 어리석은 자에 대한 지혜가 되셨고, 죄인에 대한 의로움, 깨어진 자에 대한 거룩함, 잃어버린 자와 두려운 자에 대한 구원이 되셨다(고전 1:30). 관계가 깨진 후 힘들어하는 사람들에 대한 돌봄과 안정과 정체성이 되셨다.

예수 그리스도 안에서 하나님은 우리에게 항상, 그리고 오직 좋은 일만을 행하신다. 하나님은 우리로 당장 일시적인 편안함을 누리게 하시기보다 그분 안에서 영원한 기쁨을 누리게 하시기를 훨씬 더 좋아하신다. 하나님은 언제나 당장의 편안함을 영원한 기쁨으로 바꾸실 것이다. 우리는 그저 그분이 하는 일을 보며 기뻐하면 된다. 당신이 최악이라 느끼는 그때에도 하나님은 선한 일을 행하고 '계심'을 잊지 말라.

교훈 4. 잃어버린 사랑으로부터 배우라

"모두 그 사람 잘못이야." 이별한 사람들이 이렇게 확신하게 만드는 것이 사탄이 노리는 가장 큰 승리이다. 그러나 진실은, 결혼을 했든 안 했든 간에 관계에 있어 죄나 잘못이 없는 사람은 아무도 없다. 은혜로 구원을 얻은 우리는 모두 결점을 가졌다. 그러나 성령님이 우리 안에 계시기에 인간이며 배우자로서 현재와 미래에 늘 배우고 성장할 것이다.

당신을 덮친 감정의 파도가 지나간 후에 혼자만의 시간을 갖거나 가까운 친구들과 함께하면서 하나님이 당신을 어디로 이끌고 계시는지, 그분이 당신을 어떻게 다듬고 계시는지 곰곰이 돌아보라. 당신이 더 친절하고 더 통찰력 있고 더 신실한 사람으로 성장하기 위해 무엇을 변화시키면 좋을지 찾으라.

이별보다 더 격하게, 더 개인적으로, 더 구체적으로 관계를 고민하게 하는 경험은 거의 없다. 그러기에 이별은 소망 안에서 건강한 성찰을 가능하게 하며 다른 믿는 이들에게 확인받고 균형을 회복하게 하는 매우 특별한 시간이다.

교훈 5. 지금은 친구가 될 수 없더라도 영원히 형제자매가 될 것이다

크리스천과의 연애에 있어서 헤어짐은 결코 끝이 아니다. 이것이 당장 희망적으로 들리든 아니든 간에 언젠가 당신은 그 사람과 영원히 함께할 것이다. 아무도 결혼하지 않고 모두가 행복한 새로운 세상에서 분명 그렇게 될 것이다. 예수님은 말씀하셨다. "부활 때에는 장가도 아니 가고 시집도 아니 가고"(마 22:30). 시편 저자는 이렇게 말한다. "주의 앞에는 충만한 기쁨이 있고 주의 오른쪽에는 영원한 즐거움이 있나이다"(시 16:11). 믿어지지 않을 만큼 좋은 소식 아닌가?

그렇다면 우리는 영원한 빛 속에서 깨어진 관계를 어떻게 생각하며 앞으로 나아가야 할까? 우리는 그 사람을 천국에서 다시 만나고 영원히 함께하겠지만, 지금은 친구로 지내지 못할 수 있다. 그리고 이것이 반드시 죄책감을 느낄 일은 아니다. 사실 많은 경우, 적당한 거리와 경계를 만드는 편이 감정적으로나 정신적으로 건강할 수 있다. 얼마가 되었든 누군가에게 준 우리 마음은 치유되어야 하고 새로운 기대로 채워져야 한다.

화해가 반드시 친밀감을 요구하지는 않는다. 그러나 용서와 형제자매로서의 사랑은 필요로 한다. 당신은 전 연인을 위해 기도하는 것으로 이 일을 시작할 수 있다. 심지어 아직 그 사람과 인사하는 것조차 감당할 수 없을 때에도 말이다. 그 사람의 믿음이 자라기를 기도하라. 하나님이 그 사람 주변에 믿는 형제자매를 허락하셔서 그 사람의 마음을 치유하고 회복하시기를, 그 사람이 예수님을 더욱 닮게 하시기를 기도하라.

우리는 이 땅에서 주어진 오래되고 새로운 모든 관계 속에서 영원을 함께 사는 법을 배워야 한다. 이별 후 우리가 보이는 인내와 친절과 용서는, 너무도 당연하게 이기심과 복수심으로 반응하는 세상 문화 가운데서 밝고 아름답게 빛날 것이다.

교훈 6. "너 때문이 아니야, 하나님의 뜻이야."만으로는 부족하다

"하나님이 나를 이렇게 하도록 이끄셨어." "하나님이 헤어지라고 말씀하셨어." "강의 들으러 가는 길에 환상을 보았는데 우리가 함께 있지 않더라." 이별할 때 많이 사용하는 대사들이다. 이 말들은 아마 이렇게 요약될 것이다. "오해하지 마. 너 때문이 아니야. 하나님의 뜻이야."

하나님이 정말로 당신을 이별로 인도하실 수도 있지만 그분을 핑계로 사용해서는 안 된다. 당신의 잘못을 인정하고, 필요하다면 용서를 구하라. 그리고 당신이 어떻게 이 결정을 하게 되었는지, 하나님이 어떻게 이 방향을 당신에게 분명히 보이셨는지 솔직해지라. 물론

꼬집어 말하기 어려울 수 있다. 그래도 최대한 분명히 하라. 상처 주는 말을 해도 된다는 뜻이 아니다. 그 말이 처음에는 상처가 되어도 결국에는 도움이 될 수 있으니 분명히 하라는 뜻이다.

헤어지는 게 좋을지 혼자 결정하는 것은 현명하지 않다. 물론 당신의 이성친구는 헤어지는 것에 동의하지 않을 수 있다. 예수님과 두 사람 모두를 정말 사랑하는 사람들과 생각을 나누고 확인하라. 관계를 떠나기 원하는 당신의 마음을 잘 판단해 줄 사람을 찾으라. 그 사람이 결혼했다면 더 좋다. 결혼을 유지하는 데 무엇이 중요한지 잘 아는 사람과 이야기를 나누고, 당신이 관계를 떠나려는 이유에 관해 그들은 어떻게 생각하는지 들어보라.

특히 감정적인 이유 때문에 겪는 위기에서 우리의 상상력은 사탄이 우리를 넘어뜨리려고 이용하는 치명적인 무기가 될 수 있다. 당신이 모든 것을 막연하게 신앙적인 것으로만 남겨 두고 떠난다면, 당신의 전 연인은 헤어짐을 이해하거나 받아들이지 못할 것이고 그 이유를 추측하다 사탄의 속이는 말들로 마음을 채우게 될 것이다. 그러니 상대방에게 하나님이 어떻게 당신을 그러한 결정으로 이끄셨는지 충분한 정보를 주라.

여기서 '충분히'라는 말은 사실이라도 도움이 되지 않는 정보는 걸러야 한다는 뜻이다. 다시 말하지만, 헤어짐을 통보하기 전에 다른 크리스천 형제자매의 의견을 구하라. 정직하고 온유하게 헤어지는 이유를 분명히 한다면, 결국 당신의 생각에 동의하지는 않을지라도 상대방은 보다 분명하게 이별을 받아들이고 당신의 입장을 이해하는

데 도움을 얻을 것이다. 보다 자유롭게 성장하고, 모호함으로 고통받는 일 없이 앞으로 나아갈 것이다.

교훈 7. 하나님은 당신의 필요를 아신다

이별한 후에는 이 사실을 믿기가 어렵겠지만, 하나님은 당신에게 필요한 것이 무엇인지 분명히 아시고 그것들을 정확한 때에 당신에게 허락하신다.

하나님은 이별을 통해 당신이 전에는 생각하지 못했던 전혀 새로운 필요를 보여 주실지 모른다. 아니면 당신에게 하나님이 얼마나 더 필요한지 알게 하실 수 있다. 하나님은 일하지 않는 새들도 먹이신다(마 6:26). 하나님은 들꽃을 아름답게 기르신다. 비록 얼마 지나지 않아 베이거나 짓밟히거나 먹히거나 추위에 얼어붙게 될지라도 말이다(28-30절). 그렇다면 그분이 자신의 피로 사신 그 자녀들은 얼마나 더 귀하게 돌보시고 필요를 채우시겠는가?

하나님이 이별을 통해 당신의 필요를 채우시는 한 방법은, 그 관계가 당신의 결혼을 향한 그분의 계획이 아니었음을 분명히 하시는 것이다. 어떤 과정과 이유를 통해서든 말이다. 크리스천의 연애의 핵심은 친밀감보다 분명함을 구하는 것이다. 아마도 당장은 달갑지 않겠지만 분명함을 추구하는 것에 가치를 둔다면 이별은 완전히 나쁜 소식만은 아니다.

우리는 우리가 가장 필요로 하는 어떤 소식은 당장 받아들이기 어렵지만 결국은 더 큰 도움이 된다는 사실을 알고 있다. 이별은 마치 양말 몇 켤레를 크리스마스 선물로 받는 기분일 것이다. 그러나 하나님은 항상 우리가 스스로에게 줄 수 있는 것보다 더 좋은 선물을 주신다는 사실을 믿으라. 하나님은 우리보다 더 많이 아시고, 나아가 우리 자신보다 우리를 훨씬 더 사랑하신다.

고통의 그림자에 숨겨진 기쁨

혼자 남겨지고 버림받았다고 느낄 때 우리를 이해하는 누군가가 있다고 믿기란 쉽지 않다. 그가 정말로 선의를 가지고 당신 곁에 머무는 사람일지라도 말이다. 하지만 우리는 예수님을 믿을 수 있다. 예수님은 상한 자들의 소망이 되기 위해 이 땅에 오셔서 고통을 당하셨다. "상한 갈대를 꺾지 아니하며 꺼져가는 심지를 끄지 아니하기를 심판하여 이길 때까지 하리니"(마 12:20).

우리의 기쁨은 예수님도 어려움을 겪으셨다는 사실을 아는 데서 오지 않는다. 그 자체에는 별 위로가 없다. 우리의 기쁨은, 우리와 같은 인간의 몸으로 고통을 겪으신 그분이 우리의 고통을 끝내기 위해 죽으시고 다시 살아나셨다는 사실에 있다. 예수님 안에 소망을 둔 우리가 겪는 모든 고통(예상치 못한 암 선고, 부당한 비판, 원치 않는 이별 등)은 끝이 있다. 그리고 우리의 고통 받으신 구원자와 사랑으로 하나가 되는 그날에 모두 바뀔 것이다.

예수님은 고통 가운데 기쁨의 길을 닦기 위해 마음이 상한 자들을 앞서 가셨다. 우리는 "믿음의 주요 또 온전하게 하시는 이"(히 12:2)이신 예수님을 바라보며 살고 살아남고 성장한다. 죄에 대한 하나님의 진노 앞에서 예수님이 성취하신 기쁨이 바로 우리가 이별 후 단순히 버티는 것이 아니라 기쁨을 위해 싸워야 할 가장 크고 우선되는 이유이다.

하나님이 결국 당신을 성장시키고 만족케 하시고자 이 특별한 길을 선택하셨음을 믿고, 당신의 모든 이별을 최대한 활용하라. 이 땅에서 경험하는 그 어떤 관계도 영원하지 않겠지만 그 모두를 통해 그 관계로 인한 슬픔과 이별로 인해 당신 안에서 생겨난 선한 것들은 영원히 지속될 것이다. 영원히.

———————————— • Not Yet Married • ————————————

연애와 결혼에 있어 당신이 가장 두려운 것은 무엇인가요? 하나님을 생각할 때 위로가 되나요?

당신이 귀를 기울이며 붙잡아야 할 약속의 말씀을 적어 보세요.

나가는 글

나는 우리의 결혼을 꿈꾼다

마침내 그날이 왔다. 그녀가 5세 때부터 준비한, 지난 25년간 늘 그려 왔던 결혼식이다. 마지막 손님이 도착하고 신부 들러리가 줄을 서는 동안 그녀는 아무도 없는 대기실에 혼자 앉아 극적으로 등장할 그때를 기다리고 있다.

그녀는 하객들과 자신을 분리하는 오래된 나무 문을 응시하고 있다. 몇 분이 마치 몇 시간처럼 느껴진다. 그녀의 눈에서 눈물이 흘러 뺨을 타고 떨어진다. 갑자기 마음이 무너진다. 예상치 못한 일이다. 드디어 그날이 왔다는 감격 때문일까? 오랫동안 꿈꿔온 신랑이 저기 단상에서 그녀를 기다리고, 그녀는 고르고 고른 웨딩드레스를 입고 서 있다. 혹은 좀 더 솔직히 말해 오늘의 결혼식이 그녀가 생각했던 것과 전혀 달라서? 그녀가 상상했던 신부의 모습과 자신이 너무도 달라서? 그래서 눈물이 나는 것일까?

그녀는 지금쯤이면 자신이 이미 결혼해 있을 거라고 생각했다. 더 어렸을 때 그녀는 인내심을 갖고 옳은 길을 가려고 애썼는데 남자들은 그런 그녀에게 관심을 보이지 않았다. 대부분 항상 더 예쁘고 더 어린 여자들, 그리고 성적으로 개방된 여자들을 쫓아다녔다. 그녀는 밤마다 침대에 누워 SNS를 하며 자신의 상태 메시지가 언제쯤 '연애 중'으로 바뀔까 기다리던 그 마음을 여전히 기억한다.

기다리다 놓치는 것에 지친 그녀는 그때까지 지켜온 기준들을 포기했다. 그녀는 더 적극적으로 연애를 하기 시작했고 이후로 결코 멈추지 않았다. 그녀에게는 항상 남자친구가 있었다. 많은 이별을 겪었고, 그 모든 고통의 무게와 상처가 여전히 아프다. 심지어 결혼식 날인 오늘도 심지어 신랑이 바로 저기서 그녀를 기다리는데도 말이다. 신랑이 만약 그녀의 모든 과거를 알게 된다면 어떨까? 그녀가 다른 모든 남자들에게 "사랑해."라고 말했던 것을 알게 된다면? 그녀가 전 남자친구들과 진도를 얼마나 나갔는지 알게 된다면? 그래도 신부를 영원히 사랑할 것이냐는 질문에 기꺼이 "네!"라고 대답할까?

그녀는 자기 짝을 찾은 것이 정말 기뻤지만 자신을 지키지 못했다는 사실에 여전히 괴롭다. 그녀는 너무나 멀리 잘못 왔고 그 과거를 떨쳐버릴 수 없다. 그녀는 불안한 표정으로 거울을 보았다. 갑자기 자신이 입고 있는 흰옷이 불편하게 느껴졌다. 결혼 후 몇 주, 어쩌면 몇 달이 두려웠다. 신혼여행은 즐겁겠지만 결혼 생활은 과연 어떨까? **'그가 정말로 나를 알게 되고, 나의 모든 결점과 약점을 가까이서 본다면 그는 나를 어떻게 생각할까?'** 그녀는 자신의 부모처럼 될지도 모른다는 생각이 들었다. 그녀의 아이들이 이혼한 부모 사이에 끼여 그녀가 겪은 고통을 받을지도 모른다는 두려움에 휩싸였다.

그녀는 결혼이 자신을 완성시켜 줄 거라고, 결혼을 하면 삶의 목적을 이루고 그토록 오랫동안 추구한 행복을 얻을 것이라고 생각했다. 그런데 자신이 틀렸다는 사실을 결혼 서약 직전에야 깨달았다. 이제 곧 그녀는 헛된 희망, 성취되지 못한 기대들과 함께 하객들 사이를 행진할 것이다. 그녀의 실패와 수치심과 두려움을 잊게 할 아름다운 흰 장미와 직접 고른 장식들로 꾸며진 그 길을 말이다.

어릴 때부터 늘 마음에 그리던 그 노래가 들린다. 대기실 문을 두드리는 소리가 들리고, 드디어 나갈 시간이다. 그녀는 드레스를 매만지고 뺨 위의 눈물을 닦으며 미소를 지었다. 어떤 드레스를 입고 어떤 화장을 할지는 이미 골랐지만 어떤 미소를 지어야 할지 고민하게 될 줄은 미처 상상하지 못했다. 그녀는 행복했지만 자신이 과거에 했던 모든 잘못이 계속 떠오르는 건 막을 수 없었다. 문을 열고 결혼식장 통로로 들어서는 그녀는 저기 저편에서 자신을 기다리는 것들에 대해 전혀 준비가 되지 않았다.

결혼에 대한 당신의 꿈은 무엇인가?

당신은 결혼식과 결혼 생활의 다른 측면에 대해 충분히 생각해 보았는가? 아내와 나는 결혼식 날 많은 사람들이 결혼 후 한 달, 1년 후 혹은 10년이 어떨지 이야기하리라 생각했고, 우리는 그 순간에 느낄 감정에 휘둘리고 싶지 않았다. 그래서 우리는 결혼에 무엇을 기대해야 하는지를 두고 함께 기도했다. 죽음이 갈라놓기까지 우리가 매일 인내하고 자기를 희생하면서 서로에게 내줄 때 하나님이 하실 일에 대해 구체적이고 소망에 가득 찬 기대를 품었다. 우리는 예식장의 단상과 아름다운 피로연과 사랑하는 모든 하객들보다 훨씬 더 크고 중요한 어떤 것을 바라보며 걸어왔다. 평생의 결혼 생활을 통해 예수 그리스도를 우리의 보배로 삼는 삶을 말이다. 물론 결혼한 지 1년이 지난 지금 우리는 아직 초보이고 경험도 부족하지만, 모든 두려움과 부족함 그리고 겪게 될 실패들보다 더욱 큰 하나님을 모시고 있다. 우리가 마음에 그려온 결혼이 항상 예쁜 것만은 아니지만 분명 아름답다. 항상 쉽지만은 않지만 모든 노력과 희생을 할 가치가 있다. 분명 완벽하지는 않지만 은혜와 기쁨으로 가득 차 있다.

우리는 우리의 결혼에 바라는 17가지 꿈이 있다. 그리고 나는 당신의 결혼에 대해서도 같은 꿈을 꾼다. 당신은 자신의 결혼에 대한 꿈이 있는가? 비전이 없는 결혼은 유지될 수는 있지만 성장하거나 풍성해지지 않을 것이다. 만약 우리가 결혼에 대한 특정한 기대와 목표 없이 연애를 한다면, 우리는 아마 덜 좋은 것들에 그냥 만족하게 될 것이고 언젠가는 왜 결혼이 우리의 생각과 다른지 의아할 것이다.

당신이 현재 결혼했든 진지한 관계에 있든, 혹은 단순히 결혼으로 부르심을 받았다고 느끼든 하나님은 그분의 자녀들이 놀랍도록 풍성하고 역동적이며 열매로 가득한 경험을 하게 하시려고 결혼을 창조하셨다. 하나님이 결혼을 통해 그분이 원래 예비하신 모든 새롭고 더 깊은 차원들을 보게 하시도록 당신과 (미래) 배우자를 위해 하나님께 기도하고 구하라.

1. 우리가 서로를 포함하여 그 누구, 그 무엇보다도 하나님을 더욱 기뻐하게 하소서(시 16:11).
2. 우리가 기도하고 기도하고 기도하게 하소서(마 6:9-13).
3. 하나님의 뜻이라면 우리가 기쁨이 넘치고 신실한 아이들을 낳고 기르게 하소서(시 127:3-4).

4. 우리가 어디를 가든지 담대하게 복음을 전하는 대사가 되어 하나님을 예배하는 사람들이 날로 늘어나게 하소서(고후 5:20).
5. 우리가 하나님의 말씀을 통해 지속적으로 하나님을 만나게 하소서(시 19:7-10).
6. 우리 가정이 다른 이들을 향해 안전하며 열려 있고 생명을 주는 장소가 되게 하소서(롬 12:13).
7. 하나님이 결혼을 통해 우리에게 허락하신 가족들에게 우리가 축복이 되게 하소서(엡 6:1-3).
8. 우리보다 성숙한 결혼들로부터 배우고, 우리보다 미성숙한 이들을 위해 수고하게 하소서(엡 5:18-25).
9. 교훈과 고백과 회개와 용서와 화해의 주기가 점점 더 짧아지며 복음에 합당한 삶을 살게 하소서(히 3:12-13).
10. 건강하고 순전한 성생활을 더 발전시키고 즐거워하고 지키고 배우게 하소서(빌 2:3-5).
11. 하나님이 우리를 사랑하고 모든 것을 다스리심을 믿으며 건강한 안식을 누리게 하소서(시 127:1-2).
12. 우리가 항상 지역 교회를 사랑하며 헌신하게 하소서(히 10:24-25).
13. 우리가 청년들을 양육하고 하나님의 교회를 위한 지도자를 길러내게 하소서(딤후 2:1-2).
14. 우리가 선교를 통해 세상을 향한 하나님의 마음에 동참하게 하소서(시 67:3-4).

15. 우리가 움킨 손을 펴고 가진 것을 넉넉한 마음으로 자유롭게 흘려보내게 하소서(고후 9:7-8).
16. 우리가 기뻐 찬양하게 하소서(시 5:11).
17. 우리가 서로를 더욱 알아가고 신실하고 새롭게 섬기기를, 서로를 추구하기를 결코 멈추지 않게 하소서(롬 12:10).

이 목록은 꽤 길지만 완전하지는 않다. 이 소망은 우리 삶의 목적을 위해, 즉 하나님의 아름다우심과 충분하심과 존귀하심을 드러내고 그분 안에서 가능한 한 많은 행복을 함께 추구하려는 작지만 창조적인 시도이다. 물론 우리가 꿈꾸어야 할 더 좋은 꿈이 많을 것이다. 그러나 이 17가지를 좇아 지난 1년간 달려와 보니, 우리 부부는 최소한 내일을 위해 어떻게 기도해야 할지 알게 되었다. 우리의 가장 큰 소망은 하나님께 있으니 그분이 우리를 인도하고 우리를 만나고 우리의 결혼 안에서 우리를 지키실 것이다. 나는 분명히 믿는다.

목표는 우리가 연애하는 방식을 바꾼다

대부분은 연애를 하며 결혼을 생각한다. 그중 많은 이들이 아마 결혼에 '관해' 여러 생각을 할 것이다. 그런데 정말로 우리는 결혼의 '모든' 측면을 생각하고 있을까? 우리는 지역(어디에 살지), 재정(얼마나 벌지), 성(자신이 상대방에게 계속 매력적으로 보일지) 그리고 어쩌면 자녀(얼마나 많은 자녀를 가질지)에 관해 대화를 나눈다. 그러나 결혼 생활을 하며 이 같은 질문이나 바람들을 매일 다루는 것은 아니다. 초기에 이런 질문들에 대한 답을 나름대로 해결하고 나면 이후로는 가끔씩 다루어진다. 심각하고 중요한 질문들에 대해서도 마찬가지다.

그런데 이것이 우리의 연애에 무슨 의미가 있을까? 우리는 누군가를 만나고 점점 더 알게 되고 그 사람이 결혼할 만한 상대인지 분명히 하는 동안 결혼 후 매일의 삶에서 예수님을 어떻게 따를지 반드시 생각해야 한다. 결혼 후 주말 데이트나 성생활을 어떻게 하고 어떤 취미와 관심사를 가질지 생각하라는 말이 아니다. 나는 당신이 예수님을 따르고 그분을 위해 목숨을 바치고 당신의 삶과 결혼과 가정을 날마다 다른 사람들을 섬기는 데 내주고 그들을 예수님께 인도하기를 바란다.

연애와 결혼에 대한 더 높은 목표를 설정하라. 서로에게 더 많은 것을 기대하라. 혼자일 때보다 함께여서 예수님을 더욱 높일 수 있는 그런 결혼을 추구하고 만들어 가라. 구체적인 꿈들을 마음에 품고 연애하고 결혼하라.

그녀가 꿈꾸던 결혼식

두려움과 수치심이 가득한 마음으로 하객 사이를 걸어 들어오며 그녀는 신랑을 보았다. 그순간 다른 사람들은 모두 시야에서 사라졌다. 오직 두 사람만이 거기 있는 듯 서로를 응시했다. 그는 한마디도 하지 않았지만 그의 표정은 그녀가 듣고 싶은 모든 말을 하고 있었다. 그의 눈은 그녀의 모든 과거들, 그 외로웠던 모든 밤들과 옳지 않았던 모든 결정들, 건강하지 못했던 관계들 그리고 성적 경험들을 알고 있다고 그렇지만 여전히 그녀를 사랑하며 기쁘게 아내로 맞이한다고 말했다. 그의 미소, 그의 눈에 가득한 기쁨은 그녀가 이미 용서받았고 그녀는 그에게 소중하다고 말했다. 그녀는 자신이 미처 알지 못했거나 원치 않았던 모든 기분들을 잊었다. 그녀의 눈에서 눈물이 떨어져 뺨을 타고 흘렀다. 그녀의 모든 수치심과 두려움이 모두 녹아 흘렀다. 그녀는 자신의 신랑을 찾았다. 그 신랑은 그녀를 위해 십자가에서 기꺼이 죽으셨다. 그 죽음을 통해 신부를 "자기 앞에 영광스러운 교회로 세우사 티나 주름 잡힌 것이나 이런 것들이 없이 거룩하고 흠이 없게 하셨다"(엡 5:27).

우리는 연애 경험이나 성적 경험의 여부와 상관없이 죄로 가득하고 깨어진, 후회와 두려움과 수치로 가득한 신부이다. 예수님은 우리가 저지른 모든 잘못을 없이하시고, 우리의 상상을 초월하는 사랑과 관계로 우리를 초청하기 위해 예식장 통로 저 편에 서 계신다. 이 땅에서 우리는 모두 아직 결혼하지 않은 자들이다. 우리 모두는 마지막 결혼식, 마지막 행진, 마지막 결혼 케이크, 마지막 피로연이 끝난 후 함께 맞이할 그날을 기다린다. 우리 모두가 한 가족으로서 우리의 신랑을 만날 그날을.

그 결혼식에서 우리는 노래할 것이다. "우리가 즐거워하고 크게 기뻐하며 그에게 영광을 돌리세 어린 양의 혼인 기약이 이르렀고 그의 아내가 자신을 준비하였네"(계 19:7).

우리 중 많은 사람들이 이 땅에서 결혼하겠지만, 그 기간은 우리가 우리 구세주이자 왕이신 그분과 보낼 영원에 비하면 단지 하루처럼 느껴질 것이다. 우리는 예수님과 얼굴과 얼굴을 마주하며 아무런 부끄러움도, 죄책감도, 슬픔도, 두려움도 없이 그분을 바라보고, 이 세상의 그 무엇과도 비교할 수 없는 행복을 처음으로 경험할 것이다. **우리는 모두 결혼할 것이다.** 그리고 그 결혼은, 우리가 지금 어떻게 살고 어떻게 연애하고 어떻게 결혼하는지와 온전히 연결되어 있다.

감사의 글

이 책의 어떤 부분이 독자들에게 가장 와닿고 기억될 만한지는 모르겠다. 하지만 나는 이 감사의 글을 쓸 수 있어 정말 기쁘다.

DesiringGod 미니스트리즈는 작가로서 나의 삶이 시작된 고향과도 같은 곳이다. 물론 이 같은 표현으로도 DesiringGod이 내 삶에 미친 큰 영향을 나타내기란 결코 충분하지 않다. 2006년, 존 파이퍼 목사님이 전하신 메시지는 내가 이전에는 몰랐던, 하나님에 관한 커다란 그림을 보여 주었고 이후로 하나님을 향한 나의 기쁨은 점점 더 높이 그리고 깊게 자랐다. 데이비드 마티스(David Mathis)는 나의 현명하고 신실한 멘토이자 중보자이며 또 좋은 친구이다. 스테판 그린

(Stefan Green), 토니 라인케(Tony Reinke), 조너선 파넬(Jonathan Parnell), 존 블룸(Jon Bloom), 필립 홈즈(Phillip Holmes)는 내가 쓴 글을 함께 읽으며 나의 생각을 날카롭게 다듬어 주었고, 그 와중에서도 나를 많이 웃게 해 주었다.

고맙게도 Crossway 출판사가 나의 첫 번째 책이 출판되도록 문을 열어 주었다. 그들은 모든 단계에서 훌륭한 파트너였다. 특별히 리디아 브라운백(Lydia Brownback)에게 감사의 말을 전한다. 그녀는 이 책의 모든 문장 하나하나에 많은 애정을 쏟아부어 주었다. 이 책을 읽은 당신을 위해 그녀가 얼마나 많이 수고했는지는 나만 알 것이다.

하나님은 여러 중요한 사람들을 통해 나의 결혼하지 않은 삶에서 나를 강하게 하시고 다듬어 주셨다. 그중 몇몇은 결혼했고 다른 몇몇은 미혼이었는데 모두 내가 예수님을 향하게 하는 데 큰 역할을 했다. 브라이언(Bryan), 케빈(Kevin), 디외도네(Dieudonné), 에릭(Eric), 댄(Dan), 벤(Ben)은 나를 더욱 남자답게 다듬어 주었다.

그러나 나의 아직 결혼하지 않은 삶에서 가장 튼튼하고 헌신적이었던 두 기둥은 나의 부모님이었다. 어머니와 아버지가 이 책에 미친 영향을 헤아릴 수 없다. 두 분의 성격, 확신, 유머, 사랑, 지혜, 인내는 이 책의 모든 페이지에 영향을 미쳤다.

그리고 나의 아내 엘리사 페이(Alyssa Faye). 나의 **아직 결혼하지 않은** 여정은 당신으로 인해 끝나고 시작되었다. 결혼으로 가는 나의 긴 여정에서 당신은 놀랍고도 너그러우며 사랑스러운 마지막 종착지였다. 당신은 내가 이 책의 첫 단어를 쓰기 전부터 이 책의 가장 위대한 승자였고 앞으로도 그럴 것이다. 이 책은 우리의 이야기다. 이 책의 모든 장은 우리가 함께 배운 교훈들로 가득하다. 모든 장에 아직 결혼하지 않은 사람들에 대한 우리의 꿈이 담겨 있다. 이 책을 위해 나와 함께 기쁨으로 희생한 당신의 모든 것에 감사한다.

혹시라도 이 책에 참되고 실재하며 영원한 가치를 지닌 무엇이 있다면, 그것은 오직 하나님께로부터 온 것이다. 이 책을 통해 아직 결흔하지 않은 당신의 삶과 연애에 어떤 의미 있는 변화가 생겼다면, 그것은 하나님께로부터 왔고 그분을 통해 올 것이다(롬 11:36). 삶의 모든 영역의 아주 작은 부분들까지 지혜와 지식의 모든 보화는 하나님 안에 숨겨져 있다(골 2:3). 나는 하나님이 내 인생에서 행하신 일들로 인해 이 책을 썼다. 하나님이 당신에게 같은 일을, 아니 더 많은 일을 행하시기를 기도한다. 하나님이야말로 이 모든 감사를 받기에 합당한 분이시다.

사명선언문

너희가 흠이 없고 순전하여……세상에서 그들 가운데 빛들로
나타내며 생명의 말씀을 밝혀 _ 빌 2:15-16

1. 생명을 담겠습니다
만드는 책에 주님 주신 생명을 담겠습니다.
그 책으로 복음을 선포하겠습니다.

2. 말씀을 밝히겠습니다
생명의 근본은 말씀입니다.
말씀을 밝혀 성도와 교회의 성장을 돕겠습니다.

3. 빛이 되겠습니다
시대와 영혼의 어두움을 밝혀 주님 앞으로 이끄는
빛이 되는 책을 만들겠습니다.

4. 순전히 행하겠습니다
책을 만들고 전하는 일과 경영하는 일에 부끄러움이 없는
정직함으로 행하겠습니다.

5. 끝까지 전파하겠습니다
모든 사람에게, 땅 끝까지, 주님 오시는 그날까지
복음을 전하는 사명을 다하겠습니다.

서점 안내

광화문점 서울시 종로구 새문안로 69 구세군회관 1층
02)737-2288 / 02)737-4623(F)

강남점 서울시 서초구 신반포로 177 반포쇼핑타운 3동 2층
02)595-1211 / 02)595-3549(F)

구로점 서울시 동작구 시흥대로 602, 3층 302호
02)858-8744 / 02)838-0653(F)

노원점 서울시 노원구 동일로 1366 삼봉빌딩 지하 1층
02)938-7979 / 02)3391-6169(F)

일산점 경기도 고양시 일산서구 중앙로 1391 레이크타운 지하 1층
031)916-8787 / 031)916-8788(F)

의정부점 경기도 의정부시 청사로47번길 12 성산타워 3층
031)845-0600 / 031)852-6930(F)

인터넷서점 www.lifebook.co.kr